OpenVPN

Johannes Bauer ist Student der Informatik an der Friedrich-Alexander-Universität Erlangen/Nürnberg. Er fing 1999 an, Open-Source-Betriebssysteme zu nutzen, und setzt seit 2003 ausschließlich auf Linux. Seine Interessen liegen im Bereich hardwarenaher Programmierung, insbesondere bei der Kernelentwicklung. 2004 entwickelte er eine Linux-Distribution, die auf Soekris-Embedded-Systeme abgestimmt ist. Momentan spezialisiert er sich in seiner Ausbildung auf Betriebs- und Netzwerksysteme.

Albrecht Liebscher hat 2003 seine Ausbildung zum Fachinformatiker, Fachrichtung Anwendungsentwicklung, bei der infoteam Software GmbH in Bubenreuth abgeschlossen. Seitdem arbeitet er als Softwareentwickler an der IEC61131-3 Automatisierungssoftware OpenPCS im Embedded-Bereich mit verschiedensten Plattformen und auf der IDE-Seite des Programmiersystems. Durch die starke Verbreitung von Linux im Embedded-Bereich, ist der Einsatz von Open-Source-Software und Linux zur Softwareentwicklung ein Kernpunkt seiner privaten und beruflichen Tätigkeit.

Klaus Thielking-Riechert beschäftigt sich seit mehreren Jahren intensiv mit Netzwerken und Open-Source-Betriebssystemen wie Linux und FreeBSD. Im Anschluss an sein Informatikstudium widmete er sich während einer mehrjährigen Tätigkeit in einem Testlabor insbesondere der Güte und Leistungsfähigkeit von High-End-Routern namhafter Hersteller. Seit 2000 ist er für einen führenden europäischen Onlinebroker tätig und betreut dort ein international verzweigtes Netzwerk.

Johannes Bauer · Albrecht Liebscher · Klaus Thielking-Riechert

OpenVPN

Grundlagen, Konfiguration, Praxis

dpunkt.verlag

Johannes Bauer
E-Mail: JohannesBauer@gmx.de

Albrecht Liebscher
E-Mail: albi@freeforce.de

Klaus Thielking-Riechert
E-Mail: ktr@erlug.de

Lektorat: Dr. Michael Barabas
Technische Reviews: Matthias Hofherr, Ralf Spenneberg, Christoph Wegener
Copy-Editing: Ursula Zimpfer, Herrenberg
Satz: Autorensatz mit LaTeX
Satzberatung: Ulrich Kilian, science & more redaktionsbüro
Umschlaggestaltung: Helmut Kraus, www.exclam.de
Herstellung: Peter Eichler, Eberbach
Druck und Bindung: Koninklijke Wöhrmann B.V., Zutphen, Niederlande

Bibliografische Information Der Deutschen Bibliothek
Die Deutsche Bibliothek verzeichnet diese Publikation in der Deutschen Nationalbibliografie; detaillierte bibliografische Daten sind im Internet über <http://dnb.ddb.de> abrufbar.

ISBN 3-89864-396-4

1. Auflage 2006

Ringstraße 19b
69115 Heidelberg

5 4 3 2 1 0

Vorwort

> I have always wished for my computer to be as easy to use as my telephone; my wish has come true because I can no longer figure out how to use my telephone.
>
> - *Bjarne Stroustrup*

Immerhin beklagt sich bereits Bjarne Stroustrup, kein Geringerer als der Erschaffer der Programmiersprache C++, darüber, dass technische Geräte immer schwerer zu bedienen sind. Glücklicherweise kennt diese Regel auch Ausnahmen: Mit OpenVPN wurde durch den Entwickler James Yonan ein mächtiges Werkzeug geschaffen, das seinen Konkurrenten wie IPsec jederzeit das Wasser reichen kann – ohne jedoch kompliziert zu bedienen zu sein. Bereits im Vorfeld wurde geplant, wie eine weite Interoperabilität und ein offenes Konzept PCs auf der ganzen Welt miteinander verbinden könnte.

Obgleich nun das Konzept faszinierend einfach und vielseitig zugleich ist, veranlasste uns dieser Umstand allein freilich nicht zum Schreiben dieses Buches. Nach einem Vortrag über OpenVPN, den Klaus Thielking-Riechert auf den Erlanger Linuxtagen im Januar 2004 gehalten hatte, waren wir alle drei von der Technik angetan. Als kurz darauf Dr. Michael Barabas vom dpunkt.verlag bei ihm anfragte, ob Interesse bestünde, ein Buch über das Thema *Virtual Private Networks* zu verfassen, war in kürzester Zeit das »Projekt OpenVPN-Buch« geboren. Wir Autoren kannten uns bereits aus der ERLUG, der Erlanger Linux User Group, und wussten über die thematischen Stärken der anderen Bescheid – das Trio war rasch gefunden.

Auch die Aufteilung der Kapitel spiegelte sich in den jeweiligen Kompetenzbereichen der Autoren wider: Johannes Bauer schrieb hier vor allem über Themen wie Security und Programmierung. Um die Integration des Betriebssystems Windows mit dessen speziellen Eigenheiten kümmerte sich Albrecht Liebscher. Netzwerke und deren Technologien sind die Stärke von Klaus

Thielking-Riechert, weshalb er vorwiegend darüber geschrieben hat.

Seit dem zunächst zaghaften Projektbeginn ist nun fast ein Jahr vergangen. Wir Autoren haben gemeinsame Höhen und Tiefen miterlebt: Haben uns bei den Buchtreffen oft mit einem oder zwei Bierchen lachend unterhalten, aber auch manchmal gestritten, wenn nicht alles wie gewünscht lief. In der Zeit des Schreibens haben wir alle viel gelernt – weit mehr als nur technische Details. Aus den ersten spärlichen paar Testseiten ist nun ein richtiges Buch geworden – dass *Sie* es nun in der Hand halten, ist für uns das größte Kompliment. Unser Lohn für die viele Mühe des Schreibens und Korrigierens.

Und es gibt so viele Personen, die mit uns daran gearbeitet haben. Leute, ohne die das Buch in dieser Form gar nicht möglich gewesen wäre, die uns in Wort und Tat ständig unterstützt haben mit einer Tasse Kaffee in der Nacht, einem freundlichen Lächeln oder wertvollen Kommentaren zu Themen des Buches. Danke an Wolfgang Kinkeldei für die Unterstützung im Hinblick auf Mac OS X und viele Treffen, die damit zu tun hatten. Ein großes Dankeschön an Sabine Riechert, Julia März und Kerstin Spiegel für aufopferungsvolle, engagierte Korrekturen, Aufmunterungen und Tipps. Ebenfalls gebührt unser Dank Dr. Michael Barabas vom dpunkt.verlag, der uns geduldig am Werk hat arbeiten lassen. Und natürlich soll auch unser Dank an James Yonan hier erwähnt werden, ohne den es diese großartige Software OpenVPN wohl gar nicht erst geben würde.

Wir hoffen, dass Sie in diesem Buch einen nützlichen Wegweiser und kompetenten Ratgeber auf dem Gebiet OpenVPN finden und wünschen Ihnen bei der Lektüre viel Vergnügen.

Die Autoren – Erlangen, im Juli 2006

Inhaltsverzeichnis

1 Einleitung

Der folgenden Aussage wird sicher niemand widersprechen:

> *Das Internet hat sich heute zu einem der wichtigsten Wirtschaftsfaktoren auf unserem Planeten entwickelt und beeinflusst unser Leben in so vielen Bereichen, wie wir es uns vor 10 Jahren noch gar nicht vorstellen konnten.*

Wissenschaft, Forschung, Industrie und Privatanwender sind über ein weit gefächertes Netz miteinander verbunden und tauschen Wissen, Bilder und hohe Geldbeträge aus. Doch drehen wir die Zeit ein bisschen zurück und betrachten die Geschichte dieses Netzwerks: Seine Anfänge hat das Internet im so genannten ARPANET [1] , das seinen Betrieb 1969 aufnahm. Ursprüngliche Aufgabe des ARPANETS war es, vier US-amerikanische Universitäten, die im Auftrag des Pentagons forschten, über ein Netzwerk zu verbinden. Die Macher dieses Projektes setzten mit ihrem dezentralen Ansatz eine Revolution in Gang, die zusammen mit dem nahezu gleichzeitigen Erscheinen des Betriebssystems Unix und der Programmiersprache C einen gewaltigen Entwicklungsprozess startete. Denn mit Unix als verbreiteter Plattform und C als durchaus portabler Programmiersprache konnten die für das ARPANET entwickelten Anwendungen schnell und effizient von einem System auf andere übertragen werden. Darüber hinaus war der freie und kostenlose Zugang zu Spezifikationen ein wesentlicher Faktor bei der weiteren Entwicklung.

In diesem Zusammenhang ist übrigens anzumerken, dass der häufig zitierte (angebliche) Auftrag des ARPANET, im Falle eines Atomkriegs die Kommunikation sicherzustellen, nichts als ein Mythos ist.

Knapp vier Jahre später waren bereits zahlreiche weitere Einrichtungen an das Netz angeschlossen. Es existierten schon grundlegende Protokolle, die als Basis für Anwendungen dienten, aber vom *Internet* war damals immer noch nicht die Rede. Ein Meilenstein war der Entwurf von TCP (*Transmission Control Protocol*) im Jahre 1973 von Vint Cerf und Bob Kahn mit dem Anspruch, das Arpanet und andere Netze miteinander verbinden zu können. Hieraus entstand der Gedanke des Internets – ein Begriff der nichts anderes ist als die Abkürzung des englischen Begriffes

Interconnection Network, also ein großes Netzwerk, das aus kleineren zusammengesetzt ist.

TCP wurde in den folgenden Jahren noch mehrmals modifiziert; 1978 wurden die Bestandteile funktional getrennt: Es entstanden TCP/IP und UDP/IP (beziehungsweise allgemein auch nur als TCP und UDP (*User Datagram Protocol*) bezeichnet. TCP und UDP arbeiten beide auf der Basis des *Internet Protocol*, welches der gemeinsame Nenner für die Weiterleitung von Daten im Internet ist.

Abbildung 1.1 *Verbindungen zwischen Wide-Area-Netzwerken und Local-Area-Netzwerken bilden das Rückgrat des Internets.*

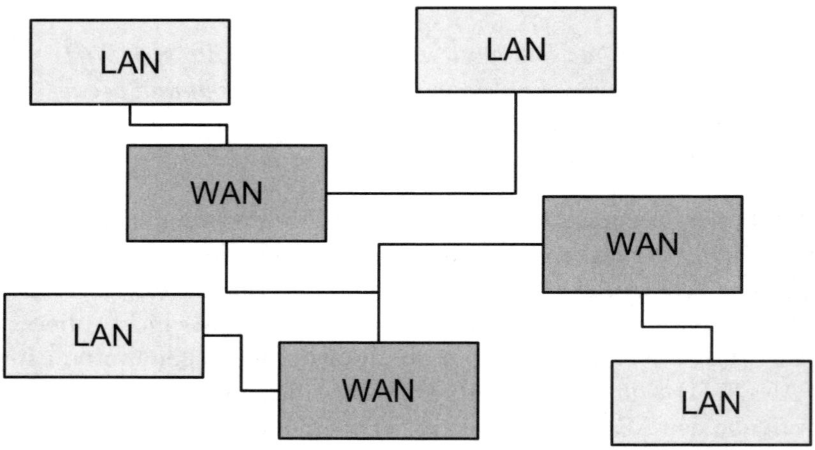

Annähernd zwei Jahrzehnte nach dem Entwurf von TCP kam mit der Entwicklung des WWW oder *World Wide Web* der Durchbruch des Internets für den privaten Anwender. Mittlerweile ist WWW eine gemeinhin anerkannte Technologie zum Informationsaustausch, zur Präsentation, als Marktplatz für Supermarktketten, eine Plattform für Auktionshäuser und für viele andere Anbieter. Der Durchbruch des Internets als »Medium für alle« war eng verbunden mit einer besonderen Applikation – dem Webbrowser, der einen einfachen Weg für alle Altersgruppen und soziale Schichten bietet, sich die angebotene Informationsvielfalt im Internet zu erschließen. Immer mehr Anwendungsgebiete vereinen Anwender aus den unterschiedlichsten Berufen und Interessengebieten, was zur Folge hat, dass über das Internet mehr und mehr sensible Informationen und Daten transportiert werden.

Wie so oft gilt aber auch im Internet: Wo es Geld zu verdienen gibt, sind nicht nur gutmütige Gestalten unterwegs. Themen wie Angriffe auf Webserver, Viren und Würmer sind in aller Munde und belegen, dass das Internet nicht unbedingt ein sicheres Pflaster ist (mal abgesehen von den wirtschaftlichen Schäden, die durch solche Gefahren und Angriffe entstehen). Darüber hinaus sind zahlreiche Möglichkeiten vorhanden, Datenverkehr mitzulesen und nach interessanten Informationen zu durchsuchen. Wundert es daher, dass in solch einem Umfeld Methoden erschaffen wurden, die den unbefugten Zugriff auf Daten nahezu unmöglich machen sollen?

1.1 VPNs von der Antike bis heute

Der Schutz von sensiblen Daten wäre heute ohne die Hilfsmittel der Kryptografie undenkbar. Die Kryptografie hat in der Geschichte der Menschheit eine lange Tradition. So ist heute bekannt, dass bereits die Ägypter verschlüsselte Botschaften in Hieroglyphen darstellten. Bei den Hebräern wurden Zeichenersetzungsverfahren verwendet und Gaius Julius Cäsar benutzte das nach ihm benannte *Caesar-Chiffre* zum (mehr oder weniger) sicheren Nachrichtenaustausch mit seinen Legionen. Im Mittelalter wurden mehr und mehr Geheimsprachen und Schriften eingesetzt, um diplomatische Post zu verschlüsseln. Und natürlich kann in diesem Zusammenhang auch nicht der obligatorische Verweis auf die *Enigma* fehlen, die im Zweiten Weltkrieg eine sichere Nachrichtenübermittlung gewährleisten sollte.

1.2 Eine sich ändernde Welt benötigt sichere Kommunikation

Während früher die Nachrichtengröße eher gering war und daher eine Nachricht mit vertretbarem Aufwand manuell ver- und entschlüsselt werden konnte, ist das Datenvolumen heute in der Regel viel größer und hat oft durchaus zeitkritische Randbedinungen. Konsequenterweise werden für solche komplexen Berechnungen »on the fly« leistungsstarke Computer oder sogar spezialisierte Geräte eingesetzt. Diese performanten Geräte sind erforderlich, da die Verbindung von Rechnern und Netzen an verschiedenen Standorten eine (nicht nur in der Industrie) bewährte Methode ist, strukturiert zu expandieren und die Kommunikationswege kurz und administrierbar zu halten. Zusätzlich hat sich eine Kultur etabliert, bei der die gemeinsame Nutzung von Dateien und der dezentrale Zugriff auf alle Arten von Informationen möglich ist.

Um die Kosten gering zu halten, soll in der Regel bei solchen Verbindungen auf bestehende Netze zurückgegriffen werden. So werden öffentliche Netze verwendet, um mit deren Infrastruktur eine weltweite Expansion zu ermöglichen oder aber auch um den immer beliebter werdenden Trend der Heimarbeit zu unterstützen. Das darüber realisierte Netzwerk ist der Nabel, ohne den Mitarbeiter und sogar ganze Unternehmensteile nicht miteinander arbeiten können.

Mit der Einführung von virtuellen privaten Netzen (VPNs) werden solch sensible Verbindungen geschützt. VPNs verbinden nicht nur einzelne Rechner über *VPN-Gateways* mit Servern, sondern auch ganze Netzwerke mit anderen Netzwerken. Jedoch wird die Sicherheit von IP-basierten Netzen immer wieder durch neue Meldungen über Würmer, Viren, *Denial-of-Service-(DoS-)*Attacken und virtuellen Einbrüchen widerlegt. Für VPNs bedeutet das, dass sie Kriterien des Datenschutzes, der Validierung der Verbindung bis hin zur Verifikation einzelner Datenpakete erfüllen müssen. Die Bedrohung durch Würmer und Viren hat vor allem durch eine vorherrschende Monokultur bei dem Einsatz von Betriebssystemen zugenommen. Durch die (welt-)weite Verbreitung von Microsoft Windows fällt es Autoren von Schädlingen leicht, mit einem kompromittierenden Programm ganze Netzwerke in ihre Gewalt zu bringen. Diesem sportlichen Ehrgeiz folgt als weitere Disziplin die Zerstörung von Serviceverfügbarkeit. Dabei kann es sich um die mutwillige Unterbrechung von bestehenden Verbindungen handeln, es kann aber auch heißen, dass ein Rechner oder Softwareservice erst gar nicht nutzbar ist. Bekannte Beispiele gibt es immer wieder: So hat im Mai 2004 der Computerwurm *Sasser* weltweit Millionen Rechner infiziert und als Symptom den Computer neu gebootet.

Um hier etwas klarzustellen: Es gibt natürlich auch Schädlinge für andere Betriebssysteme!

Der Einbruch in Rechner und Rechnernetze ist für die Aggressoren eine lukrative Arbeit, denn durch die professionelle Bereitstellung und Vermarktung von Zugangsdaten und Rechenleistung innerhalb dieser Szene wird jedes System interessant, das Teil eines öffentlichen Netzes ist. Dieser nachgewiesene Umstand veranlasst Programmierer aus allen Ländern die Grenze der Legalität zu überschreiten: angefangen beim Diebstahl von Kreditkartendaten, Zugangsdaten für E-Mail-Konten bis hin zu firmeninternen Dokumenten.

Um dem Ruf nach dem Schutz privater Daten bei der Übertragung durch öffentliche Netze nachzukommen, haben verschiedene Hersteller und Organisationen Lösungen entwickelt, die in der Lage waren, das Vertrauen der Anwender zu erhalten oder zurückzugewinnen. Von den zahlreichen technischen Lösungen sind die folgenden am meisten verbreitet:

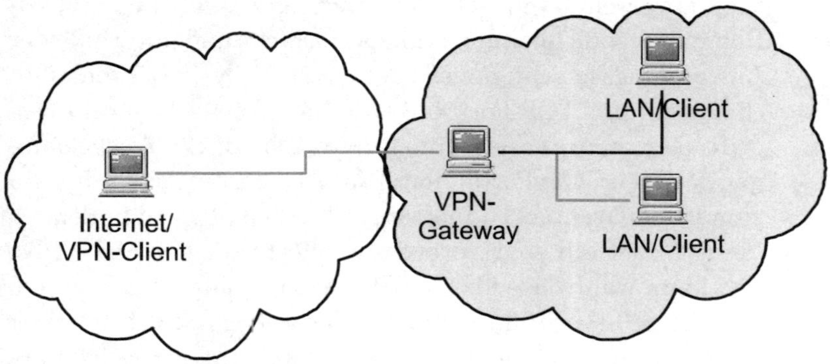

Abbildung 1.2
VPN-Gateways sind der gesicherte Netzübergang aus dem Internet in ein lokales Netzwerk.

- `L2TP` Das *Layer 2 Tunneling Protocol* ist ein Tunnelprotokoll, welches, wie der Name verrät, auf OSI-Schicht 2 arbeitet. Mit Hilfe einer Tunnel-ID ist es möglich, mehrere Verbindungen nebeneinander zu identifizieren und aufzubauen. L2TP sieht grundsätzlich keine Verschlüsselung vor und sollte deshalb nicht verwendet werden. Authentifizierungsmethoden sind PAP (Password Authentication Protocol) und CHAP (Challenge Handshake Authentication Protocol).
- `PPTP` Das *Point-to-Point Tunneling Protocol* trat in den letzten Jahren als weit verbreiteter Vorgänger zu L2TP auf. Da es bei dieser TCP-basierten Verbindung jedoch einige kritische Sicherheitslücken gab, lieferten Hersteller immer wieder bereinigte Versionen aus. Die große Schwachstelle, dass die Verschlüsselungstie fe von der Länge des Passworts abhängt, konnte jedoch nie geschlossen werden .
- `IPsec` , eine Abkürzung für *IP security*, hat es sich zur Aufgabe gemacht, das unsichere Internetprotokoll (IP) zu schützen und die zu transportierenden Daten zu validieren. Dazu bietet es verschiedene Arten der Authentifizierung von Benutzern und Clients. Aufgrund der offenen Standardisierung hat sich IPsec in den vergangenen Jahren zum Marktführer bei VPNs entwickelt und wird auch von zahlreichen Herstellern im Security-Umfeld unterstützt. Allerdings beinhaltet IPsec auch eine gewisse Komplexität, weswegen es bei unbedarften Anwendern häufig zu Problemen führen kann.
- `SSL-VPNs` sind der aktuelle Trend bei den Herstellern von VPN-Produkten. Es lässt sich am Markt sehr gut beobachten, dass mittlerweile auch die klassischen Hersteller von IPsec-Geräten in dieser Kategorie Geräte im Portfolio haben. SSL-VPNs verwenden das TLS/SSL-Protokoll, um Da-

ten zu verschlüsseln. Die Verbindungen sind im ISO/OSI-Referenzmodell über der Transportschicht und unterhalb der Anwendungsschicht angesiedelt. SSL-VPNs arbeiten üblicherweise mit TCP-Port 443 (wie der allseits bekannte Zugriff über `https`) und können unterschiedliche Ausprägungen besitzen: Vom Portal über Proxy-basierten Access bis hin zum transparenten Tunnel ist so ziemlich alles zu finden.

- `OpenVPN` ist ein sehr verbreiteter Vertreter der SSL-VPNs und kann wahlweise über UDP oder TCP eingesetzt werden. Für die SSL-Verschlüsselung wird die OpenSSL-Bibliothek verwendet. Durch die Lizenzierung als OpenSource-Software und die Verfügbarkeit auf unterschiedlichen Betriebssystemen findet OpenVPN mit allen Vorteilen einer SSL-basierten VPN-Lösung immer mehr Akzeptanz und Einsatzgebiete. Zur Authentifizierung bieten sich *Preshared Keys* oder *Zertifikate* an.
- `CIPE` Mit dem Anspruch, einen einfach zu verwendenden VPN-Ansatz zu implementieren, ist *Crypto IP Encapsulation* eine Technologie, die meist komplett im Betriebssystemkern eingebettet ist. Anwendungen, die auf ein VPN zugreifen, senden und empfangen Daten über eine virtuelle CIPE-Schnittstelle. Hinter dieser Schnittstelle werden die Daten in UDP-Paketen über ein bestehendes Netzwerk verschickt. CIPE hat den Vorteil, in NAT-Umgebungen eingesetzt werden zu können.

NAT: Network Adress Translation

Um die genannten Technologien (im Allgemeinen) und natürlich OpenVPN (im Speziellen) einschätzen zu können, sind die folgenden Kapitel des Buches in drei Teile untergliedert:

- *Teil I* umschließt die Kapitel 2 bis 4 und betrachtet allgemeine Gesichtspunkte, die beim Thema VPN von Interesse sind.
- In *Teil II* geht es um die grundlegenden Bausteine bei OpenVPN und wie sie miteinander verwoben sind. Dieser Teil umfasst die Kapitel 5 bis 9.
- Der abschließende *Teil III* stellt weiter gehende Funktionen und Möglichkeiten vor und zeigt anhand zahlreicher Beispiele die Einsatzmöglichkeiten auf.

2 Überlegungen zu VPN-Design und -Komponenten

Bevor im weiteren Verlauf des Buches mit OpenVPN eine konkrete Realisierung von VPNs beschrieben wird, soll dieses Kapitel den Anwendern mögliche Alternativen darlegen. *»Warum?«*, wird sich vermutlich mancher denken. Nun, letztlich ist es nichts anderes als die Aufforderung an diejenigen, die VPNs verwenden wollen, sich noch einmal über die Folgen in Bezug auf die Sicherheit klar zu werden.

Das klassische VPN hat die Aufgabe, eine Verbindung zwischen zwei beliebigen Ressourcen herzustellen. Typischerweise wird ein geografisch entfernter Client mit einem lokalen Netz verbunden, welches dadurch vergrößert wird. Diese Verbindung kann sowohl über ein öffentliches Netz (Internet, UMTS, GSM, ISDN, ...) als auch ein privates Netz aufgebaut werden. In der Literatur wird für diesen Ansatz auch der Terminus *Extended Network* verwendet. Eine solche Erweiterung birgt natürlich auch Gefahren und daher soll sie verständlicherweise sicher gegen das Ausspähen oder Manipulieren von Daten sein, weshalb in der Regel ausgefeilte, kryptografische Methoden in Zusammenarbeit mit Firewalls verwendet werden.

Noch eine kurze Anmerkung vorab: Es geht nicht darum, OpenVPN (oder andere VPN-Technologien) in diesem Abschnitt zu diskreditieren, sondern um die grundsätzliche Frage, *ob es für bestimmte Anforderungen Lösungen mit geringerem Risikopotenzial gibt*!

2.1 Es muss nicht immer ein VPN sein!

Sicherlich gibt es dafür auch irgendwo eine Statistik!

Die mit Abstand häufigsten Gründe für den Einsatz eines *Remote Access* oder *Fernzugriffs* dürften sicher die Abfrage von E-Mails und der Zugriff auf Dateien sein. Wer kennt das nicht: Man ist irgendwo unterwegs und möchte einmal kurz einen Blick auf seine E-Mails werfen ...

Webbasierte Dienste als Alternative oder Ergänzung

Findige Portalanbieter haben hierzu bereits vor Jahren ihren Kunden die Möglichkeit des Zugriffs auf die Mailbox über so genannte Webmailer angeboten. Solche Webmailer bieten dem Benutzer häufig ein schickes und komfortables Interface. Einige Anbieter spendieren ihren Kunden sogar sehr viel Speicherplatz für ihre Postfächer. Die Gigabyte-Grenze kann hier durchaus schon einmal überschritten werden.

Keine Angst: So etwas wurde schon häufig in der freien Wildbahn gesehen!

Mancher könnte nun auf den Gedanken kommen, solche Dienste für die »Kommunikation unterwegs« zu verwenden und beispielsweise durch eine automatische Weiterleitung von geschäftlichen E-Mails beruflich immer erreichbar zu sein. Dazu kann nur gesagt werden: **Finger weg von solchen Aktionen!** Auf solchen Servern haben sensible Daten nichts verloren, auch wenn es sehr leicht einzurichten ist.

Wenn nun einmal ganz frech »*Kapiert?*« gefragt wird, dann wird die Reaktion wohl ein breites Nicken sein. Kurz darauf dann die Frage: »*Gibt es denn eine Alternative?*« Aber sicher! Und es gibt sogar mehr als eine, denn viele Anbieter von Groupware-Lösungen bieten für die Organisation von E-Mails, Terminen in Kalendern, Adressen etc. auch ein Webinterface an, auf das über einen Browser zugegriffen werden kann. Wer vor anfallenden Kosten zurückschreckt, der sollte sich der stattlichen Anzahl an Open-Source-Projekten, die diese Funktionen ohne Lizenzgebühren bieten, bewusst werden. Als Beispiele seien die Groupware-Projekte *egroupware* (`http://www.egroupware.org`) oder *OpenGroupware.org* (`http://www.opengroupware.org`) erwähnt.

Mit Hilfe solcher Software können auch mobile Anwender auf einem sicheren Weg Zugang zu ihren Daten erhalten, zum Beispiel wenn die Software über verschlüsselte Verbindungen eines firmeneigenen Webservers in Kombination mit Zertifikaten verwendet wird. Natürlich müssen für die Pflege und Aktualisierung solcher Systeme auch Ressourcen eingeplant werden, doch Sicherheit hat eben ihren Preis! Denn die Aufrechterhaltung der Sicherheit von IT-Systemen ist ein kontinuierlicher Prozess, um den ständigen neuen Bedrohungen angemessen entgegentreten zu können. Die Beschreibung entsprechender Prozesse würde den Rahmen dieses Buches zweifelsohne sprengen. Zum Einstieg verweisen wir an dieser Stelle auf den IT-Grundschutz des Bundesamtes für Sicherheit in der Informationstechnik (`http://www.bsi.de`).

BSI: Bundesamt für Sicherheit in der Informationstechnik

Transparente Verschlüsselung

Geht es allerdings um mehr als nur den Blick in die Mailbox oder den Zugriff auf Dateien, dann reichen solche browserbasierten Lösungen in der Regel nicht mehr aus. Ein klassisches Beispiel ist der gern zitierte Administrator, der mitten in der Nacht irgendwo auf der Welt aus dem Schlaf geklingelt wird, weil ein immens wichtiger Datenbankserver ein Problem hat. In der Regel ist hierfür der direkte Zugriff auf einen Server irgendwo im internen Netz einer Firma notwendig, was zwangsläufig dazu führt, dass der Zugriff auf das Netzwerk gewährt wird, und zwar am besten so, dass der Administrator das Gefühl hat, man könne »Arbeiten wie im Büro«. Das Stichwort hierzu lautet *direkter* oder *transparenter Netzwerkzugriff* und hierfür stehen mehrere Alternativen zur Verfügung:

- Als nichttechnische Variante kommt natürlich auch ein Kollege in Betracht, welcher über die notwendigen Fähigkeiten verfügt oder telefonisch entsprechend angeleitet wird.
- Die nächste Variante wäre die Einwahl ins Netz übers Telefon. Schließlich ist heutzutage meistens ein Telefon in der Nähe oder es wird ein passendes Mobiltelefon an einen Laptop angeschlossen. In Kombination mit Verschlüsselungsmethoden und einer Authentifikation ist das eine durchaus sichere Variante. Der Haken hierbei sind in der Regel die hohen Kosten für Ferngespräche und die vergleichsweise langsame Verbindung über Modems.
- Als dritte Alternative kommt das Internet ins Spiel. Die Möglichkeiten des Zugangs zum Internet sind heute sehr vielfältig und im Vergleich zu einer Telefonverbindung auch recht günstig. Ferner ist auch die verfügbare Bandbreite oft besser als die einer Modemverbindung. Aber beim Thema Sicherheit gilt es, einiges zu beachten: Hier sind neben der Authentifikation und Verschlüsselung auch noch Themen wie Firewalls, Virenschutz etc. wichtig, bevor ein Rechner von irgendwo auf der Welt über einen verschlüsselten Kanal eine Verbindung ins Firmennetz herstellt.

2.2 Authentifikation und Autorisation

Kommen wir nach den netzwerktechnischen Fragen zu einem der brisantesten Themen, die es im Zusammenhang mit VPNs überhaupt gibt: *die Authentifikation*. Dabei geht es um nichts anderes als um folgendes Problem:

> *Wie kann ein Benutzer bei der Anmeldung an einem System glaubhaft machen, dass er oder sie es wirklich ist, die sich am betreffenden System anmelden wollen?*

Üblicherweise wird versucht, diese Aufgabe durch irgendeine Art von Ausweis oder Passwort zu lösen, getreu dem (zugegebenermaßen etwas naiven) Motto: »*Wenn das zu einer Identität zugehörige Passwort korrekt ist, dann hat man es auch mit der richtigen Person zu tun!*« Dieser Ansatz entspricht im Grunde auch der folgenden Analogie:

> *Jeder, der einen passenden Schlüssel hat, darf jederzeit meine Haustür öffnen.*

Auf den ersten Blick mag das sinnvoll erscheinen, aber die spannende Frage ist, ob derjenige, der den Schlüssel besitzt, auch wirklich zum Kreis derjenigen Personen gehört, denen tatsächlich der Schlüssel anvertraut werden sollte. Denn letztlich ist es in der Regel gar nicht ohne weiteres möglich, die zugehörige Person oder den Schlüsselinhaber eindeutig zu identifizieren (mal abgesehen von biometrischen Systemen, deren Qualität allerdings manchmal zu wünschen übrig lässt [58]).

Die Mängel der simplen Passwortsysteme sind durchaus bekannt, weshalb man in der realen IT auch häufig Bedingungen für den Umgang mit solchen Systemen findet, die das Ziel haben, den Grad der Sicherheit zu erhöhen, wie zum Beispiel:

- Das Passwort muss eine Mindestlänge haben.
- Das Passwort muss periodisch verändert werden und muss sich von den vorherigen unterscheiden.
- Das Passwort darf nicht nur Buchstaben enthalten, sondern muss aus einer Kombination von Groß- und Kleinbuchstaben, Sonderzeichen und Ziffern bestehen.

Hintergrund dieser Bedingungen ist im Allgemeinen der Versuch, auf diese Weise die Verwendung von leicht erratbaren Passwörtern zu verhindern und damit einem erfolgreichen Einsatz von *Password Crackern* vorzubeugen.

Ein Passwort ist gut, zwei wären besser

Da sich in immer weiter reichenden Kreisen die Erkenntnis durchgesetzt hat, dass ein Passwort alleine doch ein etwas schwaches Ausweismerkmal ist, haben sich insbesondere im Bereich des Onlinebankings schon seit einigen Jahren so genannte PIN/TAN-Systeme (*Personal Identification Number/Transaction Number*) etabliert. Hierbei dient die PIN der generellen Authentisierung eines Nutzers gegenüber einem System für die Dauer einer Sitzung. Werden im Rahmen dieser Sitzung Aktivitäten wie beispielsweise Kontobewegungen durchgeführt, dann müssen diese wiederum durch die Eingabe einer TAN bestätigt werden. Der wesentliche Unterschied zwischen einer PIN und einer TAN ist hierbei, dass eine TAN nur ein einziges Mal verwendet werden kann.

Dieser Ansatz klingt zwar auf den ersten Blick schlüssig, birgt aber bei der Verwendung im Internet durchaus Risiken, wie beispielsweise durch gefälschte Webseiten, die versuchen, Passwörter zu »fischen«. Dieses so genannte *Phishing* kommt in jüngster Zeit mehr und mehr in Mode.

2.3 Netzwerkarchitektur

Im Zusammenhang mit virtuellen privaten Netzwerken tauchen immer wieder Begrifflichkeiten wie *End-to-Site* (beziehungsweise *Client-to-LAN*) oder *Site-to-Site* auf. Von *Client-to-LAN-VPN* spricht man, wenn zum Beispiel ein extern eingesetzter Mitarbeiter einer Firma sich per *Remote-Access-VPN* in der Firma anmeldet. Dadurch hat er Zugriff auf die Ressourcen im Firmennetzwerk, kann aber gleichzeitig Teil eines anderen Netzwerkes sein. Es ist Aufgabe der verwendeten Software, dafür zu sorgen, dass die beiden Netzwerke, bei denen er nun Teilnehmer ist, nichts voneinander bemerken.

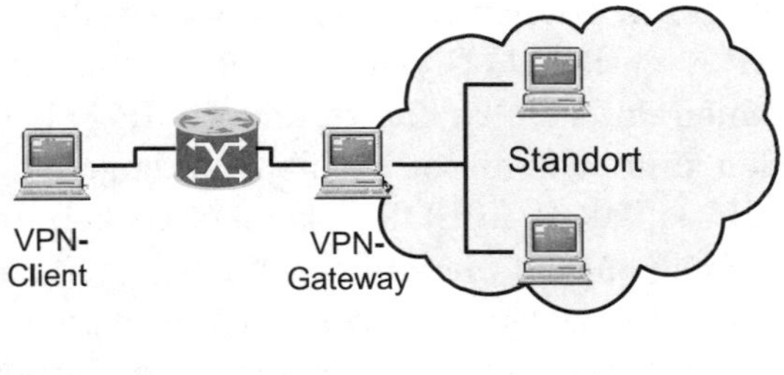

Abbildung 2.1
Ein einzelner Client meldet sich über ein VPN-Gateway in einem Netzwerk an.

Von einem *Site-to-Site-* beziehungsweise *LAN-to-LAN-VPN* spricht man, wenn zwei Netzwerke miteinander verbunden werden, was vor allem bei der Vernetzung geografisch getrennter Firmenniederlassungen angewendet wird.

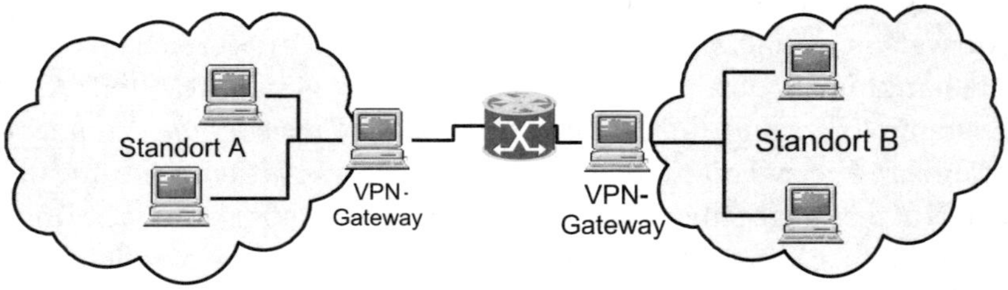

Abbildung 2.2
VPN-Gateways stellen eine Verbindung zwischen zwei getrennten Netzwerken her.

2.4 VPN-Technologie

IPsec: Der Platzhirsch

IPsec ist derzeit die unumstrittene Nummer eins was VPN-Protokolle betrifft. Als beiläufige Entwicklung im Zuge der Spezifikation von IPv6 wurde IPsec zusammen mit IPv4 ein voller Erfolg. Gedacht als sichere Erweiterung von IP wurde 1998 IPsec in verschiedenen RFCs spezifiziert und im Laufe der Jahre mehrfach verfeinert und in neuen RFCs festgehalten. Durch diese RFC-Spezifikation wurde es möglich, dass mehrere Hersteller von Netzwerkhardware und -software kompatible Systeme entwickeln können und konnten.

In Bezug auf IPsec sind die wichtigsten RFCs folgende:

- RFC 2409 Internet Key Exchange (IKE)
- RFC 4301 Security Architecture for the Internet Protocol
- RFC 4302 Authentication Header
- RFC 4303 Encapsulating Security Payload
- RFC 4306 Internet Key Exchange Protocol (IKEv2)

IPsec ist im ISO/OSI-Referenzmodell auf derselben Netzwerkschicht wie IP angesiedelt. Dies bringt vor allem Probleme mit Firewallsystemen mit sich, da das veränderte IP-Paket nicht ausgelesen werden kann. Um dieses Problem zu umgehen, gibt es die Möglichkeit, IPsec-Pakete in UDP-Pakete zu packen und zu übertragen. In dem Fall spricht man auch von IPsec im Tunnelmodus.

IPsec steht unter vielen modernen Betriebssystemen zu Verfügung. Die bekannteste IPsec-Implementierung unter Linux basiert auf dem FreeS/WAN-Projekt, sie kann durch Patches in Linux-Kernel der Version 2.4 und 2.6 eingespielt werden. Seit der offiziellen Kernelversion 2.6.0 ist im Linux-Kernel ein alternativer IPsec-Stack integriert, der in ähnlicher Form bereits in BSD-Systemen verwendet wird. Die Entwicklung von FreeS/WAN wurde eingestellt. Nachfolger sind Openswan und strongSwan. Ab Windows 2000 SP1 ist es auch möglich, IPsec auf Microsoft basierenden Systemen zu verwenden.

SSL-VPNs: Die Newcomer

SSL-VPNs sind eine weitere Lösung, wenn es darum geht, in eine bestehende Netzwerkstruktur einen VPN-Zugriff zu ermöglichen. Viele kommerzielle Hersteller von VPN-Lösungen bieten SSL-basierte VPN-Gateways an, die unter Windows über ActiveX-Technologie quasi »on the fly« auf Clients mit einem Microsoft-Webbrowser installiert werden können. Andere Ansätze verwenden Java-fähige Browser, um über Java-Applets die entsprechenden Firmengrenzen übergreifenden Anwendungen zur Verfügung zu stellen. Ein weiterer Vorteil gegenüber Nicht-SSL-VPNs ist häufig die einfache Distribution der Client-Software. Bekannte Vertreter im Markt für SSL-VPN sind heutzutage beispielsweise Aventail, F5, Juniper und Nokia. Aus der Liga der Open-Source-Programme kommen OpenVPN und SSLExplorer. SSLExplorer ist eine browserbasierte SSL-VPN-Software, wohingegen OpenVPN auf der Basis gesicherter virtueller Netzwerkschnittstellen arbeitet.

Dass dieser leichte Weg mit dynamisch zu installierenden Komponenten nicht unbedingt der sicherste ist, muss an dieser Stelle nicht unterstrichen werden.

3 Netzwerk ist nicht gleich Netzwerk

Dieses Kapitel soll den Einstieg für ein grundlegendes Verständnis von Netzwerken, Protokollen und deren Schichtung bieten. Grundsätzliche Unterschiede zwischen Routing und Bridging werden erklärt, das ISO/OSI-Schichtenmodell erläutert und auf Netzwerkeigenheiten wie die *Maximum Transfer Unit* eingegangen.

3.1 Das ISO/OSI-Schichtenmodell

ISO: International Organization for Standardization

ISO/OSI-Referenzmodell

Die ISO definiert in ihrem für die Netzwerktechnik absolut unerlässlichen *Open Systems Interconnection Reference Model* sieben Netzwerkschichten (die *Layers*), welche jeweils aufeinander aufbauen. Da das Modell recht grundlegend und für das Verständnis der kommenden Abschnitte hilfreich ist, soll es hier kurz vorgestellt werden. Es gibt folgende Schichten:

Tabelle 3.1
Die unterschiedlichen Netzwerkschichten nach der ISO/OSI-Klassifikation

Schicht/Level	Deutsche Bezeichnung	Englische Bezeichnung
Layer 7	Anwendungsschicht	Application Layer
Layer 6	Darstellungsschicht	Presentation Layer
Layer 5	Sitzungsschicht	Session Layer
Layer 4	Transportschicht	Transport Layer
Layer 3	Netzwerkschicht	Network Layer
Layer 2	Sicherungsschicht	Data Link Layer
Layer 1	Physikalische Schicht	Physical Layer

Wie bereits erwähnt, baut jede dieser Schichten auf der jeweils darunterliegenden auf. So kann man sich beispielsweise als physikalische Schicht einfach ein Netzwerkkabel vorstellen, über das bitweise Daten übertragen werden. Die darüberliegende Sicherungsschicht sendet nun unter Benutzung des Layer 1 Daten in Blöcken über das Kabel, die um Zusatzinformationen ergänzt sind: Dies können beispielsweise Prüfsummen oder Sequenznummern sein, die es ermöglichen, dass der Empfänger defekte oder verloren gegangene Pakete aufspüren und entsprechend reagieren kann. In der Praxis ist Ethernet ein Layer-2-Protokoll, das die eigentlichen Daten in so genannten Ethernet-Frames versendet. Jedoch genügt der Ethernet-Frame nicht den Ansprüchen an eine Sicherungsschicht: Die gesamte Flusskontrolle, Sequenznummernvergabe sowie Konsistenzprüfung der Frames wird den darüberliegenden Layers überlassen; die Ethernet-Frames enthalten keine dieser Informationen. Wiederum eine Schicht darüber könnte beispielsweise IP, das *Internet Protocoll*, einsetzen. IP enthält bereits recht abstrakte Informationen über das Datenpaket: Quell- und Ziel-IP-Adresse, eine Prüfsumme sowie weitere Informationen, die vorwiegend von Routern be- und verwertet werden. Noch eine Abstraktionsstufe höher liegt nun zum Beispiel TCP, das *Transmission Control Protocol*. Auf TCP-Ebene sind durch das Betriebssystem und dessen Implementierung des TCP/IP-Stacks zahlreiche Zusicherungen getroffen: Pakete werden beim Empfänger wieder in derselben Reihenfolge zusammengesetzt, in der sie abgesandt wurden, doppelte Pakete werden verworfen, verloren gegangene Pakete werden neu angefordert und vieles mehr. Die Schichten 5-7 werden in der Praxis häufig nicht einzeln implementiert, sondern in einem einzigen Protokoll verwirklicht: HTTP ist hierfür ein gutes Beispiel.

Zu all diesen Schichten gibt es auch Hardware, die natürlich auch entsprechend der zunehmend anspruchsvolleren Verarbeitungsleistung mit aufsteigenden Schichten auch immer teurer wird. Ein Beispiel für Layer-1-Hardware ist ein Coaxkabel: Die gesandte Information wird an alle Teilnehmer des Kabels weitergereicht, wobei es dem Kabel egal ist, ob die Information korrekt ist oder nicht. Die Übertragungseigenschaften des Kabels definieren wiederum die Charakteristika seiner Übertragung, wie zum Beispiel die Bandbreite.

Ein Switch hingegen ist ein Beispiel für Layer-2-Hardware, denn diese Geräte sehen sich die Pakete an, anstatt sie einfach willkürlich zu allen Ports herauszusenden. Genauer gesagt betrachten sie die MAC-Adressen (also die Adressen auf Basis der Ethernet-Frames) und entscheiden dann, ob es nötig ist, das Paket zu allen Ports herauszusenden (falls die MAC-Adresse noch nicht bekannt ist), oder ob es nicht sinnvoller ist, es nur an dem Port herauszusenden, an dem tatsächlich der Empfänger angeschlossen ist. Natürlich wird auch überprüft, ob der betreffende Frame korrekt ist und keine CRC-Fehler beinhaltet.

Auf Layer 3 ist das typische Beispiel der Router: Er sieht sich die IP-Adressen an und entscheidet daraufhin, was der geschickteste Weg ist, das Paket weiterzureichen. Auf höheren Schichten könnte man beispielsweise Proxys nennen, die so genanntes «Content-Filtering» vornehmen: Diese schauen sich Pakete auf höchster Ebene (beispielsweise auf der HTTP-Schicht) an und entscheiden dann, ob der Benutzer den Inhalt ansehen darf (wenn er beispielsweise unbedenklich ist) oder nicht (falls er etwa bestimmte Schlüsselwörter enthält).

Eine Anekdote am Rande: In Kreisen von Netzwerkern wird manchmal von Fehlern auf ISO/OSI-Layer 8 gesprochen: Ein solcher Layer existiert jedoch nicht gemäß der offiziellen Definition. Aber der Redensart nach ist der achte Layer die »Benutzer«-Schicht. Ein Administrator drückt damit also verschlüsselt aus, dass ein Bedienfehler des Benutzers vorliegt, wenn er über einen »Layer-8-Fehler« redet.

Layer 8 - gelegentlich auch umschrieben als »Das Problem sitzt zwischen Monitor und Stuhllehne!«

3.2 Routing und Bridging

Der generelle Unterschied zwischen Routing und Bridging besteht darin, dass Routing ab dem Layer 3 des OSI-Schichtenmodells (Netzwerkschicht) einsetzt und Bridging bereits ab Layer 2 (Sicherungsschicht): Wie bereits im Kapitel 3.1 erklärt sind Switches Geräte des Layers 2 – also nur in einem relativ kleinen Netzwerk wie einem LAN aktiv. Sobald jedoch das Netzwerk bedeutend größer wird, ist eine Paketvermittlung allein auf der Basis von Layer-2-Frame-Informationen nicht mehr praktikabel, da die notwendigen Broadcasts einen erheblichen Anteil am Verkehrsaufkommen haben und es zu so genannten Broadcast-Stürmen kommen kann. Routing wird also im »großen Maßstab« betrieben – mit Zusatzinformationen, die den Paketen ab OSI-Layer 3 hinzugefügt werden. Bridging ist also ein relativ einfaches »Durchreichen« von Paketen, während beim Routing tatsächlich die Pakete ab Layer 3 angesehen werden und eine »intelligente« Entscheidung (*Routing Decision*) getroffen wird, was mit dem Paket geschehen soll: Entweder es wird weitergeleitet – mit dem Ziel, das Paket auf den kürzestmöglichen Weg (*Least Cost Path*) zu schicken, oder es wird einfach »verschluckt«, wenn es den Anforderungen des Routers nicht genügt.

LAN: Local Area Network

Wenn man sich für die Methode des Routings entschieden hat, kann es in einigen Fällen von Nachteil sein, dass dabei keine Broadcast-Signale durch den Tunnel weitergeleitet werden. Hiervon betroffen sind unter anderem Computerspiele oder Samba-Netzwerke. Bei Samba-Netzwerken kann man dieses Manko durch geeignete Konfiguration eines so genannten WINS-Servers umgehen, so dass beide Netzwerkgruppen miteinander verbunden werden können. Es entsteht allerdings ein nicht unerheblicher Konfigurationsaufwand.

Mit Samba-Netzwerken sind allgemein diejenigen Dienste gemeint, die auf der Basis des SMB-Protokolls (Simple Message Block) arbeiten.

Nur weil in einer gebridgten Konfiguration der gesamte Verkehr schon einen Layer früher als beim Routing übertragen wird, heißt das natürlich nicht, dass man einem Bridging-Interface keine IP-Adresse zuweisen kann oder darf – im Gegenteil: Dies ist sogar eine recht elegante Methode, weitere Rechner transparent in ein anderes Netzwerk zu integrieren.

Routing	Bridging
+ Gute Skalierbarkeit + Paketgrößen können an die Gegebenheiten angepasst werden	+ Broadcasts werden übertragen + Keine zu konfigurierenden Routen + Funktioniert mit allen Ethernet-Protokollen + Leicht zu konfigurieren
- Broadcasts können den Tunnel nicht traversieren - Für Samba-Shares (»Windows-Netzwerk«) muss ein WINS-Server eingerichtet werden - Für jedes Subnetz müssen Routen eingerichtet und propagiert werden - Nur IP (IPv4 und ggf. IPv6)	- Weniger effizient (MAC-Adressen, ARP) - Schlechte Skalierbarkeit - Sicherheitsaspekte ggf. komplexer

Tabelle 3.2 *Vor- und Nachteile von Routing und Bridging in Bezug auf OpenVPN-Server*

Hierbei sollten allerdings auch Sicherheitsaspekte berücksichtigt werden: Ein zu dem OpenVPN-Server verbundener Client kann dadurch, dass er Pakete auf Layer-2-Ebene versenden darf, auch nach Belieben beispielsweise ARP-Spoofing betreiben oder IP-Adresskonflikte hervorrufen.

ARP: Address Resolution Protocol

Bridging scheint dagegen eine verlockend einfache Alternative zu Routing zu sein. Doch wieso den gesamten Overhead aller Layer-2-ARP-Pakete in Kauf nehmen, wenn dies womöglich gar nicht notwendig wäre? Gerade wenn Daten über einen Tunnel übertragen werden, kann durch Bridging die Performance recht schnell »in die Knie« gezwungen werden. Für Routing gibt es überdies für alle Betriebssysteme Programme (»Firewalls«), die den eingehenden Paketen bestimmte Regeln auferlegen (und nicht konforme Pakete einfach wegwerfen). Für den Einsatz einer Bridging-Lösung sind ebenfalls Werkzeuge verfügbar, allerdings sind diese weniger ausführlich dokumentiert und auch nicht auf allen kommerziellen Betriebssystemen vorhanden. Man sollte also vor der Erstellung einer Konfigurationsdatei zunächst überlegen, was eigentlich die Ziele einer Punkt-zu-Punkt-Verbindung sind und mit welchem Verfahren sich dies am einfachsten realisieren lässt.

3.3 Paketlängen und Fragmentierung

Die MTU, die Maximum Transfer Unit, ist die Größe, welche für jedes Netzwerkinterface angibt, wie groß ein einzelnes Paket maximal sein darf, das über das Interface gesendet wird. Dies rührt üblicherweise von einer Beschränkung des Layers 1 her: Stellt man sich beispielsweise als physikalische Netzwerkschicht eine Rohrpost vor, die nur maximal 500 Blatt Papier aufnehmen kann, dann ist es einfach technisch unmöglich, mehr auf ein Mal zu senden. Übertragen auf das *Internet Protocol* bedeutet das beispielsweise unterschiedliche Größen der MTU für Ethernet-, FDDI- und X.25-Verbindungen.

Der Versuch, ein Paket, das größer als die MTU ist, zu senden, schlägt daher grundsätzlich fehl. Dies ist natürlich eine absolut unbefriedigende Lösung, da ja auch Kommunikation über einen Datenkanal laufen soll, die durchaus und sogar viel größer ist als die Maximum Transfer Unit. Das Problem wird in höheren Layers behoben: Bei einer IP-Kommunikation beispielsweise stellt der IP-Layer (also Layer 3) sicher, dass nur IP-Pakete erzeugt werden, die höchstens so groß sind, wie die MTU es gestattet. Üblicherweise hat die MTU in lokalen Netzen den Wert 1500, um gerade noch in einem Ethernet-Frame übertragen werden zu können. Sollte ein Datenstrom länger sein und ein Paket geteilt werden, so bietet IP ein Feld im Paketkopf an, das dies dem Empfänger signalisiert.

Um bei dem Beispiel mit der Rohrpost zu bleiben: Sollen 700 Blatt an einen Empfänger per IP geschickt werden, so wird der Papierstoß zunächst mit einem »Deckblatt« (also dem IP-Header) versehen. Auf diesem ist notiert, dass das Paket noch nicht komplett ist und der Empfänger also auf weitere Informationen warten soll. Dann wird das Deckblatt mit den ersten 499 Blättern zusammen durch die Leitung gesandt. Gleich danach wird eine weitere Rohrpost losgeschickt, die wieder aus einem Deckblatt und den verbleibenden 201 Blättern besteht.

Häufig ist die Fragmentierung von Paketen für die schlechte Performance von Netzwerkverbindungen verantwortlich.

Diesen Effekt nennt man Fragmentierung: Ein Paket wird in zwei oder mehrere Teilpakete gespaltet, die Teile mit einem »Fragmented«-Flag versehen und dann nacheinander übertragen. Dass Fragmentierung einen ausgesprochen negativen Einfluss auf die Performance einer Netzwerkverbindung hat, wird an einem einfachen Beispiel sofort deutlich: Angenommen ein falsch konfigurierter Client sendet über einen Router Daten an einen Server. Die MTU auf der Client-Router-Strecke sei 1500 Bytes, die MTU auf der Router-Server-Strecke sei 1492 Bytes. Nun sendet der Client jeweils Pakete der Größe 1500 Bytes an den Router. Dieser muss die Pakete an den Server weiterleiten, jedoch ist dies unfragmentiert unmöglich. Der Router splittet also jedes einzelne Paket in zwei Teilpakete auf, ein 1492 Bytes und ein 8 Bytes großes Paket. Da bei den jeweils 8 Bytes großen Paketen das Verhältnis von Nutzlast (*Payload*) zu Overhead ausgesprochen ungünstig ist, hat dies katastrophale Auswirkungen auf die Gesamtperformance.

Zusätzlich gibt es noch den Begriff der »Path MTU«. Dieser gibt an, wie groß ein Paket auf einem bestimmten Pfad maximal sein darf, um unfragmentiert anzukommen. Die »Path MTU« entspricht also dem Minimum der MTUs aller Zwischenstationen (den so genannten *Hops*). Es ist also beispielsweise denkbar, dass ein Computer über eine Ethernet-Verbindung an einem Gateway hängt, das wiederum an einer DSL-Leitung mit dem Internet verbunden ist. Die MTU auf der Client-Gateway-Strecke betrage 1500 Bytes, die MTU auf der Gateway-Internet-Strecke 1400 Bytes. Sollte der Client nun Pakete ins Internet transferieren, die größer als 1400 Bytes sind, werden diese zwangsläufig auf dem Weg (Path) fragmentiert: Zwar überstehen sie die Strecke bis zum Gateway tadellos, jedoch müssen sie dort fragmentiert werden, um abgesandt zu werden.

Um zu vermeiden, dass die Pakete immer wieder aufgespaltet werden und sich so ein nicht abschätzbarer Flaschenhals bildet, gibt es Routing-Mechanismen wie die »Paket Reassembly«, die Wiederzusammensetzung von Paketen. Ein Gateway, das beispielsweise auf dem eingehenden Interface eine MTU von 1000 Bytes, auf dem ausgehenden Interface jedoch eine MTU von 1500 Bytes besitzt, könnte natürlich die eingehenden Pakete einfach unverändert durchreichen. Es bietet sich aber an, den Versand der eingehenden Pakete etwas zu verzögern, um zu warten, ob nicht noch Daten »nachkommen«. Ist dies der Fall, so kann die maximale MTU des ausgehenden Interface ausgeschöpft werden.

Zuletzt soll noch auf die MSS, die Maximum Segment Size, eingegangen werden. Die MSS gibt die Anzahl an Bytes an, die in einem TCP-Paket (Layer 4) als Nutzlast maximal übertragen werden können. Da TCP- und IP-Header zusammen mindestens 40 Bytes betragen, muss die MTU auch um mindestens 40 Bytes größer sein als die MSS, damit Pakete nicht regelmäßig fragmentiert werden.

4 Klassische Angriffe und deren Abwehr

Um ein Netzwerk vor Angriffen zu schützen, ist es unabdingbar, sich *im Voraus* einige Dinge klar zu machen:

- *Was* soll geschützt werden?
- *Wovor* soll es geschützt werden?
- *Wie* sehen mögliche Angriffsszenarien aus?

All diese Fragen werden im kommenden Kapitel erörtert.

4.1 Die vier Grundpfeiler für sichere Kommunikation

Der wichtigste Dreh- und Angelpunkt bei der Absicherung von Datenverkehr sind die *Ziele*, die man durch eine Absicherung erreichen will. In der gesamten Literatur haben sich vier Hauptziele herauskristallisiert, die hier kurz vorgestellt werden sollen.

4.1.1 Vertraulichkeit (*Confidentiality*)

Das wohl wichtigste Ziel einer sicheren Verbindung ist Vertraulichkeit: Übertragene Daten sollten nur von den Individuen gelesen werden können, für die sie bestimmt sind. Gelingt es einem Angreifer, Daten abzuhören, so kann er mit diesen nichts anfangen, da sie eben nicht für ihn bestimmt sind. Weiterhin gibt es eine »Vertraulichkeit der Entitäten« (also beispielsweise des Clients oder Servers), welches aber normalerweise unter dem Schlagwort »Anonymität« behandelt wird.

Das Sicherheitsziel der Vertraulichkeit wird üblicherweise durch Verschlüsselung gewährleistet. Ist bei einer Verschlüsselung mit einem symmetrischen Cipher – also einem Verschlüsselungsalgorithmus, der denselben Schlüssel zum Ver- und Entschlüsseln verwendet – sichergestellt, dass wirklich nur der Sender und Empfänger den Schlüssel besitzen, so kann eine Verbindung als vertraulich betrachtet werden. Dies setzt selbstverständlich einen Verschlüsselungsalgorithmus voraus, der keine inhärenten Sicherheitsprobleme hat. Leider ist der Beweis der Sicherheit absolut nichttrivial: Hauptziel der Cryptoanalysis ist es, solche Schwachstellen zu erkennen und zu entschärfen. Populäre symmetrische Verschlüsselungsalgorithmen – also Verfahren, die denselben Schlüssel zum Ver- und Entschlüsseln benutzen – sind beispielsweise AES, DES, Blowfish oder CAST. Der bekannteste Vertreter der asymmetrischen Verschlüsselungsverfahren ist RSA.

AES: Advanced Encryption Standard
DES: Data Encryption Standard
CAST: Carlisle Adams and Stafford Tavares

4.1.2 Authentisierung (*Authentication*)

Authentisierung ist der Vorgang der Überprüfung einer Identität. Wenn also einer der beiden Verbindungsparteien eine Verbindung initiiert, überprüft *jede* Seite jeweils, ob die Gegenseite die Partei ist, die sie vorgibt zu sein. Wichtig ist hierbei, dass nicht nur der Server den Client beglaubigt, sondern auch der Client überprüfen kann, ob der Server tatsächlich der richtige ist.

In der Praxis und unter anderem im Kontext von OpenVPN geschieht dies durch asymmetrische Kryptografie, im speziellen durch Signaturen. Der verwendete Algorithmus der Wahl ist der weltweit anerkannte RSA (nach seinen Erfindern Rivest, Shamir und Adleman benannt). Hierfür verfügt jede Partei über ein Paar aus zwei zueinander gehörigen Schlüsseln: den öffentlichen und den privaten Schlüssel. Schickt eine Partei A an eine Partei B eine Nachricht, so benutzt A also den öffentlichen Schlüssel von B, um die Nachricht zu verschlüsseln. B kann diese Nachricht nun mit Hilfe des privaten Schlüssels (den ja nur B kennt) entschlüsseln. Für Signaturen wird nun die dem Verfahren anhaftende Symmetrie der öffentlichen und privaten Schlüssel benutzt: Will die Partei A eine Nachricht an B schicken und B glaubhaft machen, dass die Nachricht tatsächlich von A stammt, so berechnet A von der Nachricht zunächst einen Hashwert. Diesen verschlüsselt A nun mit dem privaten Schlüssel von sich. An B wird nun die Nachricht und der verschlüsselte Hashwert gesandt. B berechnet denselben Hashwert und kann den öffentlichen Schlüssel von A für die Entschlüsselung des Hashwertes benutzen. Stimmt der berechnete und der entschlüsselte Hashwert überein, so kann B sicher sein, dass die originale Nachricht tatsächlich von A stammt – vorausgesetzt nur A selbst hat den privaten Schlüssel von sich. Sollte der private Schlüssel von A kompromittiert werden (Verlust, Diebstahl) und dieser nicht zusätzlich noch durch beispielsweise ein Passwort geschützt sein, so werden einem Angreifer natürlich Tür und Tor geöffnet.

Eine andere Art der Clientauthentisierung kann über Preshared Keys realisiert werden. Hierbei wird ein Geheimnis, welches eine Datei mit Zufallszahlen sein kann, auf dem Client und auf dem Server abgelegt. Alle Daten, welche über den Tunnel gesendet werden, werden mit diesem Schlüssel ver- und entschlüsselt. Geht ein Schlüssel verloren oder wird von Dritten gestohlen, muss auf allen Clients und dem Server ein neuer Schlüssel verteilt werden. Diese Gefahr und der damit verbundene Aufwand im Worstcase kann mit der Verwendung von Zertifikaten reduziert werden.

4.1.3 Integrität (*Integrity*)

Integrität bedeutet, dass Daten genau so ankommen, wie sie abgesandt wurden. Wenn also während der Verbindung – egal ob durch einen Netzwerkfehler oder durch mutwillige Sabotage – Daten verändert beim Zielhost ankommen, so muss der Zielhost dies auch feststellen können. Ansonsten besteht die Möglichkeit, dass ein Angreifer eine vorangegangene Authentisierung des eigentlichen Clients missbraucht, um dann eigene Nachrichten in das System einzubringen.

HMAC: Hashed Message Authentication Code

Um Datenintegrität zu erlangen, werden so genannte MACs, Message Authentication Codes, benutzt. Ein populärer Vertreter dieser integritätssichernden Dienste ist HMAC (*Hashed Message Authentication Code*): HMAC ist ein in RFC 2104 [40] spezifiziertes Verfahren, das sicherstellen soll, dass Nachrichten nicht gezielt manipuliert wurden. Hierfür bedient es sich einer beliebigen, bereits bekannten kryptografischen Hashfunktion; dies könnte beispielsweise SHA-512, SHA-1, MD5 oder RIPEMD sein. Das Verfahren setzt voraus, dass beide Parteien bereits einen geheimen Hashschlüssel ausgehandelt haben. Im Prinzip wird dann jede Nachricht mit diesem geheimen Schlüssel konkateniert und darüber dann der Hash mit der gewählten Funktion gebildet. Dieser Hashwert wird dann ebenfalls mit übertragen. Ein Angreifer kann nun ohne Kenntnis des Schlüssels nicht einmal versuchen, eine vorsätzliche *Hashkollision* zu erreichen, da er den Schlüssel, der mit der Nachricht konkateniert werden muss, nicht kennt. Eine Hashkollision zu provozieren bedeutet, dass versucht wird, zwei Nachrichten völlig unterschiedlichen Inhalts, aber mit demselben Hashwert zu erzeugen.

4.1.4 Nachweisbarkeit (*Non-repudiation*)

Nachweisbarkeit bedeutet, dass eine Kommunikation eindeutig einem bestimmten Client zugeschrieben und dies auch von der Clientpartei nachträglich nicht geleugnet werden kann. Eine versandte Nachricht ist also so eindeutig mit dem Stempel des Clients geprägt, dass diese einzig von ihm stammen kann. Damit wird sichergestellt, dass bei einer Datentransaktion eindeutig festgestellt werden kann, wer der Urheber ist.

4.2 Täuschen, Tarnen und Übernehmen

In diesem Kapitel werden häufig vorkommende Bedrohungen erläutert und der Frage unterworfen, inwiefern VPNs als Schutzmechanismus in Frage kommen können.

4.2.1 Mitlesen von Passwörtern: *Data-Sniffing* mit *MAC-Flooding*

Für gewisse Kreise gehören Passwörter sicher zu den interessantesten Daten, die in einem Netzwerk zu »ergattern« sind. Häufig werden solche Daten sogar im Klartext übertragen, wie zum Beispiel bei der klassischen `telnet` Anwendung, mit der eine interaktive Sitzung auf einem anderen Computer gestartet werden kann, oder bei Webmail-Anwendungen über unverschlüsselte HTTP-Verbindungen.

MAC: Media Access Control

Angreifer müssen eigentlich nur dafür sorgen, dass ein Datenstrom an ihrem (für den Angriff verwendeten) Computer vorbeifließt. Es gibt heutzutage immer noch Administratoren, die der Meinung sind, durch den konsequenten Einsatz von Switches im LAN würde bei den Clients nur derjenige Verkehr ankommen, der für die jeweiligen MAC-Adressen bestimmt ist. Wer so denkt, der handelt grob fahrlässig, denn es gibt durchaus Situationen, bei denen Switches sich genauso verhalten wie herkömmliche Hubs: Frames, die an einem Port ankommen, werden dann auf *allen* anderen Ports entsprechend wieder verschickt. Im Fachjargon nennt sich dieses Verhalten *Fluten* oder *Flooding*.

Normalerweise reichen Switches Pakete nicht auf allen Ports weiter, da ihnen die Hosts (konkret: die MAC-Adressen), die sich hinter einem Switchport verbergen, bekannt sind. Die Struktur, in welcher diese Informationen vorgehalten werden, wird üblicherweise *MAC-Table* oder *CAM-Table* genannt. Allerdings ist der verfügbare Speicher eines Switches begrenzt. Wenn der reservierte Speicher für die MAC-Table komplett in Anspruch genommen wurde, beginnt der Switch, den gesamten Verkehr zu fluten, da er nicht zuverlässig sagen kann, an welchem Port sich die angesprochene Zieladresse befindet. In einer solchen Situation liefert der Switch dann auch den kompletten Verkehr am Anschluss eines Angreifers ab, der anschließend den Datenverkehr nach Belieben untersuchen kann.

CAM: Content Addressable Memory (eine Struktur zum Speichern der MAC-Adresse auf Cisco Switchen)

Es ist kein Geheimnis, dass es Werkzeuge gibt, die automatisch die entsprechende Tabelle eines Switches zum Überlauf bringen können. Sobald dieser Fall eintritt, können Werkzeuge wie `ettercap` [7] automatisch den Datenstrom untersuchen und für den Angreifer interessante Informationen herausfiltern.

Einen wirksamen Schutz gegen diese Art von Spionage lässt sich auf zwei Arten herstellen:

- Eine starke Verschlüsselung der Applikationsdaten mit allen im vorigen Kapitel genannten Verfahren bietet einen Schutz gegen unbefugtes Mitlesen.
- An modernen Switches können Sicherheitsmechanismen verwendet werden, welche die Anzahl unterschiedlicher MAC-Adressen pro Switchport sowie die erlaubten MAC-Adressen definieren. Mit solchen Filtern lässt sich das Überlaufen der MAC-Table verhindern, allerdings ist deren Aktivierung mit einem gewissen organisatorischen und administrativen Aufwand verbunden. Entsprechende Features werden im Fachjargon unter dem Terminus *Port Security* klassifiziert.

Port Security

4.2.2 ARP-Poisoning / ARP-Spoofing

Das ARP-Poisoning ist eine weitere Variante für das unerlaubte Erlangen von Informationen. Hierzu wird eine Sicherheitslücke, die durch einen Mangel der Architektur des *Address Resolution Protocols* (kurz *ARP*) vorhanden ist, ausgenutzt. ARP wurde in einer Zeit entwickelt, als noch niemand das kriminelle Ausspähen von Daten in Computernetzen betrieb. Deshalb wurde es zwar praxisnah, aber nicht unbedingt im Hinblick auf Sicherheitsaspekte entwickelt.

Die Aufgabe von ARP ist es, IP-Adressen auf Ethernet-Adressen (MAC-Adressen) abzubilden, um innerhalb eines LAN-Segments die Basis für eine IP-Kommunikation bereitzustellen. Verallgemeinernd werden hier Adressen von der OSI-Schicht 3 auf die OSI-Schicht 2 abgebildet (siehe Kapitel 3.1).

Die Vorgehensweise solcher Angriffe soll nun an einem kleinen Beispiel erläutert werden, bei dem ein Angreifer (von Host `spion`) sämtlichen Verkehr mitlesen möchte, den ein Opfer (am Host `host_gelb`) über einen Router namens `gateway` verschickt (siehe Abbildung 4.1).

Abbildung 4.1
Ein typisches Szenario für ARP-Poisoning

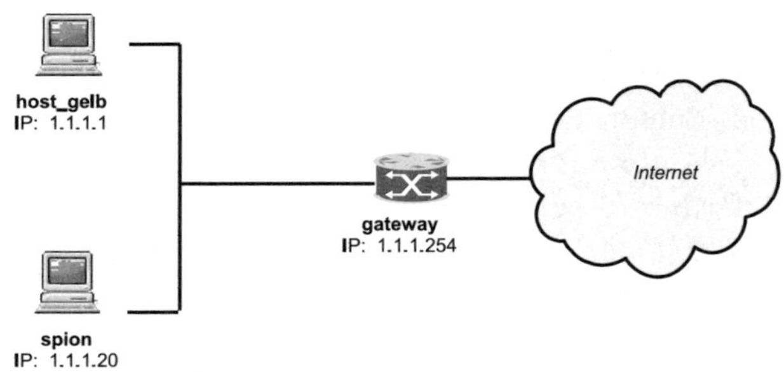

Die beteiligten Geräte sollen für diesen Zweck über ein LAN verbunden sein, das ausschließlich aus Switches besteht. Die MAC-Adressen der Geräte sind entsprechend der Tabelle 4.1 vergeben (wobei aus Gründen der Übersichtlichkeit die MAC-Adressen nur in den letzten drei Bytes unterschiedlich sind).

Tabelle 4.1
Verwendete Adressen im Beispiel ARP-Poisoning

Gerät	IP-Adresse	MAC-Adresse
host_gelb	1.1.1.1	00:0C:F6:EE:EE:EE
spion	1.1.1.20	00:0C:F6:FF:FF:FF
gateway	1.1.1.254	00:0C:F6:AA:AA:AA

Was muss nun der Spion am Client `spion` machen, um die Daten von `host_gelb` lesen zu können? Angenommen alle Clients in diesem LAN-Segment haben als Default-Gateway die Adresse 1.1.1.254 des Routers `gateway` eingetragen, dann muss `spion` nur dafür sorgen, dass in der ARP-Tabelle von `host_gelb` für das Default-Gateway eine andere MAC-Adresse eingetragen wird (also `00:0C:F6:FF:FF:FF` statt `00:0C:F6:AA:AA:AA`). Schon leitet der Client sämtlichen Verkehr, der für Ziele außerhalb des LAN-Segments bestimmt ist, an den `spion` weiter.

Im zweiten Schritt wird dieser Austausch der MAC-Adressen am Router initiiert, damit dem Router suggeriert wird, `host_gelb` sei über die MAC-Adresse `00:0C:F6:FF:FF:FF` erreichbar. Nun hat `spion` es geschafft, eine perfekte *Man-in-the-Middle*-Situation zu etablieren und er kann den vorbeiziehenden Verkehr problemlos untersuchen. Nachdem er die Pakete gespeichert hat, leitet der `spion` die Daten selbstverständlich an den eigentlichen Empfänger weiter, so dass der Angriff für die betroffenen Hosts völlig transparent bleibt.

Man in the Middle (MITM)

Technisch gesehen ist der Vorgang relativ einfach zu realisieren, da Betriebssysteme in der Regel immer die ARP-Tabelle aktualisieren, sobald ein ARP-Paket eintrifft. Dabei spielt es keine Rolle, ob vom System vorher ein entsprechender ARP-Request herausging oder nicht. Diese Art von Angriff ist keine Hexerei, sondern nutzt eine Schwäche im ARP aus. Um diese Art von Angriff durchzuführen, existieren frei verfügbare Tools, wie beispielsweise `ettercap` [7].

Nun stellt sich wieder die Frage, ob VPNs einen Schutz gegen diese Bedrohungen bieten können. Ja, können sie, denn wenn es keinen technischen Schutz gibt, dann hilft wiederum nur die Kryptografie, um einen Schutz vor unbefugtem Mitlesen zu erreichen.

4.2.3 IP-Spoofing

Während ARP-Poisoning nur im LAN arbeitet, hat IP-Spoofing einen weitaus größeren Radius. Die grundlegende Idee dieses Angriffs basiert auf der Struktur eines IP-Pakets: Jedes Paket enthält die Absender- und Zieladresse. Natürlich ist es technisch nicht besonders schwer, eine Absenderadresse zu fälschen und damit einem Zielsystem eine falsche Identität vorzutäuschen. Dies ist vor allem dann interessant, wenn sich auf dem Pfad zum Zielsystem Firewalls befinden, die es nur einer kleinen Menge von Absenderadressen gestatten, mit dem Zielsystem zu kommunizieren.

Spoofing kommt aus dem Englischen und bedeutet soviel wie Verschleierung oder Manipulation.

Eine typische Variante dieser Art von Angriff ist die so genannte *LAND Attack* [12]. Bei diesem Angriff wird an ein Zielsystem ein Paket verschickt, bei dem die Absenderadresse mit der Zieladresse identisch ist. Das führt unter einigen Umständen dazu, dass das angegriffene System sich anschließend immer wieder selbst »antwortet« und so Ressourcen konsumiert werden.

Eine andere Variante solcher Attacken sendet gezielt TCP-Pakete mit gesetztem *RESET*-Bit. Sofern der Angreifer eine gültige TCP-Sequenznummer generiert und das Zielsystem das Paket akzeptiert, wird eine bestehende TCP-Verbindung zwischen dem (vorgetäuschten) Absendersystem und dem Zielsystem beendet. Im Internet sind solche Attacken unter anderem auch bei Angriffen auf Router zu finden, die das *Border Gateway Protocol* (BGP) benutzen, um mit Nachbarn Routing-Tabellen auszutauschen. BGP verwendet TCP als Übertragungsprotokoll was bedeutet, dass mit einem erfolgreichen Angriff auf einen Router dessen Routing-Tabelle destabilisiert werden kann. Wer mehr über diese Art von Angriffen wissen möchte, dem sei hier der Artikel von Christoph Wegener und Wilhelm Dolle in [56] empfohlen.

BGP: Border Gateway Protocol

Natürlich stellt sich hier wieder die Frage, wie man sich dagegen schützen kann. Hierfür stehen mindestens zwei Möglichkeiten zur Verfügung:

- Router-Administratoren sollten mit geeigneten Filterregeln dafür sorgen, dass kategorisch alle Pakete mit unzulässigen Absenderadressen aus dem Verkehr gezogen werden, um dem Spoofing von IP-Adressen einen Riegel vorzuschieben. Das gilt sowohl für den eingehenden als auch den ausgehenden Verkehr. Entsprechende Konfigurationsbeispiele für solche Filterregeln auf Routern finden sich beispielsweise unter [47] und [54].
- Für BGP gibt es die im RFC 2385 [37] definierte Möglichkeit, mit Hilfe von MD5-Signaturen die Echtheit der Daten zu überprüfen und damit Spoofing und RESET-Attacken vorzubeugen.

Darüber hinaus sollte darauf geachtet werden, das die TCP-Sequenznummern nicht spekulativ erraten werden können, wie beispielsweise bei OpenBSD oder Linux mit der Erweiterung *grsecurity* [10].

4.2.4 DoS-Attacken

In diesem Abschnitt geht es um eine vollkommen andere Art des Angriffs auf ein System: der *Denial-of-Service-* oder kurz *DoS-*Attacke [4]. Dabei ist das Ziel nicht das unerlaubte Mitlesen sensiblen Inhalts, sondern die vorsätzliche Überlastung eines Systems. Bezogen auf das Thema Netzwerk sind dabei sicherlich die folgenden Angriffe am besten bekannt:

DoS: Denial of Service

Eine Variante ist die so genannte *Smurf Attack*, bei der ein Ziel mit Hilfe eines (eigentlich unbeteiligten) dritten Netzwerks angegriffen wird. Dabei sendet der Angreifer ICMP-Pakete mit gefälschten Absenderadressen des Opfers an die Broadcast-Adresse eines (dritten) Netzwerks. Deshalb antworten alle angeschlossenen Systeme an die gefälschte Absenderadresse und der Verkehr wird um ein Vielfaches multipliziert. Die Folge ist, dass das (ahnungslose) Opfer mit Paketen überflutet wird.

Smurf-Attacken sind kaum noch zu finden, da es mittlerweile geeignete Mittel gibt, Netzwerke davor zu schützen und sich nicht in die Rolle des (unbeteiligen) Dritten drängen zu lassen. Darüber hinaus antworten heutzutage viele Betriebssysteme nicht mehr auf ICMP-Pakete an Broadcast-Adressen. Mit den *SYN Attacken*, hat sich aber ein »adäquater« Nachfolger gefunden.

SYN-Attacken senden Unmengen von Verbindungsanfragen beispielsweise an die Webserver eines Opfers, um diese Server permanent zu überlasten. Hierbei muss noch nicht einmal eine komplette TCP-Session aufgebaut werden, sondern es wird nur ein SYN-Paket verschickt, das den Aufbau einer TCP-Verbindung mit einem Webserver signalisiert. Wenn nun sehr viele Anfragen parallel kommen, ist der Webserver sehr schnell mit seinen Ressourcen am Limit und er kann keine neuen Anfragen mehr bearbeiten. Ferner kann er die bereits angenommenen Anfragen erst nach dem protokollgerechten Ablauf eines Timeouts verwerfen. Für diese Art von Angriffen werden oft hunderte oder tausende PCs mit Internetanschluss verwendet, die mit Viren oder Trojaner infiziert sind und auf Kommando solche Attacken starten. Aufgrund der großen Verteilung der angreifenden PCs wird bei diesem Fall auch von *Distributed Denial of Service* oder *DDoS* gesprochen.

DDoS: Distributed Denial of Service

In beiden Fällen ist davon auszugehen, dass die eigentlichen Benutzer den vom Angriffsopfer angebotenen Dienst nicht mehr in Anspruch nehmen können. Die Natur solcher Angriffe macht einen Schutz generell schwierig, so dass auch die Verwendung von VPNs an dieser Stelle kein Mittel zur Abwehr sein kann. Moderne Betriebssysteme, Firewalls und auch Loadbalancer haben zwar durchaus Mittel an Bord, um solche Angriffe zu erkennen und eine Instabilität des Systems zu verhindern, aber letztlich führen solche Attacken oftmals zu einem Engpass auf der Internetverbindung und damit zu einer deutlichen Beeinträchtigung des Betriebs.

VPN-Server haben häufig ebenfalls Möglichkeiten sich (in geringem Umfang) gegen solche Angriffe zu schützen: Beispielsweise wird dies durch die Limitierung der möglichen Verbindungen oder durch eine Limitierung von Verbindungsanfragen innerhalb eines Zeitfensters (siehe auch Kapitel 11.6) durchgeführt.

5 OpenVPN: Die Open-Source-Alternative

Nachdem in den bisherigen Abschnitten recht allgemein verschiedene Eigenschaften von VPNs erläutert wurden, wird im Rest des Buches ausschließlich OpenVPN behandelt. Die Leserin und der Leser darf auf die folgenden Themen gespannt sein:

- Der Beginn ist ein kurzer Abstecher in die Geschichte von OpenVPN.
- Anschließend werden grundlegende Bausteine dieser Software erläutert.
- Die Installation auf den verschiedenen Betriebssystemen soll natürlich keineswegs »unterschlagen« werden, bevor es an die Details geht
- und der erste Tunnel aufgebaut wird.
- Die Konfiguration des Tunnels wird danach durch einige interessante Optionen abgerundet,
- Fallbeispiele,
- Details zur Authentisierung,
- des Managements und
- der Programmierung
- und natürlich ein paar Beispiele mit Fehlermeldungen und deren Ursachen werden ebenfalls erläutert.

In diesem Sinne: Viel Vergnügen!

5.1 Ein Blick zurück zur Motivation

In einem Interview mit LinuxSecurity.Com [31] hat James Yonan einige interessante Hintergründe über die Entwicklung von OpenVPN und über seine Motivation berichtet. Die Idee zu OpenVPN kam ihm im Laufe seiner beruflichen Tätigkeit um die Jahrtausendwende, als er damit beauftragt wurde, die Verantwortung für ein System zu übernehmen, welches rund um die Uhr verfügbar sein sollte. Dabei war es von seinem Auftraggeber nicht gefordert, dass er rund um die Uhr präsent sein musste. Allerdings hatte er sicherzustellen, dass er von jedem beliebigen Ort der Welt seine Arbeit erledigen konnte.

Im Rahmen dieser »Einschränkung« (oder Freiheit, je nach Standpunkt) nutzte James die Möglichkeiten bestehender Internettechnologien, um seine Aufgaben aus der Ferne erfüllen zu können.

Er selbst gibt zu, dass er dabei mehr und mehr Interesse an Remote-Access-Technologien bekam, die nicht nur den geforderten Sicherheitsrichtlinien Genüge taten, sondern auch effizient und effektiv waren (und zwar ohne großen Aufwand!). Dies wurde ihm umso wichtiger, je mehr er bemerkte, dass Verbindungen durchaus »gekapert« werden können.

Die Entwicklung von FreeS/WAN wurde mit Version 2.06 im April 2004 eingestellt. Die Projekte Openswan [19] und strongSwan [25] haben die Nachfolge angetreten.

Zu dieser Zeit war das Thema »VPN mit Linux« in zwei Lager gespalten: Das eine Lager war sehr auf die Sicherheit per se fixiert, woraus sich sehr bekannte Softwarepakete wie beispielsweise FreeS/WAN [9], *SSH* oder auch SSL/TLS entwickelten. Die Lösungen dieses Lagers hatten naturgemäß einen hohen Anspruch an die Korrektheit ihrer Lösung und erkauften sich diesen teilweise mit doch recht komplexen Konfigurationsaufgaben, die ein Benutzer oder Administrator zu erledigen hatte. Und wenn alles erfolgreich verlief, dann bestand durchaus die Möglichkeit, mit kommerziellen VPN-Geräten auf der Basis von IPsec einen verschlüsselten Tunnel aufbauen zu können.

Das andere Lager kümmerte sich nicht um den IPsec-Standard und fokussierte sein Augenmerk mehr auf grundlegende Funktionen, die VPNs bereitstellen. Auf leichte Erlern- und Nutzbarkeit wurde hierbei besonders Wert gelegt. Es entwickelten sich, trotz des hohen Preises der Inkompatibilität zu IPsec, zahlreiche Lösungen. In einigen wurden bahnbrechende Entwicklungen geschaffen, ohne die OpenVPN heute nicht funktionieren könnte: Die virtuelle Netzwerkschnittstelle ist hierfür ein gutes Beispiel. Auf dieser Basis war man in der Lage, portable Software zu entwickeln, die VPNs als Benutzerprozesse implementierte und keinen Eingriff in das Betriebssystem erforderte.

James Yonan fragte sich zu der Zeit, ob es nicht möglich sei, Technologien aus beiden Lagern zu verknüpfen, wie beispielsweise SSL/TLS und virtuelle Netzwerkschnittstellen. Und damit war die Idee von OpenVPN geboren.

OpenVPN entwickelte sich in der Folgezeit sehr schnell und es bildete sich eine wachsende Gemeinschaft von Benutzern und Entwicklern. Wer sich heute die Datei `ChangeLog` aus dem OpenVPN-

Paket betrachtet, dem werden sicher einige Meilensteine der Entwicklung auffallen, wie zum Beispiel:

- 13. Mai 2001 *Version 0.90* als erste veröffentlichte Version arbeitete mit UDP/IP, konnte verschlüsseln und mit SHA-1 HMAC signieren.
- 23. März 2002 *Version 1.0* unterstützte bereits TLS-basierte Authentisierung und dynamischen Schlüsselaustausch.
- 9. April 2002 *Version 1.1.0* gab es nun auch für OpenBSD. Ferner wurde nun OpenSSL als Standardbibliothek verwendet.
- 22. Mai 2002 *Version 1.2* war ebenfalls für Solaris verfügbar und unterstützte den Einsatz von Multithreading, was insbesondere bei der Berechnung neuer Schlüsselpaare im Hintergrund hilfreich ist.
- 23. Oktober 2002 *Version 1.3.2* unterstützte NetBSD und konnte mit Linux auch IPv6 übertragen.
- 15. Juli 2003 *Version 1.4.2* startete den Beginn der Unterstützung für Windows-Systeme.
- 24. Juli 2003 *Version 1.5-beta1* war für Windows XP und Windows 2000 verfügbar.
- 3. November 2003 *Version 1.5-beta13* hatte u.a. Unterstützung für Tunnel über Proxys (mit und ohne Authentisierung am Proxy).
- 1. Februar 2004 *Version 1.6-beta5* u.a. mit Socks5-Support.
- 9. Mai 2004 *Version 1.6.0* u.a. mit DHCP-Support für Windows.
- 17. April 2005 *Version 2.0* u.a. mit Point-to-Multipoint-Servern, Übergabe von Tunnelparametern an den Client zur Laufzeit, PAM-basierte Authentisierung als Plugin, ...
- 16. Februar 2006 *Version 2.1-beta9* erlaubt es, zwei verschiedene Prozesse über den gleichen Port erreichbar zu machen, z.B. OpenVPN und Apache (https) auf Port 443.

Mittlerweile hat OpenVPN eine Fülle von Optionen und Eigenschaften, die es problemlos mit kommerziellen Produkten konkurrieren lässt. Und die Entwicklung geht natürlich noch weiter.

5.2 Schlüsselaustausch mit *Transport Layer Security (TLS)*

SSL: Secure Socket Layer
TLS: Transport Layer Security

Um eine gesicherte Verbindung mittels OpenVPN zu erstellen, müssen selbstverständlich alle Daten, die über den Primärkanal des VPN laufen, verschlüsselt werden. Hierfür verwendet OpenVPN SSL beziehungsweise den Nachfolger TLS. SSL ist ein ursprünglich von Netscape beschriebenes Protokoll, von dem es drei verschiedene Versionen von SSLv1 über SSLv2 bis hin zu SSLv3 gibt. Es wurde zunächst entwickelt, um HTTP-Verbindungen sicher übertragen zu können. Wenn in einem Browser Internetadressen eingegeben werden, die statt dem üblichen »`http`« mit »`https`« beginnen, so bedeutet dies, dass eine in SSL gekapselte HTTP-Verbindung benutzt wird. Allerdings ist SSL nicht an HTTP gebunden – im Gegenteil: Es ist viel allgemeiner und abstrakter, so dass sich eine Reihe vielfältiger Benutzungsmöglichkeiten ergeben.

Die früheren Protokollversionen wurden durch ihre Nachfolger unter anderem deshalb abgelöst, weil (vor allem in SSLv1) signifikante Sicherheitsrisiken festgestellt wurden, welche unter ungünstigen Umständen eine Verbindung kompromittieren konnten. Wenn zwei Hosts eine verschlüsselte Verbindung mittels SSL initiieren und verschiedene Versionen von SSL verwenden, wird jeweils die niedere der beiden Versionen selektiert. Dieses Fallback ist zwar aus Interoperabilitätsgründen komfortabel, da ein älterer SSL-Client beispielsweise nicht aktualisiert werden muss; aus der Sicherheitsperspektive heraus, ist es allerdings gefährlich. Deshalb bieten verschiedene Programme, unter anderem OpenVPN, die Möglichkeit an, ein Fallback auf ältere Protokollversionen zu verhindern, ganz nach dem Motto: »Lieber gar keine Verbindung als trügerische Scheinsicherheit.«

Die Option, ein Fallback zu verhindern, sollte dringend wahrgenommen werden. Zumindest eine Verwendung von SSLv1 ist aus heutiger Sicht mehr als bedenklich und für die Verschlüsselung von möglicherweise sensiblen Daten absolut inakzeptabel.

SSL setzt auf einem verlässlichen Transportprotokoll (normalerweise TCP) auf, also über ISO/OSI-Layer 3. Das darunterliegende Transportprotokoll garantiert der Verbindung, dass kein Paketverlust auftritt, indem verloren gegangene Pakete erneut gesendet werden. Weiterhin wird dadurch sichergestellt, dass Pakete beim Empfänger wieder in der richtigen Reihenfolge zusammengesetzt werden und die Bandbreite der Verbindung optimal genutzt wird.

Das SSL-Protokoll selbst besteht aus zwei Verbindungskanälen: dem *SSL Record Protocol* und dem darin geschachtelten *SSL Handshake Protocol*. Durch das *SSL Handshake Protocol* wird es dem Client und Server einerseits ermöglicht, sich gegenseitig zu authentifizieren, und andererseits einen Verschlüsselungsalgorithmus auszuhandeln und zugehörige kryptografische Schlüssel auszutauschen. Dies geschieht noch, bevor ein einziges Zeichen über den Kanal übertragen wird. Hierzu wird der *Diffie-Hellman Key Exchange* benutzt, der in Kapitel 11.3 näher erläutert wird. Die so erstellte Verbindung erfült also von Anfang an folgende Kriterien:

- Die Verbindung ist sicher; nach dem anfänglichen Handshake wird sämtliche Nutzlast mit dem ausgehandelten, symmetrischen Schlüsselalgorithmus verschlüsselt (beispielsweise DES oder RC4).
- Beide Seiten können die Identität des jeweiligen Partners überprüfen. Dies wird durch einen asymmetrischen Schlüsselalgorithmus (beispielsweise RSA oder DSS) bewerkstelligt.
- Die Verbindung ist verlässlich. Dies schließt unter anderem ein, dass die gesamte, in Paketen übertragene Nutzlast mit einem HMAC versehen wird. Von der Nutzlast wird also vor dem Senden ein »Fingerabdruck« genommen und dieser mit übertragen. Der Empfänger überprüft dann, ob die empfangenen Daten den korrekten Fingerabdruck haben, und verwirft die Daten, falls dies nicht der Fall sein sollte. Für die Erstellung des Fingerabdrucks werden sichere Hashfunktionen (wie SHA oder MD5) verwendet.

HMAC: Hashed Message Authentication Code

Die Ziele einer solchen SSL-verschlüsselten Verbindung sind – in der Reihenfolge absteigender Wichtigkeit:

1. *Kryptografische Sicherheit*: Ein potenzieller Angreifer könnte mitgelesene Daten nicht entschlüsseln und kann sie so nicht verstehen.
2. *Interoperabilität*: SSL stellt Programmierern eine uniforme API bereit. So wird es möglich, dass verschiedene Programmierer Applikationen entwickeln, ohne dass der eine Einsicht in den Code des anderen nehmen muss.
3. *Erweiterbarkeit*: Wie schon angedeutet, können in dem SSL-Standard beliebige symmetrische und asymmetrische Verschlüsselungsmethoden sowie Hashalgorithmen verwendet

API: Application Programmeing Interface

werden. SSL bietet also eine abstrakte Schnittstelle für die jeweiligen Funktionstypen an und die Algorithmen werden in diese eingesetzt wie Bits in einen Schraubendreher. So können einerseits bereits existierende Verschlüsselungsbibliotheken benutzt und andererseits muss kein komplett neues Protokoll entwickelt werden, falls sich ein bestimmter Algorithmus als fehlerhaft erweisen sollte. Dadurch wird verhindert, dass sich der Verschlüsselungsstandard häufig ändert und so möglicherweise neue Risiken in einen neuem Standard eingebracht werden.

4. *Effizienz*: Da sämtliche kryptografische Funktionen (besonders asymmetrische) dazu neigen, eine hohe CPU-Last zu verursachen, kann SSL durch eine optionale, intelligente Sitzungsverwaltung die Anzahl der Verbindungen, die komplett neu aufgebaut werden müssen, reduzieren. Zusätzlich wurde darauf Wert gelegt, dass Verbindungen so wenig Netzwerkaktivität wie möglich verursachen.

IETF: Internet Engineering Task Force

Das TLS-Protokoll, beschrieben in RFC 2246, basiert auf SSLv3. Momentan ist es in den zwei Versionen 1.0 und 1.1 verfügbar. Die beiden Protokolle sind sich im Aspekt der Verbindungskriterien und gesteckten Ziele so ähnlich, dass normalerweise über beide Protokolle beinahe synonym gesprochen wird: Das Kürzel SSL/TLS ist sehr gebräuchlich. TLS wurde primär deshalb entwickelt, damit die IETF über ein offenes, von der Community unterstütztes Protokoll verfügt. TLS bietet normalerweise auch einen Fallback auf SSLv3 an, so dass, obwohl die Protokolle nicht syntaktisch kompatibel sind, SSL-Hosts mit TLS-Clients und umgekehrt kommunizieren können. Die Hauptunterschiede zwischen den beiden Protokollen liegen in folgenden Details:

- Die Authentifizierung ist bei TLS optional: Das Protokoll unterstützt einen völlig anonymen Modus, in dem keine Seite überprüft, ob die jeweils andere der »richtige« Partner ist. Dies birgt zwangsläufig die Gefahr einer »Man-in-the-Middle«-Attacke. Für den Einsatz bei OpenVPN ist der anonyme Modus von keinerlei Bedeutung, da es üblicherweise keinen Sinn macht, ein VPN ohne Überprüfung der Kommunikationspartner zu betreiben.

PKI: Public Key Infrastructure

- Client- und Serverauthentifizierung wird in TLS mittels X.509-konformer Zertifikate bewerkstelligt. Im Gegensatz zu SSL sind also Zertifikate bei TLS Pflicht. Dadurch muss eine PKI gepflegt werden, was für Einsteiger etwas umständlich erscheinen mag. Einmal eingerichtet wird allerdings jeden Anwender die Flexibilität und Erweiterbarkeit einer PKI überzeugen.

5.2.1 OpenSSL

Überblick

OpenSSL ist ein quelloffener, kostenloser SSL-Toolkit. Das Ziel, das sich die Entwickler von OpenSSL gesteckt haben, ist die Implementierung der Standards SSLv2/v3 sowie TLSv1. OpenSSL ist unter anderem deshalb ein so robustes und »mächtiges« Programm geworden, weil den Entwicklern der Sicherheitsaspekt besonders am Herzen liegt: Innerhalb von 3 Jahren gab es lediglich 15 bekannt gewordene Sicherheitsrisiken. Von diesen 15 sind 4 Stück als definitives Sicherheitsproblem einzustufen, wobei tatsächlich nur eine Sicherheitslücke (behoben im Juli 2002) als praktisch realisierbar gilt. Die anderen drei sind eher theoretischer Natur und nur unter exakt definierten Laborbedingungen durchführbar. Auf der OpenSSL-Webseite, `www.openssl.org`, wurden sämtliche Probleme gut dokumentiert und schnell behoben. Diese Zahl erscheint einem erst recht gering, wenn man den enormen Umfang des OpenSSL-Projekts ansieht: In der aktuellen Version besteht OpenSSL aus knapp 350.000 Zeilen Quelltext.

Zertifikate

In einer PKI, wie sie auch von OpenVPN benutzt wird, hat jeder Teilnehmer einen öffentlichen und einen privaten Schlüssel (Public beziehungsweise Private Key). Die gesamte Verschlüsselung wird deshalb als asymmetrisch bezeichnet, weil zum Ver- beziehungsweise Entschlüsseln verschiedene Schlüssel benötigt werden.

Will Teilnehmer A (Andreas) an B (Barbara) eine verschlüsselte Nachricht senden, so benutzt er zum Verschlüsseln Barbaras öffentlichen Schlüssel. Nur Barbara kann die Nachricht jedoch, unter Benutzung ihres privaten Schlüssels, entschlüsseln. Andreas kann die von ihm verschlüsselte Nachricht also nicht einmal selbst mehr entschlüsseln. Von einem solchen Schlüsselpaar ist der öffentliche Schlüssel also für jeden zugänglich; jeder Teilnehmer hat nur jeweils seinen eigenen privaten Schlüssel. Wichtig hierbei ist die Voraussetzung, dass aus dem öffentlichen Schlüssel keinerlei Rückschlüsse auf den privaten Schlüssel vorgenommen werden können. Dies wird bei allen gängigen asymetrischen Verschlüsselungsverfahren gewährleistet.

Brute-Force-Attacken (»mit roher Gewalt«) bezeichnen üblicherweise den einfachsten, aber langwierigsten Weg, ein Passwort zu entschlüsseln.

Theoretisch besteht die Möglichkeit, einen privaten Schlüssel herauszufinden, indem man einfach alle möglichen Schlüssel durchprobiert (Brute-Force-Attacke). Dass diese Attacke allerdings rein theoretischer Natur ist, wird schnell klar, wenn man sich ausrechnet, wie lange so etwas dauert: Selbst wenn alle Menschen auf der Welt einen Computer hätten und diesen 24 Stunden am Tag dafür einsetzen würden, einen 1024-Bit-Schlüssel zu knacken (wobei jeder Computer pro Sekunde eine Million Schlüssel testen könnte), würde das Vorhaben knappe 10^{285} Jahre dauern. Heutzutage sind übliche Schlüssellängen 2048 sowie 4096 Bit, was den Vorgang noch einmal auf über 10^{593} beziehungsweise 10^{1209} Jahre verlängern würde.

Da in einem OpenVPN-System möglicherweise sehr viele Teilnehmer vorhanden sind, ist das Management der verschiedenen Schlüsselpaare sehr aufwändig: Der Server muss jeden öffentlichen Schlüssel aller Teilnehmer verwalten und diese natürlich updaten, wenn sie sich ändern sollten. Deshalb gibt es einen Zertifizierungsprozess für Schlüsselpaare, der auf digitalen Signaturen basiert.

Digitale Signatur

Eine digitale Signatur funktioniert folgendermaßen: Will Andreas an Barbara eine Nachricht schreiben, die er signiert hat, so macht er zunächst von der Nachricht einen so genannten »Message Digest«, generiert also einen Hashwert. Die Hashfunktion muss dabei die Eigenschaft besitzen, dass schon winzige Änderungen an Zeichen der originalen Nachricht (also beispielsweise Änderung eines einzelnen Bits) einen komplett anderen Hashwert erzeugen. Es darf also keine leicht berechenbare Korellation zwischen der Nachricht und dem Hashwert bestehen.

privater Schlüssel

öffentlicher Schlüssel

Zur Illustration kann man sich eine sehr leichte Hashfunktion ausdenken: In einem beliebigen Text wird jedem Buchstaben die zugehörige Zahl von 1-26 des Alphabets zugeordnet. Diese so entstandenen Zahlen werden aufaddiert und am Ende werden die letzten 3 Stellen tatsächlich verwendet (Berechnung durch modulo 1000). Der Text »OpenVPN« hätte also beispielsweise den Hashwert 102. Diese Zahl verschlüsselt nun Andreas mit seinem *privaten* Schlüssel und hängt sie der Nachricht an. Barbara bekommt die Nachricht mit angehängter Signatur und erstellt zunächst denselben Hashwert über den Text, den sie empfangen hat. Dann entschlüsselt sie die Signatur mit Hilfe von Andreas *öffentlichem* Schlüssel. Stimmen beide Werte überein, gilt die Signatur als korrekt und Barbara kann annehmen, dass die Nachricht tatsächlich von Andreas stammt: Schließlich hat nur Andreas selbst seinen privaten Schlüssel.

Digitales Zertifikat

Ganz ähnlich wird ein Zertifikat erstellt: Über allen Schlüsselpaaren steht die so genannte CA, die Certificate Authority, welche auch ein Schlüsselpaar besitzt. Der öffentliche Schlüssel der CA muss sowohl dem OpenVPN-Server als auch allen OpenVPN-Clients vorliegen. Wenn nun Andreas sich zu unserem OpenVPN-Server verbinden will, erstellt er zunächst einmal ein Schlüsselpaar, also einen öffentlichen und dazu passenden privaten Schlüssel. Der öffentliche Teil dies Paars wird dann »Certificate Signing Request«, also die Anfrage auf Ausstellung eines Zertifikats, genannt. Andreas legt seinen öffentlichen Schlüssel dann der CA vor. Der Manager der CA überprüft, ob Andreas tatsächlich der ist, der er vorgibt zu sein (zum Beispiel durch Prüfung des Personalausweises), und ob es ihm überhaupt erlaubt sein soll, sich zu dem OpenVPN-Server zu verbinden.

Wenn alles in Ordnung ist, unterschreibt die CA mit ihrem privaten Schlüssel den öffentlichen Schlüssel von Andreas. Zusätzlich werden der Unterschrift weitere Informationen beigefügt, wie etwa Name und Kontaktadresse des Ausstellers und des Signierenden. Schließlich wird alles mit einem Verfallsdatum versehen, an dem die Unterschrift ihre Gültigkeit verliert. Die Kombination aus öffentlichem Schlüssel zusammen mit der digitalen Signatur einer CA nennt man nun »Zertifikat«.

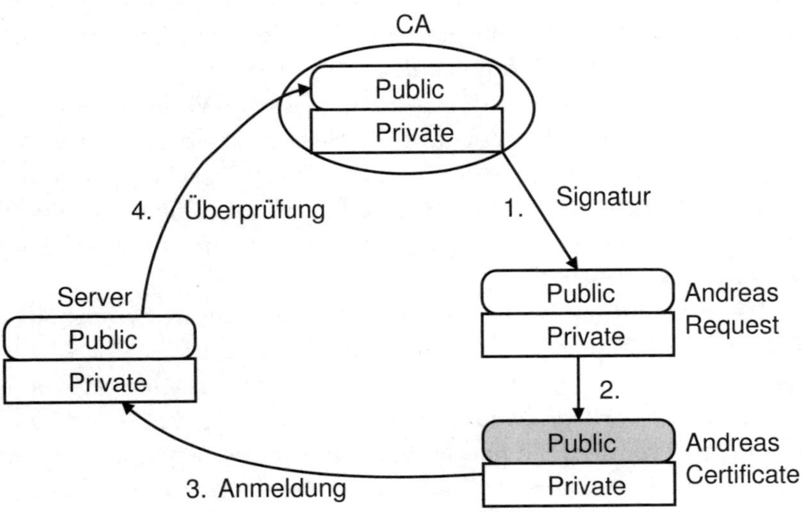

Abbildung 5.1 *Ausstellung und Überprüfung eines Zertifikats*

Zunächst scheint die CA also den Vorgang der Authentifikation zu verkomplizieren – aber der Eindruck täuscht. Die CA ist lediglich bei einer Kommunikation von *zwei* (oder wenig mehr) Partnern ein Hindernis: Denn würde ein Server eine auf asymmetrischer Kryptografie basierende Verbindung mit sehr vielen Clients aufbauen wollen, so müsste er von *jedem einzelnen* Client jeweils den öffentlichen Schlüssel kennen! Dies wird mit einer zunehmenden Anzahl von Kommunikationsteilnehmern also ziemlich unübersichtlich.

Man stelle sich vor, es gäbe drei verschiedene Server, die alle jeweils einhundert Clients bedienen sollen: Jeder der drei Server bräuchte also alle öffentlichen Schlüssel der Clients. Die Datenbank der öffentlichen Schlüssel muss jeweils bei allen Servern synchron sein: ein nicht zu unterschätzender Wartungsaufwand.

Der Verwaltungsaufwand beim Schlüsselmanagement kann mit einer CA beträchtlich verringert werden!

Mit einer CA ist das Problem elegant gelöst: Jeder der drei Server kennt nur den öffentlichen Schlüssel der vertrauten CA. Wenn nun ein Client mit einem von dieser CA signierten, gültigen Zertifikat eine Anmeldung wünscht, so kann dies ganz einfach überprüft werden, ohne dass der Server den Client überhaupt vorher kennen muss. Das Motto lautet hier also: Die Freunde meiner CA sind auch meine Freunde!

Wenn sich nun Andreas mit dem OpenVPN-Server verbinden will, sendet er dem Server einfach sein von der CA unterschriebenes Zertifikat. Der Server kann die Signatur leicht überprüfen, da er ja auch über den öffentlichen Schlüssel der CA verfügt. Wenn die Signatur der CA stimmt, wird die Verbindung akzeptiert. Falls das Zertifikat von irgendeiner anderen CA unterschrieben wurde, das Verfallsdatum überschritten ist oder die Signatur nicht stimmt, wird ein Verbindungsaufbau abgelehnt.

Die CA ist also die kritische Instanz bei der Vergabe von Zertifikaten: Mit ihr steht oder fällt die Sicherheit eines OpenVPN-gesicherten Netzwerkes. Wenn der private Schlüssel der CA kompromittiert wird, so kann ein Angreifer beliebige neue Zerfikate erstellen und so unbemerkt weitere Teilnehmer für das OpenVPN-Netzwerk akkreditieren.

Um diese Situation zu vermeiden, gibt es mehrere Sicherheitsmaßnahmen: Zunächst kann (und sollte!) der private Schlüssel der CA zusätzlich durch ein symmetrisches Verschlüsselungsverfahren gesichert werden. Dadurch wird es notwendig, dass der private Schlüssel vor dem Signiervorgang zunächst selbst einmal durch Eingabe eines Passwortes entschlüsselt werden muss. Sollte es also tatsächlich einem Angreifer gelingen, den privaten Schlüssel zu stehlen, so ist dieser für ihn wertlos, da ihm das Passwort, mit dem der Schlüssel verschlüsselt wurde, nicht bekannt ist. Diese Sicherheitsmaßnahme sollte durch die Verwendung eines Passworts für den privaten Schlüssel der CA unterstützt werden, welches *nirgendwo* anders in Gebrauch ist. Sonst könnte es einem Angreifer gelingen, den privaten Schlüssel der CA doch zu benutzen.

Über allem steht allerdings die physikalische Sicherheit: Es darf keinem Angreifer gelingen, in irgendeiner Weise physikalischen Zugriff auf die CA zu bekommen. Am einfachsten und effektivsten ist dies zu realisieren, indem man die CA auf einem separaten Rechner aufsetzt, der über *keinerlei* Netzwerkverbindung verfügt. Wenn Schlüssel unterschrieben werden sollen, können diese per Diskette oder Memorystick auf den CA-Rechner übertragen und dort signiert werden. Wenn auch etwas unbequem, so ist diese Methode für kritische Systeme allerdings ein unverzichtbarer Gewinn an Sicherheit.

Hierzu sei auch auf den RFC 3647 [32] verwiesen, in dem allgemeine Ratschläge gegeben werden, wie solche kritischen Systeme gehandhabt werden sollten. Unter anderem setzt auch die DFN-CERT, die Zertifizierungsinstanz des Deutschen Forschungsnetzes, diese Richtlinien bei der Signierung von Zertifikaten um.

Der Verein zur Förderung eines Deutschen Forschungsnetzes e.V. – kurz DFN – betreibt nicht nur das DFN-Cert, sondern mit dem X-WiN auch eines der größten deutschen Internet-Backbones.

5.2.2 Erwerbbare Zertifikate

Ein Zertifikat ist natürlich nur immer so viel wert wie die CA, die es signiert hat. Deshalb gibt es bestimmte Unternehmen, die als Dienstleistung anbieten, einen vorgelegten Public Key zu signieren, nachdem sie die Identität des Anfragenden überprüft haben. Zu diesen Institutionen zählt beispielsweise VeriSign oder Trustcenter. Die öffentlichen Schlüssel dieser akkreditierten Firmen werden nun ihrerseits von einer obersten Instanz signiert. In Deutschland macht dies die »Bundesnetzagentur für Elektrizität, Gas, Telekommunikation, Post und Eisenbahnen« (ehemals Regulationsbehörde für Telekommunikation und Post, kurz RegTP). Eine solche oberste Instanz nennt man »Root CA«. So kann mittels des öffentlichen Schlüssels der Bundesnetzagentur überprüft werden, ob das Zertifikat einer hierarchisch darunterliegenden CA (wie beispielsweise von VeriSign) gültig ist. Mit dem öffentlichen Schlüssel von VeriSign wiederum kann der Benutzer prüfen, ob ein gekauftes Zertifikat wirklich von VeriSign unterschrieben wurde.

Die Bundesnetzagentur signiert freilich nicht die Root-Zertifikate aller kommerziellen Zertifikatvertreiber. Lediglich jene Zertifikate, die nach der Zertifikatverordnung erstellt und gehandhabt werden, werden von ihr signiert. Dies trifft jedoch nur auf die Minderheit der Anbieter zu: Der Großteil benutzt selbstsignierte

Root-Zertifikate. Der Kunde ist deshalb bei diesen Firmen auf den »guten Namen« angewiesen – eine zweifelhafte Vertrauensgrundlage also. Für OpenVPN-Zertifikate jedoch sind auch selbstsignierte Zertifikate völlig ausreichend, da in der Regel derjenige, der den Server administriert, gleichzeitig auch derjenige ist, der die CA erstellt hat.

https: »Hypertext Transfer Protocol Secure« ist HTTP in Kombination mit SSL-Verschlüsselung und bietet daher die Möglichkeit, dass der Client den Server authentifizieren kann.

Solche erwerbbaren Zertifikate sind beispielsweise bei Webseiten, die mit https verschlüsselt werden, von Nutzen: Da viele Webbrowser, wie beispielsweise der Mozilla Firefox oder Opera, schon viele öffentliche Schlüssel der Zertifizierungsunternehmen mitbringen, wird der Benutzer nicht extra aufgefordert, das Zertifikat selbst zu kontrollieren, wenn er eine mit einem solchen Zertifikat verschlüsselte Webseite betritt. Der Browser prüft die Signatur des Zertifikats eigenständig anhand des mitgelieferten öffentlichen Schlüssels und setzt die Übertragung unterbrechungsfrei fort, wenn alles in Ordnung ist. Trotzdem ist es theoretisch möglich, dass Malware oder Trojanische Pferde den Pool der »vertrauten Schlüssel« einfach um eigene Schlüssel ergänzen: Wird der Schlüsselpool so verseucht, ist eine automatische Überprüfung des Webbrowsers natürlich wirkungslos und nicht aussagekräftig. Letztendlich bleibt hier also die endgültige Überprüfung, von wem Zertifikate stammen, wieder dem Benutzer überlassen.

Generell sind erwerbbare Zertifikate für ein VPN nicht wirklich sinnvoll, da alle Parteien, die an dem VPN teilnehmen (Server und Clients), sich jeweils persönlich authentifizieren sollten, bevor irgendwelche Schlüssel oder Rechte vergeben werden.

5.3 Verschlüsselungsverfahren

OpenVPN bietet grundsätzlich zwei verschiedene Verschlüsselungsverfahren an: eine Verschlüssung mittels statischen Schlüssels (static key) oder eine Verschlüsselung auf der Basis der SSL/TLS-Kryptografiebibliothek *OpenSSL* im Zusammenhang mit Zertifikaten. Grundsätzlich ist die Verschlüsselung unter Benutzung eines statischen Schlüssels problematisch, denn sie erreicht nicht das Sicherheitsniveau einer zertifikatbasierten Verschlüsselung: Da immer derselbe statische Schlüssel für alle Pakete verwendet wird, muss ein Angreifer nur ein einziges Mal den Schlüssel »knacken« und hat sofort alle bisher möglicherweise mitgeschnittenen Verbindungen im Klartext vorliegen.

Es fehlt also jegliche »Forward Secrecy« in diesem Schema: Damit wird die Eigenschaft von Kryptosystemen bezeichnet, dass mit dem Aufbrechen eines einzelnen Pakets eben *nicht* alle früher mitgeschnittenen Verbindungen sofort auch gebrochen sind. Dies ist ein grundlegender Bestandteil der Sicherheit, die unter anderem OpenVPN bietet.

Dies ist bei einer Verschlüsselung durch SSL/TLS nicht der Fall. Da bei diesem Verfahren in regelmäßigen Abständen temporäre Sitzungsschlüssel erzeugt werden, würde das Brechen des Hauptschlüssels dem Angreifer nur einen geringen Teil an kompromittierenden Daten liefern.

	Statischer Schlüssel		SSL/TLS
+	Einfache Konfiguration	+	Ständig wechselnde Sitzungsschlüssel
+	Keine Zertifikatverwaltung notwendig	+	Mehrere Clients möglich
-	Ein Client, ein Server	-	Relativ komplizierter Konfigurationsprozess
-	Im Fall einer Kompromittierung sind alle früheren Sitzungen lesbar		
-	Geheimer Schlüssel muss auf beiden Rechnern im Klartext vorhanden sein		
-	Geheimer Schlüssel muss vor Start des VPN getauscht werden		

Tabelle 5.1 *Statische Schlüssel und SSL/TLS-Zertifikate haben unterschiedliche Vor- und Nachteile.*

Auch die Skalierbarkeit einer statischen Verschlüsselung ist beschränkt: Im Gegensatz zu einer PKI, also einer zertifikatbasierten Verschlüsselung, kann hier jeweils ein Server nur mit einem Client verbunden werden. Bei Verwendung einer PKI hingegen kann ein Server eine Verbindung an eine beliebige Anzahl an Clients zur Verfügung stellen.

PKI: Public Key Infrastructure

Zuletzt haben statische Schlüssel noch den Nachteil, dass der geheime Schlüssel auf beiden Rechnern, dem Server und dem Client, im Klartext existieren muss. Es gibt also zwei Angriffsstellen, deren Kompromittierung in einem Verlust der Sicherheit des VPN resultieren würde. Diese Klartextschlüssel müssen vorher über einen sicheren Kanal ausgetauscht werden. Aus diesem Grund muss beispielsweise eine auf dem Basis von SSH bzw. OpenSSH aufsetzende Managementstruktur bestehen oder ein sicheres Medium (USB-Stick, Floppy-Disk) gewählt werden.

Dennoch hat eine Verschlüsselung mittels statischer Schlüssel einen unschlagbaren Vorteil gegenüber einer SSL/TLS-basierten

Authentifizierung: Sie ist sehr einfach zu konfigurieren. Sämtliche Schritte zum Erstellen eines statischen Schlüssels können von OpenVPN selbst übernommen werden, eine Benutzung der Programme der OpenSSL-Bibliothek entfällt hierbei vollständig.

5.4 Virtuelle Netzwerkschnittstellen

Auf der Netzwerkebene sind virtuelle Netzwerkschnittstellen für OpenVPN der zentrale Begriff. Die folgenden Abschnitte werden diesen nun näher erläutern.

5.4.1 Das Tunnelprinzip

VPN-Lösungen, welche die Verschlüsselung und somit die Modifikation der Datenpakete im Betriebssystemkern durchführen, haben ein besonderes Problem: Die Portierung auf andere Systeme ist schwierig. Alternativ könnte man sich an Standards wie IPsec halten, aber auch dort tauchen immer wieder Inkompatibilitätsprobleme auf, da manche Hersteller nicht alle genormten Erweiterungen unterstützen. Für den Anwender unterschiedlicher Systeme bedeutet dies häufig, dass in solchen Fällen nur der kleinste gemeinsame Nenner aller Lösungen genutzt werden kann.

OpenVPN allerdings basiert auf so genannten *virtuellen Netzwerkschnittstellen* und verknüpft diese mit einer Verschlüsselung im so genannten *Userspace*. Diese Schnittstellen bilden die Verknüpfung zwischen den über einen Tunnel übertragenen Daten, dem OpenVPN-Prozess und dem Betriebssystem. Durch diese Kombination entfällt ein Eingriff in den Betriebssystemkern. Zusätzlich erlangt OpenVPN durch den Einsatz solcher virtuellen Schnittstellen auch noch einen hohen Grad an Portabilität.

Protokollverschachtelung: Geschickt verpackte Daten

Jedes IP-Paket besteht im Wesentlichen aus zwei Teilen: einem so genannten Kopf (oder *Header*) aus mindestens 20 Bytes und dem Datenanteil (auch *Payload* genannt). Der Header enthält alle notwendigen Informationen, die ein Router im Internet benötigt, um ein Paket in die richtige Richtung weiterzuleiten. Hierunter fallen beispielsweise die Adresse des Zielsystems, die Länge des Pakets und auch die TTL.

TTL: Time to Live

Bei der Protokollverschachtelung in Tunneln wird ein kleiner Trick verwendet: Ein Paket wird schlichtweg als Payload eines anderen Pakets transportiert. Man stelle sich hierzu einfach ein Geschenk vor, das in einem Versandkarton einer Versandfirma verpackt ist. Dieser Versandkarton wird üblicherweise mit Absender- und Empfängerinformationen versehen, bevor er auf die Reise geschickt wird. Die Versandfirma wiederum sammelt mehrere dieser Kartons und befördert diese während des Transports in Containern (welche sinnbildlich auch wieder Versandkartons sind), bis diese an einem Ort nahe des Ziels ankommen. Dort wird der Versandkarton wieder dem Container entnommen und dem Ziel zugestellt. Analog zu diesem Beispiel werden in Tunneln Anwendungsdaten (Geschenk) über ein IP-Paket (Versandkarton) in einem weiteren IP-Paket (Container) transportiert.

Es gibt übrigens unterschiedliche Implementationen solcher *IP-in-IP*-Tunnel. Der Standard *GRE* (*Generic Routing Encapsulation*) [35] dürfte davon sicher einer der meistverwendeten sein.

GRE: Generic Routing Encapsulation

Die von OpenVPN benutzten virtuellen Netzwerkschnittstellen *tun* und *tap* stellen gewissermaßen den Endpunkt eines solchen Tunnels dar.

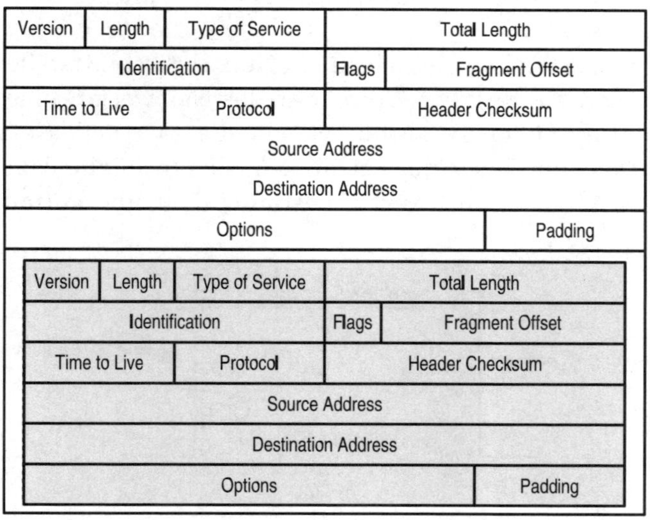

Abbildung 5.2
IP-Header verpackt in IP

5.4.2 Hilfsmittel der Abstraktion: *tun*- und *tap*-Geräte

Virtuelle Netzwerkschnittstellen sind die Grundlage für einen Verbindungsaufbau von OpenVPN. Das Betriebssystem behandelt die Tunnelschnittstellen wie eigenständige Netzwerkkarten mit einem eigenen Interface-Namen. Unter Linux werden diese Interface tunX beziehungsweise tapX genannt. Sie stellen eine Punkt-zu-Punkt-Verbindung dar.

Eine Verbindung, die über virtuelle Netzwerkschnittstellen aufgebaut wird, läuft über eine »echte« Netzwerkschnittstelle, zum Beispiel eth0. Diese »echten« Daten nennt man *Primärpakete*, die »getunnelten« *Sekundärpakete*. Jedes Paket, das über ein virtuelles Interface gesendet wird, wird in TCP/IP- oder UDP/IP-Pakete verpackt und über die »echte« Netzwerkschnittstelle gesendet. Mit einer realen Netzwerkschnittstelle ist ein Ethernet-Adapter, ein *loopback device* oder eine andere Punkt-zu-Punkt-Verbindung gemeint, die TCP/IP und UDP/IP unterstützt.

tap-Schnittstellen werden verwendet, um Ethernet-Netzwerke miteinander zu verbinden. Wenn ein Rechner als Switch eingesetzt werden soll, um Netzwerk A mit Netzwerk C über Netzwerk B zu verbinden, wird zwischen Rechner A in Netzwerk A und Rechner C in Netzwerk C ein Punkt-zu-Punkt-Tunnel aufgebaut. Alle Pakete in Netzwerk A, die einen Empfänger aus Netzwerk C adressieren, werden so von Rechner A an Rechner C über Netzwerk B geleitet.

tun-Schnittstellen sind ebenfalls Netzwerkschnittstellen, dienen jedoch dazu, Rechner A direkt an das Netzwerk C über Netzwerk B zu verbinden. Das bedeutet, dass diese virtuelle Netzwerkschnittstelle nur Pakete des Rechners A, aber nicht alle Pakete aus Netzwerk A, die für Netzwerk C bestimmt sind, übermittelt.

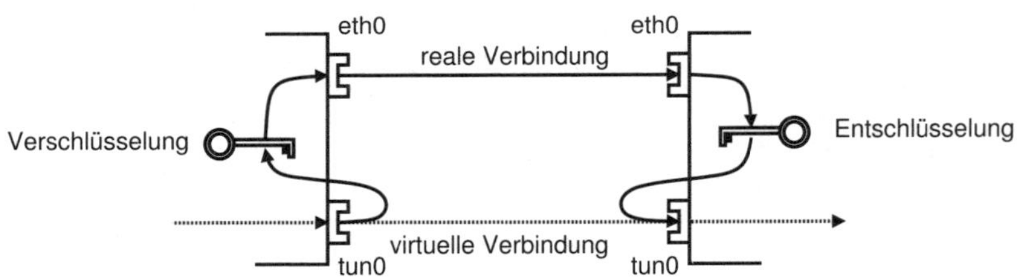

Abbildung 5.3
Die über virtuelle Schnittstellen transportierten Pakete werden wiederum in Pakete der tatsächlich vorhandenen Schnittstellen gewandelt.

In Abbildung 5.3 bindet sich OpenVPN an das virtuelle Interface tun0 und schickt alle Daten der Netzwerkschicht, welche auf die virtuelle Schnittstelle tun0 geschrieben werden, über die Anwendungsschicht von eth0 als Nutzdaten. Somit kann jedes Protokoll in TCP/IP- oder UDP/IP-Pakete verpackt und übermittelt werden.

Konfiguration virtueller Netzwerkinterfaces

Für den testweisen Aufbau einer Verbindung zwischen zwei virtuellen Interfaces kann man mittels OpenVPN einen unverschlüsselten Tunnel erstellen. Dabei kümmert sich OpenVPN automatisch um die Initialisierung und Konfiguration der Netzwerkschnittstellen. Alle wichtigen Parameter können OpenVPN als Kommandozeilenparameter übergeben werden. Bei Linux lässt sich das folgendermaßen durchführen:

❑ Auf dem Server:

```
openvpn --dev tun0 --remote 192.168.0.2 --ifconfig 192.168.5.1
    192.168.5.2
```

❑ Auf dem Client:

```
openvpn --dev tun0 --remote 192.168.0.1 --ifconfig 192.168.5.2
    192.168.5.1
```

In diesem Beispiel hat der Server eine Netzwerkkarte mit der IP-Adresse 192.168.0.1 und der Client die IP-Adresse 192.168.0.2. Die virtuelle Netzwerkschnittstelle, welche verwendet werden soll, ist auf beiden Systemen `tun0`. Dem virtuellen Interface `tun0` auf dem Server wird die IP-Adresse 192.168.5.1 zugewiesen. Auf dem Client hat `tun0` die Adresse 192.168.5.2. Sendet der Server jetzt Daten an die IP-Adresse 192.168.5.2, werden diese über das virtuelle Interface `tun0` auf dem Server und weiter über `eth0` des Servers verschickt. Der Client empfängt diese Daten mit seinem Netzinterface `eth0`, erkennt aber, dass es sich dabei um ein Paket für die virtuelle Schnittstelle `tun0` mit der IP-Adresse 192.168.5.2 handelt, und reicht die Nutzdaten weiter.

Nach der Konfiguration des Servers und des Clients durch OpenVPN lässt sich die Ausgabe der eingestellten Parameter für die Tunnelschnittstellen mit dem Kommando `ifconfig` ansehen.

Bei dem verwendeten Beispiel meldet sich das Interface `tun0` auf der Serverseite mit folgenden Eigenschaften:

```
tun0      Protokoll:UNSPEC  Hardware Adresse 00-00-00-00-00-00-00-0
    0-00-00-00-00-00-00-00-00
          inet Adresse:192.168.5.1  P-z-P:192.168.5.2  Maske:255.25
    5.255.255
          UP PUNKTZUPUNKT RUNNING NOARP MULTICAST  MTU:1500  Metric
    :1
          RX packets:0 errors:0 dropped:0 overruns:0 frame:0
          TX packets:0 errors:0 dropped:0 overruns:0 carrier:0
          Kollisionen:0 Sendewarteschlangenlänge:100
          RX bytes:0 (0.0 b)  TX bytes:0 (0.0 b)
```

Auf der Clientseite sieht die Konfiguration folgendermaßen aus:

```
tun0:2    Protokoll:UNSPEC  Hardware Adresse 00-00-00-00-00-00-00-0
    0-00-00-00-00-00-00-00-00
          inet Adresse:192.168.5.2  P-z-P:192.168.5.1  Maske:255.25
    5.255.255
```

```
          UP PUNKTZUPUNKT RUNNING NOARP MULTICAST  MTU:1500  Metric
:1
          RX packets:0 errors:0 dropped:0 overruns:0 frame:0
          TX packets:0 errors:0 dropped:0 overruns:0 carrier:0
          Kollisionen:0 Sendewarteschlangenlänge:100
          RX bytes:0 (0.0 b)  TX bytes:0 (0.0 b)
```

Bei deutschen Umgebungen werden Punkt-zu-Punkt-Verbindungen mit dem Kürzel P-z-P ausgezeichnet, englische Umgebungen verwenden P-t-P.

Sowohl beim Server als auch beim Client lässt sich erkennen, dass die virtuellen Schnittstellen *tun0* als Punkt-zu-Punkt-Verbindungen (*P-z-P*) mit einer Netzmaske 255.255.255.255 konfiguriert sind.

5.5 Kontroll- und Datenkanäle

Wie bereits in Kapitel 5.2 erwähnt, setzt SSL/TLS eine zuverlässige Datenübertragung zwischen den beiden beteiligten Partnern voraus. Üblicherweise wird deshalb für Applikationen, die SSL/TLS verwenden, TCP/IP als Transportprotokoll eingesetzt. Der Vorteil von TCP/IP ist hierbei, dass die erforderliche Sicherungsschicht (im Sinne von Zuverlässigkeit) vom Betriebssystem bereitgestellt wird.

OpenVPN bietet allerdings auch die Möglichkeit, Tunnel über UDP/IP aufzubauen. Da UDP aber kein zuverlässiges Protokoll ist, müssen zusätzliche Vorkehrungen für eine reibungslose Zusammenarbeit von SSL/TLS mit OpenVPN getroffen werden. Die Lösung ist recht einfach: OpenVPN verwendet einen alten Trick aus der Netzwerktechnik und teilt eine Verbindung in zwei logische Kanäle auf:

- Alle Aktivitäten im Zusammenhang mit SSL/TLS werden (unabhängig vom verwendeten Transportprotokoll!) über einen speziellen Kanal transportiert, der eine zuverlässige Datenübertragung garantiert. Dadurch bekommt dieser Kanal wesentliche Eigenschaften einer TCP-Verbindung und ist für den Transport von SSL/TLS vorbereitet. Die einzelnen Nachrichten dieses Kanals sind durch HMAC gegen Integritätsverletzungen geschützt.

HMAC: Hashed Message Authentication Code

- Nutzdaten werden über einen separaten Kanal transportiert, der keine zuverlässige Datenübertragung garantiert. Diese Nachrichten sind ebenfalls mit HMAC gegen Integritätsverletzungen geschützt.
- Die Pakete beider Kanäle werden durch einen Multiplexer getrennt voneinander übertragen.

Mit dieser Aufteilung stehen für die SSL/TLS-bezogenen Verfahren und den eigentlichen verschlüsselten Datentransport die jeweils erforderlichen beziehungsweise erwünschten Mechanismen zur Verfügung. Zusätzlich kann es durch den Einsatz von UDP nicht zu der typischen Kollisionsgefahr aufgrund der Verwendung mehrfach ineinander verpackter zuverlässiger Transportprotokolle kommen, wie in Kapitel 13.1 erläutert.

5.6 Betriebsmodi: Server, Client, Point-to-Point und Server Mode

Nach den bisherigen technischen Grundlagen von OpenVPN werden in diesem Kapitel Aspekte des Betriebs und der Architektur betrachtet.

Wichtig ist: Man sollte sich bei der Planung von VPNs darüber im Klaren sein, für welchen Zweck es bereitgestellt werden soll, denn im Rahmen von OpenVPN lassen sich generell zwei Varianten unterscheiden:

- *Point-to-Point*-Verbindungen oder
- *Server-Mode*-Verbindungen

5.6.1 Point-to-Point

Wenn die Aufgabe darin besteht, eine Verbindung ausschließlich zwischen zwei Hosts herzustellen, wird das üblicherweise im *Point-to-Point*-Modus durchgeführt. Dieser war bis OpenVPN Version 1.6 der einzig verfügbare Modus und erfordert jeweils eine spezifische Konfigurationsdatei pro VPN-Verbindung. Neben der separat notwendigen Konfigurationsdatei erfordert diese Konfigurationsvariante auch pro VPN-Tunnel eine separate Kommunikationsbeziehung, was letztlich einen TCP- oder UDP-Port pro verwendetem Tunnel bedeutet.

OpenVPN kannte bis einschliesslich Version 1.6 nur Point-to-Point-Verbindungen!

In Abbildung 5.4 ist dargestellt, wie die drei Hosts `host_gelb`, `host_gruen` und `host_blau` eine VPN-Verbindung zum Host `server_a` aufgebaut haben. Auf `server_a` sind für diesen Zweck drei OpenVPN-Instanzen aktiv, die jeweils mit einer eigenen Konfigurationsdatei gestartet wurden und die Kommunikation über unterschiedliche Ports (in diesem Fall 1194, 1195 und 1196) durchführen.

Sofern es nicht anderweitig konfiguriert ist, benutzt OpenVPN diesen Modus als Standard für den Betrieb. Um Unklarheiten zu

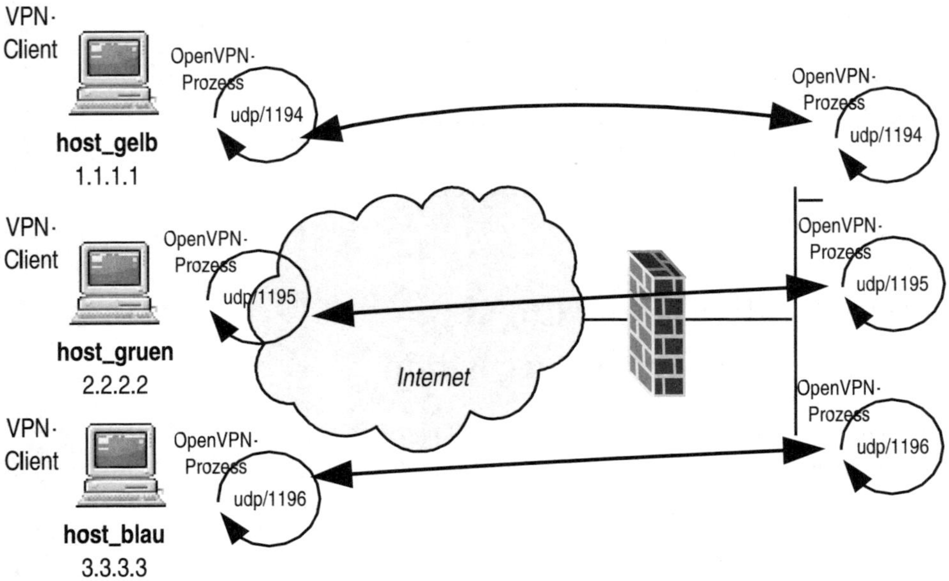

Abbildung 5.4 *OpenVPN in einer Point-to-Point-Konfiguration*

vermeiden, sollte der Modus aber innerhalb der Konfigurationsdatei durch die Option `mode p2p` explizit konfiguriert werden.

Point-to-Point-Konfigurationen sind die bevorzugte Betriebsart, wenn die Tunnelpartner prinzipiell statisch definiert sind, zum Beispiel bei der Verbindung zweier Standorte oder für einen dedizierten Zugang eines speziellen Clients.

5.6.2 Server Mode

Wenn OpenVPN als Ersatz für klassische Remote-Access-Lösungen (wie beispielsweise die Einwahl über ISDN oder analoge Leitungen) verwendet werden soll, dann sind *Point-to-Point*-Konfigurationen wenig sinnvoll. Mit zunehmender Anzahl an Clients steigt auch die Anzahl von Konfigurationsdateien und OpenVPN-Instanzen auf dem Server in entsprechender Weise an.

Wünschenswert wäre es in diesem Fall, eine Umgebung zu haben, in der alle VPN-Tunnel von einem einzigen Prozess verwaltet werden. Dadurch wird die Administration erheblich erleichtert. Der Prozess sollte nur auf einem einzigen Port zur Verfügung gestellt werden, damit der Bereich offener Ports an (vorgelagerten) Firewalls möglichst klein gehalten wird. Firewalladministratoren würden verständlicherweise die »Hände über dem Kopf zusammenschlagen«, wenn sie die Anforderung bekämen, nur für VPN-Tunnel 500 oder mehr Ports zu öffnen.

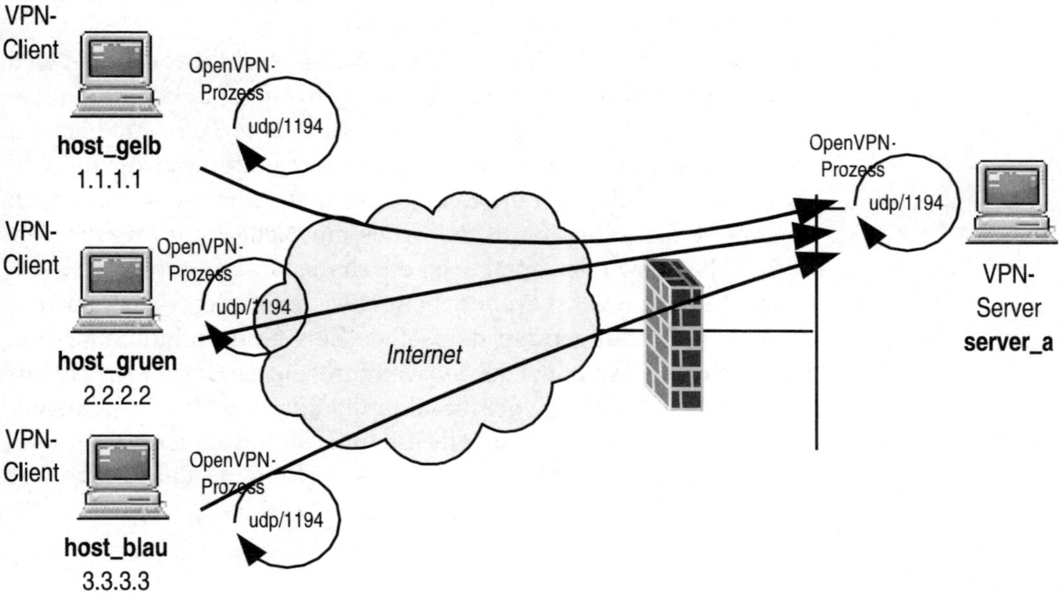

Abbildung 5.5
OpenVPN in einer Client-Server-Konfiguration

All diese Wünsche kann OpenVPN erfüllen: Es bedarf nur der Einrichtung des *Point-to-Multipoint*-Modus durch den Parameter `mode server`. Wenn beispielsweise folgende Zeilen für einen OpenVPN-Prozess konfiguriert sind:

```
port 1194
proto udp
dev tun42
mode server
server 192.168.41.0 255.255.255.0
```

dann gilt für diesen Prozess, dass alle Verbindungen (das heißt Anfragen für einen VPN-Tunnel) auf dem Port 1194 über das Protokoll UDP/IP ankommen und entsprechend behandelt werden sollen. Ferner verwendet der Prozess das Interface `tun42` für die Verknüpfung zwischen dem Tunnel und dem Betriebssystem. In Abbildung 5.5 ist dargestellt, wie die drei Hosts `host_gelb`, `host_gruen` und `host_blau` wiederum eine VPN-Verbindung zum Host `server_a` aufgebaut haben. Diesmal verbinden sich allerdings die OpenVPN-Prozesse sämtlicher Clients auf den gleichen Prozess des Servers `server_a`, und zwar auf den Port 1194. Sobald ein Verbindungsaufbau authentisiert ist, werden den Clients Adressen aus dem Netz 192.168.41.0/24 für die Konfiguration ihrer VPN-Tunnelinterfaces zugewiesen.

Bei stark frequentierten VPN-Zugängen mit vielen Benutzern ist die Variante *Server Mode* im Konfigurations- und Administrationsaufwand deutlich geringer als im *Point-to-Point*-Modus. Auf dem Server gibt es nur eine Konfigurationsdatei und für die Clients unterscheidet sich die Konfiguration üblicherweise nur durch das verwendete Zertifikat. Sofern es die Sicherheitsvorgaben erlauben, lässt sich das auch noch durch die Option `duplicate-cn` (siehe Kapitel 8.6.3) vereinfachen. Diese gestattet, dass mehrere Clients Verbindungen mit demselben Zertifikat aufbauen dürfen. Aber Achtung: Wenn bei der Verwendung dieser Option ein Zertifikat und der zugehörige Schlüssel in die falschen Hände gelangen, dann muss der Zugang für alle Clients, die dieses Zertifikat verwenden, gesperrt werden, bis auf diesen ein neues Paar installiert ist.

6 Verwaltung einer Certificate Authority

Ein zentraler Begriff rund um OpenVPN ist der der *Certificate Authority* bzw. *CA*. Das vorliegende Kapitel hat die Aufgabe, ein Verständnis für diesen Begriff zu schaffen.

6.1 Wofür eine CA?

Angenommen es gäbe eine Bank, die auf der ganzen Welt – bis in jedes kleine Dorf verteilt – Filialen hätte. Die Bank garantiert ihren Kunden nun, dass sie von überall her Zugriff auf ihr Geld haben – egal, ob der Kunde sich gerade in Deutschland oder in Norwegen befindet. Um bei der Bank Kunde zu werden, muss man zunächst einen Mitgliedsantrag stellen. Diesen füllt man zu Hause alleine aus und denkt sich dabei eine PIN aus, die nur einem selbst bekannt ist. Dieses Anfrageformular wäre nun das *Certificate Signing Request*, oder kurz *CSR*. Dann ginge man mit dem CSR zur Bank, welche den Antrag sorgfältig prüfen würde: Entsprechen die im Antrag gemachten Angaben wie Identität, Wohnort und Geburtsdatum tatsächlich der Wahrheit und kann dem Neukunden ein Konto ermöglicht werden? Wenn alles in Ordnung ist, setzt der Hauptbevollmächtigte der Bank – diesen werden wir CA nennen – unter das CSR seine Unterschrift: Somit wird aus dem *Signing Request*, also der »Bitte um Unterschrift«, ein vollwertiges *Zertifikat*. Dieses Zertifikat kann man nun überall auf der Welt mitnehmen; und obwohl der Bankangestellte in Norwegen nicht direkt auf die Kontodaten der Kunden zugreifen kann, weil vielleicht eine zentrale Speicherung viel zu kompliziert wäre, kann er doch eindeutig die Unterschrift der CA identifizieren und somit die Kunden zusätzlich mit deren selbst ausgedachter PIN (welche bei digitalen Zertifikaten der private Schlüssel ist) eindeutig als Kunden seiner Bank erkennen. Das Prinzip hier heißt:

Wenn meine CA dir vertraut, dann vertraue auch ich dir.

6.2 Anforderungen an eine CA

Eine *Certificate Authority* oder *CA* ist also der Bevollmächtigte, der befugt ist, Zertifikate auszustellen. Ein Zertifikat ist ein auf asymmetrischer Verschlüsselung – hier sei besonders auf das RSA-Verfahren [21] hingewiesen – beruhendes Dokument, welches dem Inhaber durch eine digitale Signatur bescheinigt, von seiner CA akkreditiert worden zu sein. Zu welchem Zweck ein Zertifikat eingesetzt wird, ist für das prinzipielle Public-Key-Verfahren *völlig* nebensächlich: Wie bereits beschrieben, könnte eine Bank als CA auftreten und seinen Kunden Zertifikate ausstellen, damit diese ihre Geschäftstransaktionen online durchführen können. Denkbar wäre auch ein Arbeitgeber, der als CA seinen Mitarbeitern ermöglicht, dass diese ihre Mails signieren und verschlüsseln können. Im Kontext von OpenVPN werden Zertifikate letztendlich dazu benutzt, dass ein Serverbetreiber (der als CA auftritt) seinen Clients bescheinigt, dass sie die Erlaubnis besitzen, sich zu dem Server zu verbinden.

Für Sicherheitsfunktionen, die CAs gewährleisten, ist der Einsatzzweck eines Zertifikats natürlich nicht nebensächlich: Zusätzlich zu den eigentlichen Schlüsseln gehört zu einem Zertifikat nämlich eine in speziellen Zertifikatsattributen festgehaltene Policy, die festlegt, was mit dem Zertifikat überhaupt gemacht werden darf. Hierin steht also geschrieben, ob das Zertifikat andere Zertifikate signieren darf (also eine CA ist) oder nicht (also ein Endbenutzerzertifikat ist). Sehr differenziert lässt sich hier festlegen, ob möglicherweise ein Zertifikat nur für E-Mail-Verkehr oder andere spezielle Einsatzzwecke benutzt werden darf.

Root-CA

Der Vorteil von CAs ist, dass diese nicht auf eine reine Client-Server-Verbindung limitiert sind: Eine Root-CA (also das oberste Zertifikat einer Hierarchie) kann auch andere Sub-CAs (also dessen »Kinder«) signieren und damit den Sub-CAs direkt ihr Vertrauen bestätigen. Diese wiederum können entweder direkt Clients Zertifikate ausstellen oder weitere Unter-CAs akkreditieren. So entsteht ein Baum – ein gerichteter, zyklenfreier, zusammenhängender Graph mit einer so genannten Wurzel. Die Root-CA als höchste Instanz einer CA ist die Wurzel dieses Baums. Da die höchste Instanz natürlich von niemandem mehr akkreditiert werden kann, akkretiert diese sich selbst (*self-signing*).

Was für Anforderungen sind nun an eine CA zu stellen? Vom Sicherheitsaspekt aus betrachtet natürlich die höchstmöglichen: Denn gelänge es einem Angreifer, eine CA zu kompromittieren, so hätte er nicht nur einen Account geknackt – er hätte sich die Rechte beschafft, Accounts zu *erstellen*! Vergleichbar wäre das Knacken eines Accounts beispielsweise mit einem Bankräuber, der einer Bank Geld stiehlt; das Geld ist zwar zunächst gestohlen, aber die Scheine sind markiert und der Schaden gering: Jede Bank würde regelmäßig eine Liste gestohlener Geldscheine bekommen (eine CRL, *Certificate Revocation List*) und Scheine, die auf dieser Liste erfasst sind, nicht mehr akzeptieren. Viel schlimmer wäre es, wenn dieser Bankräuber in die Bundesdruckerei eindringen würde und das komplette Equipment mitnehmen könnte – er hätte fortan quasi die »Lizenz zum Gelddrucken«. Um nun den Missbrauch dieser »perfekt« gedruckten Geldscheine zu verhindern, gibt es nur eine Lösung: die Invalidierung *sämtlicher* im Umlauf befindlicher Geldscheine.

CRL: Certificate Revocation List

Daher gibt es einige Mechanismen zum Schutz einer CA. Oberstes Gebot ist hierbei die physikalische Sicherheit – also einem Angreifer die Hardware nicht zugänglich zu machen, das heißt weder durch aktiven Kontakt (wenn jemand einfach den PC stehlen würde, auf dem die CA gespeichert ist) noch über eine Verbindung wie beispielsweise ein Netzwerk. PCs, auf denen sich CAs zur Kontrolle sensibler Daten befinden, gehören niemals an ein Netzwerk angeschlossen! Durch die elegante Trennung des CSR vom eigentlichen Zertifikat ist es möglich, ein CSR auf einem am Netzwerk angeschlossenen Rechner zu erstellen, das Request dann auf einen USB-Stick zu kopieren und damit dann an die CA zu gehen, welche das CSR anschließend signiert. Der CA-Rechner ist somit besonders geschützt und hat keinen direkten Kontakt zur Außenwelt.

Weiterhin sollte die CA unbedingt zusätzlich durch ein symmetrisches Kryptosystem abgesichert werden: Denn so muss ein Angreifer, der die CA stehlen würde, zuallererst das Kryptosystem brechen, bevor er die CA missbrauchen kann. Dies liefert dem legitimen Besitzer der CA Zeit, um alle ausgestellten Zertifikate für ungültig zu erklären und neue auszustellen. Die Liste der als ungültig markierten Zertifikate ist dann die eben genannte CRL, die Certificate Revocation List.

6.3 Einrichtung von OpenSSL

OpenSSL ist das wohl berühmteste Open-Source-Toolkit zur Erstellung, Manipulation und Verwaltung vor allem von CAs und Zertifikaten. Da OpenSSL frei verfügbar ist und zusätzlich als sehr sicher gilt, ist es das Mittel der Wahl, um seine Zertifikate kostenlos zu erstellen. Leider muss man auch für diese Freiheit einen Preis bezahlen: Die Bedienung von OpenSSL ist teilweise recht anspruchsvoll und die Syntax verzeiht keinen Fehler. Im Folgenden wird daher Schritt für Schritt die Einrichtung detailliert erklärt.

Zunächst wird OpenSSL installiert. Windows-Benutzer seien hier auf Cygwin, den freien Linux-API-Emulation Layer, verwiesen, der unter `http://www.cygwin.com` heruntergeladen werden kann. Alternativ können sie auch die Möglichkeiten nutzen, die OpenVPN von Haus aus bereits mitbringt – diese werden später in diesem Kapitel noch erläutert. Für Linux-Benutzer gilt, dass meist OpenSSL auf dem System bereits installiert ist, da viele der sicherheitskritischen Dienste (*SSH* beispielsweise) bereits darauf zurückgreifen. Selbst wenn es nicht installiert sein sollte, bietet die Paketverwaltung (also *portage*, *apt* oder Ähnliches) ein entsprechendes Paket an. Ansonsten kann die neueste Version von `http://www.openssl.org` bezogen, kompiliert und installiert werden.

SSH: Secure Shell

Ob die Installation von OpenSSL erfolgreich war, kann durch das Eingeben von

```
# openssl
OpenSSL>
```

einfach überprüft werden.

OpenSSL begrüßt den Anwender nun mit einem Prompt und erwartet weitere Anweisungen. Das gestartete Programm kann durch das Drücken der Tastenkombination *Strg-D* einfach wieder beendet werden.

Bevor mit OpenSSL eine eigene CA erzeugt werden kann, müssen noch einige Verzeichnisse und Dateien erstellt werden, denn jeder Akkreditierungsvorgang wird in der CA gespeichert. Die Standardpfade für die OpenSSL-Dateien sind normalerweise in der Datei `/etc/ssl/openssl.cnf` abgelegt und können selbstverständlich geändert werden. Dort bietet es sich an, den Parameter `dir` in der Sektion `CA_default` derart anzupassen, dass er auf eine tatsächlich existierende Datenbank zeigt. In der Standardkonfiguration ist hierfür `/demoCA` eingetragen, welches wir nun ebenfalls benutzen werden:

```
# mkdir -p demoCA/newcerts
# touch demoCA/index.txt
# echo 01 > demoCA/serial
```

Angenommen, man hätte für das Datenbankverzeichnis `/etc/ssl /database` spezifiziert, so müssten die Kommandos zum Initialisieren der Datenbank folgendermaßen lauten:

```
# cd /etc/ssl/database
# mkdir newcerts
# touch index.txt
# echo 01 > serial
```

6.4 Erstellung einer einfachen CA

6.4.1 Linux

Zwar gibt es hervorragende Programme wie beispielsweise *XCA* [30] oder *TinyCA* [27], welche die Erstellung von Zertifikaten deutlich erleichtern, aber für das bessere Verständnis einer CA soll diese hier »von Hand« gebaut werden. Das OpenSSL-Toolkit bietet dazu den folgenden Weg an.

Das Root-Zertifikat ist die Basis einer CA-Herachie.

Jede CA-Hierarchie beginnt mit dem wichtigsten Zertifikat von allen, dem so genannten *Root-Zertifikat* oder Wurzelzertifikat. Das Passwort für das Root-Zertifikat ist ein absolut sicherheitskritischer Punkt der gesamten CA-Hierarchie, also sollte es mit Bedacht gewählt werden. Durch ein vergessenes Passwort wird das Root-Zertifikat unbrauchbar! Die Erstellung der Root-CA geschieht folgendermaßen:

```
#openssl req -x509 -newkey rsa:1024 -days 3650 -keyout root.key -out
   root.crt
Generating a 1024 bit RSA private key
.................................++++++
.++++++
writing new private key to 'root.key'
Enter PEM pass phrase:
Verifying - Enter PEM pass phrase:
-----
You are about to be asked to enter information that will be
incorporated into your certificate request.
What you are about to enter is what is called a Distinguished Name
   or a DN.
There are quite a few fields but you can leave some blank
For some fields there will be a default value,
If you enter '.', the field will be left blank.
-----
Country Name (2 letter code) [AU]:DE
State or Province Name (full name) [Some-State]:Bayern
Locality Name (eg, city) []:Erlangen
Organization Name (eg, company) [Internet Widgits Pty Ltd]:
   Erlug
Organizational Unit Name (eg, section) []:
Common Name (eg, YOUR name) []:Martin Mustermann
Email Address []:MartinMustermann@erlug.de
```

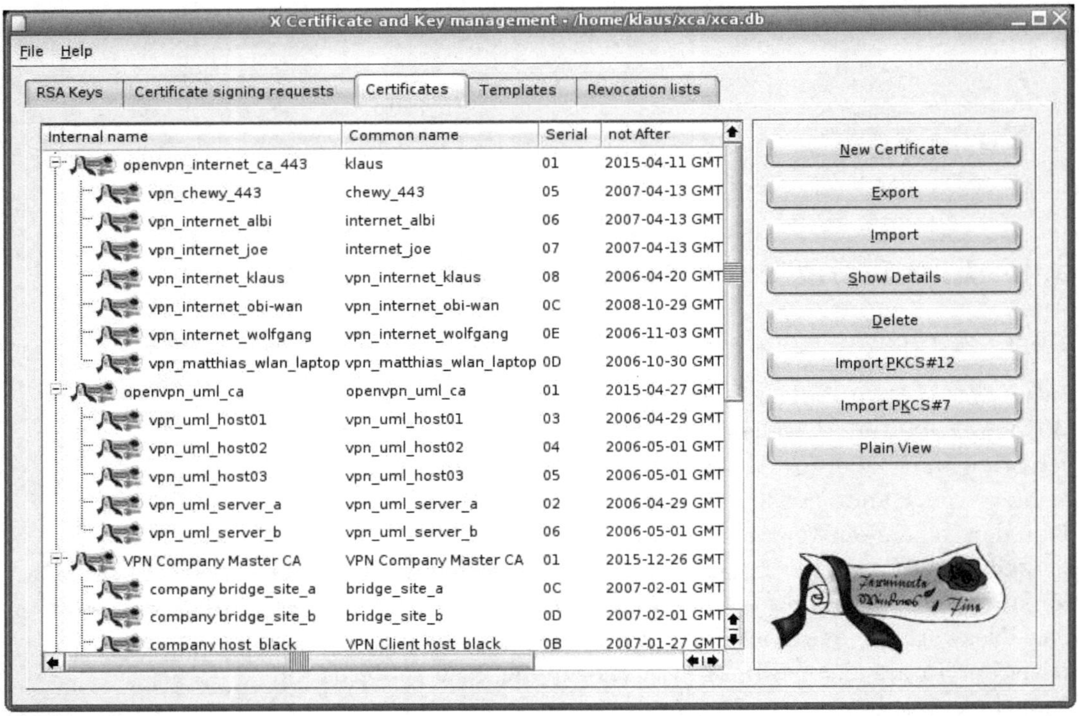

Abbildung 6.1
Management mehrerer CAs mit `xca`

Die Optionen haben im Einzelnen folgende Bedeutung: Wir wollen mittels `req` ein Certificate Request erstellen. Dieses soll im X.509-Standard exportiert werden. Das neue Zertifikat mit zugehörigem Schlüssel soll als Verschlüsselungsverfahren RSA wählen, die Schlüssellänge soll 1024 Bit betragen und das Zertifikat nach 3650 Tagen verfallen. Das Zertifikat der CA selbst wird dann unter der Datei `root.crt` gespeichert, während der zugehörige private Schlüssel in der Datei `root.key` abgelegt wird.

Durch die Option `-nodes`, die man für erste Versuche mit angeben kann, würde explizit verlangt werden, dass der private Schlüssel des Zertifikats unverschlüsselt gespeichert werden soll. Dies ist zwar für Tests sehr hilfreich, weil man nicht bei jedem Signiervorgang das Passwort erneut eingeben muss – für den wirklichen Gebrauch allerdings sollte die Option auf jeden Fall weggelassen werden, um unnötige Sicherheitsrisiken beim Root-Zertifikat zu vermeiden.

Zunächst wird beim Erstellen nach dem Passwort gefragt, mit dem die CA abgesichert werden soll. Hierbei wird eine symmetrische DES-Verschlüsselung benutzt. Zu Testzwecken soll im Folgenden das Passwort *geheimca* verwendet werden. Anschließend an das Passwort fragt OpenSSL nach dem Ort sowie nach persönlichen Daten des Managers der CA (in diesem Fall Martin Mustermann).

Als Nächstes kann das »Certificate Request« erzeugt werden, das der Server benutzen wird:

Certifcate Request

```
#openssl req -newkey rsa:1024 -keyout server.key -out server.csr
Generating a 1024 bit RSA private key
.......++++++
.................++++++
writing new private key to 'server.key'
Enter PEM pass phrase:
Verifying - Enter PEM pass phrase:
-----
You are about to be asked to enter information that will be
incorporated into your certificate request.
What you are about to enter is what is called a Distinguished
Name or a DN.
There are quite a few fields but you can leave some blank
For some fields there will be a default value,
If you enter '.', the field will be left blank.
-----
Country Name (2 letter code) [AU]:DE
State or Province Name (full name) [Some-State]:Bayern
Locality Name (eg, city) []:Erlangen
Organization Name (eg, company) [Internet Widgits Pty Ltd]:
   Erlug
Organizational Unit Name (eg, section) []:Management
Common Name (eg, YOUR name) []:Armin Administrator
Email Address []:ArminAdministrator@erlug.de

Please enter the following 'extra' attributes
to be sent with your certificate request
A challenge password []:
An optional company name []:
```

Auch hier werden wieder die schon bekannten Fragen nach Personen gestellt: In diesem Fall handelt es sich jedoch um die Person, die den OpenVPN-Server administrieren wird (das ist Armin Administrator). Nun sind zwei Dateien entstanden: die `server.csr` und die Datei `server.key`. In der .csr-Datei wird das »Certificate Signing Request« gespeichert. Das wäre die Datei, die nun auf eine Diskette kopiert werden könnte, um an dem abgeschotteten Rechner, auf dem die CA liegt, akkreditiert zu werden. Wir werden die Akkreditierung jetzt gleich vornehmen.

Jetzt kann aus dem »Certificate Request« endlich ein vollständiges Zertifikat gemacht werden, indem es seine Unterschrift von dem Root-Zertifikat der CA bekommt:

```
# openssl ca -cert root.crt -keyfile root.key -out server.crt -in
    server.csr
Using configuration from /etc/ssl/openssl.cnf
Enter pass phrase for root.key:
Check that the request matches the signature
Signature ok
Certificate Details:
        Serial Number: 1 (0x1)
        Validity
            Not Before: Oct 15 22:38:16 2005 GMT
            Not After : Oct 15 22:38:16 2006 GMT
        Subject:
            countryName               = DE
            stateOrProvinceName       = Bayern
            organizationName          = Erlug
            organizationalUnitName    = Management
            commonName                = Armin Administrator
            emailAddress              = ArminAdministrator@
               erlug.de
        X509v3 extensions:
            X509v3 Basic Constraints:
                CA:FALSE
            Netscape Comment:
                OpenSSL Generated Certificate
            X509v3 Subject Key Identifier:
                BA:C2:43:3C:FA:5C:E1:26:18:A4:D5:66:A3:E9:38:
                   B5:79:BE:28:1F
            X509v3 Authority Key Identifier:
                keyid:11:B3:ED:29:C1:B1:85:15:3B:2E:4D:03:D8:
                   84:BE:FB:8D:C1:F9:A8
                DirName:/C=DE/ST=Bayern/L=Erlangen/O=
                   Erlug/CN=Martin Mustermann/email
                   Address=MartinMustermann@erlug.de
                serial:EC:ED:0C:F1:7D:AB:15:4E

Certificate is to be certified until Oct 15 22:38:16 2016 GMT
    (3650 days)
Sign the certificate? [y/n]:y


1 out of 1 certificate requests certified, commit? [y/n]y
Write out database with 1 new entries
Data Base Updated
```

Zunächst wurde nach dem Schlüssel für die CA gefragt; wir geben hier wie vorher festgelegt *geheimca* ein. Danach zeigt OpenSSL die Daten der Zertifikatsanforderung, die wir im Begriff sind zu unterschreiben. Dies wird bestätigt durch ein zweimaliges »y« (für »yes«). Schon existiert eine Datei namens `server.crt` – ein vollständiges, von unserer CA unterschriebenes Serverzertifikat.

Um ein Clientzertifikat zu erstellen, wird exakt dieselbe Prozedur durchgeführt, wie sie für die Erstellung eines Serverzertifikats notwendig ist. Auch hier wird zunächst ein Certificate Signing Request erstellt, welches dann von der CA signiert werden muss.

6.4.2 Windows

Mit der Installation von OpenVPN GUI wird eine ganze Reihe von Batchdateien in das Verzeichnis `easy-rsa` installiert. Diese Batchdateien können verwendet werden, um CAs, Zertifikate und private Schlüssel zu erstellen. Möchte man beispielsweise auf Windows einen OpenVPN-Server aufsetzen, der für drei Clients Zertifikate zur Verfügung stellt, öffnet man als Erstes eine MS-DOS-Eingabeaufforderung (*Windows Startmenü - Ausführen...* `cmd`).

Auf der Kommandozeile wird dann in das Verzeichnis `easy-rsa` gewechselt:

```
cd c:\Programme\OpenVpn\easy-rsa
```

Als erster Schritt muss `init-config.bat` ausgeführt werden.

```
C:\Programme\OpenVPN\easy-rsa> init-config.bat
```

In `easy-rsa` sollte eine Datei mit dem Namen `vars.bat` vorhanden sein. In dieser Datei werden die Umgebungsvariablen für OpenSSL definiert:

```
@echo off

set HOME=%ProgramFiles%\OpenVPN\easy-rsa
set KEY_CONFIG=openssl.cnf
set KEY_DIR=keys
set KEY_SIZE=2048
set KEY_COUNTRY=DE
set KEY_PROVINCE=BA
set KEY_CITY=ERLANGEN
set KEY_ORG=ERLUGHQ
set KEY_EMAIL=user@erlug.de
```

`HOME` und `KEY_CONFIG` verweisen auf das Verzeichnis, in dem die Konfigurationsdatei `OpenSSL.cnf` abgelegt ist. In diesem Fall ist es das aktuelle easy-rsa-Verzeichnis. `KEY_DIR` gibt den Verzeichnisnamen unterhalb von `HOME` an, in dem die erzeugten Schlüssel und Zertifikate abgelegt werden. `KEY_SIZE` zeigt die zu verwendende Schlüssellänge an. Ein Wert von 2048 gewährleistet hier ein ausreichendes Maß an Sicherheit. Die restlichen Parameter setzen Standardwerte für die später zu generierenden Zertifikate. Diese Standardwerte können beim Erzeugen der Schlüssel manuell bestätigt oder geändert werden.

Als Nächstes werden die in der `vars.bat` festgelegten Umgebungsvariablen übernommen:

```
C:\Programme\OpenVPN\easy-rsa> vars.bat
C:\Programme\OpenVPN\easy-rsa> clean-all.bat
```

clean-all.bat muss nur einmal aufgerufen werden, um das Unterverzeichnis keys und eine Indexdatei anzulegen. Nachdem nun die Umgebungsvariablen gesetzt sind, kann zuerst die CA generiert werden, mit der wir später unsere Zertifikate signieren werden. Sollte bereits eine CA vorhanden sein, kann diese in den Unterordner keys kopiert und verwendet werden. build-ca.bat fragt für die vorher gesetzten Standardwerte nochmals nach, ob diese verwendet oder geändert werden sollen.

```
C:\Programme\OpenVPN\easy-rsa> build-ca.bat
Loading 'screen' into random state - done
Generating a 1024 bit RSA private key
. . . . . . . . . . . . . . . . . . . . . . . . . . . .* * * * * * *
. . . . . . . . . . . . . . . . . . . . . * * * * * *
writing new private key to 'keys\ca.key'
-----
You are about to be asked to enter information that will be incorp
    orated
into your certificate request.
What you are about to enter is what is called a Distinguished Name
    or a DN.
There are quite a few fields but you can leave some blank
For some fields there will be a default value,
If you enter '.', the field will be left blank.
-----
Country Name (2 letter code) [DE]:
State or Province Name (full name) [BA]:
Locality Name (eg, city) [ERLANGEN]:
Organization Name (eg, company) [ERLUGHQ]:
Organizational Unit Name (eg, section) [:
Common Name (eg, your name or your server's hostname) []:server
Email Address [user@erlug.de]:
```

Anschließend werden die Diffie-Hellman-Parameter (siehe Kapitel 11.3) generiert:

```
C:\Programme\OpenVPN\easy-rsa> build-dh.bat
loading 'screen' into random state - done
Generating DH parameters, 1024 bit long safe prime, generator 2
This is going to take a long time
. . . . . . . . . . . * . . . . * . . . . . . * * . . . . .
 . * * . . . . . . . . . * . . . . * * . * .
```

Jetzt kann der private Schlüssel und das Zertifikat für den OpenVPN-Server erzeugt werden. Als Computername wird "server" und als Passwort "serverpasswd" verwendet.

```
C:\Programme\OpenVPN\easy-rsa> build-key-server.bat server
Loading 'screen' into random state - done
Generating a 1024 bit RSA private key
. . . . . . . . + + + + + +
. . . . . . + + +
writing new private key to 'keys\server.key'
-----
You are about to be asked to enter information that will be incorpo
    rated
into your certificate request.
```

```
What you are about to enter is what is called a Distinguished Name
    or a DN.
There are quite a few fields but you can leave some blank
For some fields there will be a default value,
If you enter '.', the field will be left blank.
-----
Country Name (2 letter code) [DE]:
State or Province Name (full name) [BA]:
Locality Name (eg, city) [ERLANGEN]:
Organization Name (eg, company) [ERLUGHQ]:
Organizational Unit Name (eg, section) [:
Common Name (eg, your name or your server's hostname) [:server
Email Address [user@erlug.de]:

Please enter the following 'extra' attributes
to be sent with your certificate request
A challenge password [:serverpasswd
An optional company name [:serverpasswd
Using configuration from openssl.cnf
Loading 'screen' into random state - done
Check that the request matches the signature
Signature ok
The Subject's Distinguished Name is as follows
countryName           :PRINTABLE:'DE'
stateOrProvinceName   :PRINTABLE:'BA'
localityName          :PRINTABLE:'ERLANGEN'
organizationName      :PRINTABLE:'ERLUGHQ'
commonName            :PRINTABLE:'server'
emailAddress          :IA5STRING:'user@erlug.de'
Certificate is to be certified until Feb 16 21:02:34 2016 GMT (3650
    days)
Sign the certificate? [y/n]:y


1 out of 1 certificate requests certified, commit? [y/n]y
Write out database with 1 new entries
Data Base Updated
```

Dieser generierte Schlüssel und das Zertifikat werden später auf dem Windows OpenVPN-Server abgelegt. Für jeden Client kann mit dem Batchskript `build-key.bat` ein privater Schlüssel und ein Zertifikat angelegt und anschließend gleich durch die CA signiert werden.

```
C:\Programme\OpenVPN\easy-rsa> build-key.bat client1
Loading 'screen' into random state - done
Generating a 1024 bit RSA private key
. . . . . . . . . + + + + + +
. . + + + + + +
writing new private key to 'keys\client1.key'
-----
You are about to be asked to enter information that will be incorpo
    rated
into your certificate request.
What you are about to enter is what is called a Distinguished Name
    or a DN.
There are quite a few fields but you can leave some blank
For some fields there will be a default value,
If you enter '.', the field will be left blank.
-----
Country Name (2 letter code) [DE]:
```

```
State or Province Name (full name) [BA]:
Locality Name (eg, city) [ERLANGEN]:
Organization Name (eg, company) [ERLUGHQ]:
Organizational Unit Name (eg, section) [:
Common Name (eg, your name or your server's hostname) [:client1
Email Address [user@erlug.de]:

Please enter the following 'extra' attributes
to be sent with your certificate request
A challenge password [:clientpasswd
An optional company name [:clientpasswd
Using configuration from openssl.cnf
Loading 'screen' into random state - done
DEBUG[load_index]: unique_subject = ''yes''
Check that the request matches the signature
Signature ok
The Subject's Distinguished Name is as follows
countryName           :PRINTABLE:'DE'
stateOrProvinceName   :PRINTABLE:'BA'
localityName          :PRINTABLE:'ERLANGEN'
organizationName      :PRINTABLE:'ERLUGHQ'
commonName            :PRINTABLE:'client1'
emailAddress          :IA5STRING:'user@erlug.de'
Certificate is to be certified until Feb 16 21:11:10 2016 GMT (3650
    days)
Sign the certificate? [y/n]:y

1 out of 1 certificate requests certified, commit? [y/n]y
Write out database with 1 new entries
Data Base Updated
```

Die entsprechend generierten Schlüssel und Zertifikate werden anschließend auf die Clients und den Server verteilt.

Unter Windows ist auf doppelte Backslashes bei Pfadangaben zu achten!

Noch ein kleiner Tipp für Windows-Administratoren: Bei den Pfadangaben zu den Schlüsseln und Zertifikaten muss man unter Windows auf den doppelten Backslash achten, da sonst das Verzeichnis nicht korrekt gefunden wird.

6.5 Hierarchische CAs

Bisher waren alle Zertifikate, sowohl das Zertifikat, das später für einen OpenVPN-Server benutzt werden soll, als auch die Zertifikate für die Clients, direkte »Kinder« des Root-Zertifikats der CA. Dies ist nicht wirklich das, was man will, da so keine Rechteeinteilung vollzogen werden kann – beziehungsweise für verschiedene Berechtigungsstufen jeweils wieder eigene Root-Zertifikate erzeugt werden müssten. Dabei wäre ein Schema wie jenes in Abbildung 6.2 gezeigt wünschenswert.

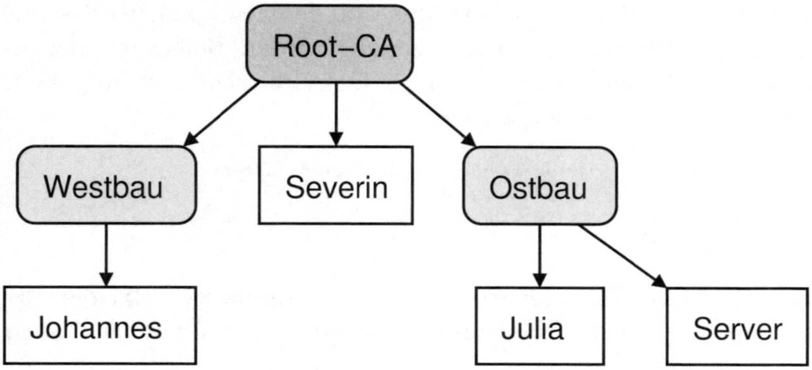

Abbildung 6.2
Schematische Darstellung einer hierarchischen CA

6.5.1 Erstellung der hierarchischen CA

Ein entsprechenden Schema ist mit OpenSSL einfach einzurichten – wenn man weiß, worauf man achten muss, denn leider ist die OpenSSL-Dokumentation an dieser Stelle recht dürftig. Um viele Stunden der Fehlersuche zu vermeiden, wird nun an einem einfachen Beispiel eine hierarchische CA eingerichtet.

Zunächst einmal ein paar Worte zur Topologie: In einer dunkelgrauen Schattierung ist die Root-CA (also ein selbstsigniertes X.509-Zertifikat) dargestellt. Die hellgrau schattierten Kästchen stellen jeweils die Unter-CAs »Ostbau« und »Westbau« – beispielsweise organisatorische Einheiten einer Firma – dar. Die nicht schattierten Kästchen sind Endbenutzerzertifikate, die zur Authentisierung gegenüber einem OpenVPN-Server verwendet werden. Hierbei kommt dem Endbenutzerzertifikat mit dem Titel »Server« die spezielle Bedeutung zu, dass es von dem OpenVPN-Server selbst verwendet wird.

Der Vorteil ist offenkundig: Um neuen Benutzern Zertifikate auszustellen, damit diese sich zum OpenVPN-Server verbinden können, ist nun nicht mehr die Autorisation durch die Root-CA notwendig, sondern die CA »Ostbau« kann bereits CSR signieren und damit zu gültigen Zertifikaten erklären. Damit lässt sich die Rechteverteilung sauberer unterteilen: Die Zertifikate, die von der »Ostbau«-CA unterschrieben sind, werden im »Westbau« nicht anerkannt.

Diese Topologie wird nun Schritt für Schritt erzeugt, angefangen bei der Root-CA. Die Bildschirmausgaben sind jeweils gekürzt, da häufig gleichlautende Protokolle entstehen.

```
# openssl req -new -x509 -newkey rsa:1024 -days 3560
    -keyout root.key -out root.crt -days 3650
```

Damit existiert ein Root-Zertifikat, mit dem wir zunächst das einfache Zertifikat für »Severin« erzeugen werden. Bisher ist alles eine planare Topologie und unterscheidet sich nicht vom Vorgehen, das bereits beschrieben wurde:

```
# openssl req -new -newkey rsa:1024 -keyout severin.key
    -out severin.csr
# openssl ca -cert root.crt -keyfile root.key -in severin.csr
    -out severin.crt
```

Das Zertifikat für »Severin« ist nun einsatzbereit. Bei der Erstellung der CAs »Ostbau« und »Westbau« müssen zunächst auch CSRs erzeugt werden:

```
# openssl req -new -newkey rsa:1024 -keyout ostbau.key
    -out ostbau.csr
# openssl req -new -newkey rsa:1024 -keyout westbau.key
    -out westbau.csr
```

Bis hierhin unterscheidet sich das Vorgehen noch nicht von regulären Endbenutzerzertifikaten. Doch jetzt kommt der eigentliche Signiervorgang, welcher mit den speziellen Extensions »v3_ca« (X.509-Extensions der Version 3 für eine CA) stattfinden muss:

```
# openssl ca -cert root.crt -keyfile root.key -in ostbau.csr
    -out ostbau.crt -extensions v3_ca
# openssl ca -cert root.crt -keyfile root.key -in westbau.csr
    -out westbau.crt -extensions v3_ca
```

An diesem Punkt exisitieren bereits drei CAs und es müssen noch die verbleibenden drei Endbenutzerzertifikate ausgestellt werden:

```
# openssl req -new -newkey rsa:1024 -keyout johannes.key
    -out johannes.csr
# openssl req -new -newkey rsa:1024 -keyout julia.key
    -out julia.csr
# openssl req -new -newkey rsa:1024 -keyout server.key
    -out server.csr
```

Danach werden diese CSRs von den unterschiedlichen CAs signiert:

An dieser Stelle kommentierte Sabine Riechert zum Begriff »schon«: »Ist gut geschrieben, aber wenn ich die Seitenzahl betrachte, dauert das doch ewig.«

```
# openssl ca -cert westbau.crt -keyfile westbau.key
    -in johannes.csr -out johannes.crt
# openssl ca -cert ostbau.crt -keyfile ostbau.key
    -in julia.csr -out julia.crt
# openssl ca -cert ostbau.crt -keyfile ostbau.key
    -in server.csr -out server.crt
```

Und schon steht die Topologie!

Nun ein paar Worte zu dem Parameter `-extensions v3_ca`: In der OpenSSL-Konfigurationsdatei (normalerweise ist das

/etc/ssl/openssl.cnf) werden verschiedene Sektionen angegeben, in welchen X.509-Erweiterungsattribute stehen, die mit in das Zertifikat aufgenommen werden. Der Parameter »x509_extensions« gibt die Standardsektion an, die angenommen wird, falls nichts explizit spezifiziert wird. Dies ist in der Defaultkonfiguration die Sektion »usr_cert«. Wer ein bisschen herunter blättert, wird auch fündig:

```
[ usr_cert ]
basicConstraints = CA:FALSE
nsComment = "OpenSSL Generated Certificate"
subjectKeyIdentifier = hash
authorityKeyIdentifier = keyid,issuer:always
```

»Basic Constraint« definiert in OpenSSL ein Endbenutzer-Zertifikat und keine CA!

Einem normal erstellten Zertifikat wird also das »Basic Constraint« – also die grundlegende Randbedingung – auferlegt, *keine* CA zu sein. Das Zertifikat ist also ein Endbenutzerzertifikat. Unglücklicherweise ist es ein bekanntes Fehlverhalten von OpenSSL, dass auch Endbenutzerzertifikate andere Zertifikate signieren dürfen. Das schlägt aber spätestens bei dem Versuch, solche Zertifikate in OpenVPN zu laden, fehl. Deshalb wird für die Erstellung von CAs die Sektion v3_ca ausgewählt:

```
[ v3_ca ]
basicConstraints = CA:TRUE
subjectKeyIdentifier = hash
authorityKeyIdentifier = keyid:always,issuer:always
```

Das CA-Flag wird durch diese Definition in die Basic Constraints aufgenommen und anschließend akzeptiert OpenVPN das Zertifikat. Die Basic Constraints können übrigens mit folgendem Kommando nach Erzeugung eines Zertifikats nochmals geprüft werden:

```
# openssl x509 -noout -text -in ostbau.crt
[...]
X509v3 extensions:
    X509v3 Subject Key Identifier:
        65:FD:BD:94:A2:B9:C8:7A:81:AA:22:39:2D:4D:82:BD:A0
    X509v3 Authority Key Identifier:
        keyid:62:84:98:F8:2C:E0:22:4B:A4:8C:52:19:39:E3:E9
        DirName:/C=DE/ST=Bayern/O=Alexandrinum/CN=Root CA
        serial:FB:35:FF:2C:58:DA:26:67

    X509v3 Basic Constraints:
        CA:TRUE
```

Und im Gegensatz dazu ein reguläres Endbenutzerzertifikat:

```
# openssl x509 -noout -text -in julia.crt
[...]
X509v3 extensions:
    X509v3 Basic Constraints:
        CA:FALSE
    Netscape Comment:
       OpenSSL Generated Certificate
    X509v3 Subject Key Identifier:
        76:86:49:23:C7:5E:82:C7:0A:5D:CB:3A:33:EC:2D:E7:90
    X509v3 Authority Key Identifier:
        keyid:65:FD:BD:94:A2:B9:C8:7A:81:AA:22:39:2D:4D:82
        DirName:/C=DE/ST=Bayern/O=Alexandrinum/CN=Root CA
        serial:8C
```

Ganz deutlich ist an diesem Zertifikat zu erkennen, dass der zuvor in der Konfigurationsdatei spezifizierte Kommentar tatsächlich in das Zertifikat gelangt.

6.5.2 Verwendung der hierarchischen CA mit OpenVPN

Die Verwendung einer hierarchischen CA birgt nur eine Besonderheit: Da ja nicht nur eine Signatur geprüft werden muss, sondern mehrere, müssen auch mehrere Root-Zertifikate vereinigt werden:

```
# cat ostbau.crt root.crt > root_complete.crt
```

Die Datei »root_complete.crt« kann nun als Root-Zertifikat verwendet werden. Wenn sich nun Teilnehmer »Julia« am OpenVPN-Server anmeldet, wird ihr Zertifikat zunächst gegen »Ostbau« geprüft und dieses wiederum gegen die Root-CA. In der Praxis sieht das folgendermaßen aus:

Hier wird die hierachische CA im Ostbau verwendet!

```
Sat Mar 18 19:36:46 2006 172.17.5.129:32892 TLS: Initial packet from
    172.17.5.129:32892, sid=8b6d7385 9d9eec85
Sat Mar 18 19:36:46 2006 172.17.5.129:32892 VERIFY OK: depth=2,
    /C=DE/ST=Bayern/O=Alexandrinum/CN=Root_CA
Sat Mar 18 19:36:46 2006 172.17.5.129:32892 VERIFY OK: depth=1,
    /C=DE/ST=Bayern/O=Alexandrinum/CN=Ostbau
Sat Mar 18 19:36:46 2006 172.17.5.129:32892 VERIFY OK: depth=0,
    /C=DE/ST=Bayern/O=Alexandrinum/CN=Julia_Maerz
```

Wichtig ist noch zu berücksichtigen, welche Clients auf das VPN einen Zugriff haben dürfen: Das sind sowohl diejenigen Clients, die direkt von der Root-CA ihre Signatur bekommen haben, als auch die, die von »Ostbau« ihre Legitimation beziehen. Somit kann der Client »Severin« sich problemlos zum OpenVPN-Server verbinden:

```
Sat Mar 18 19:40:00 2006 172.17.5.129:32893 TLS: Initial packet from
    172.17.5.129:32893, sid=e3fba5dd 439d004b
Sat Mar 18 19:40:01 2006 172.17.5.129:32893 VERIFY OK: depth=1,
    /C=DE/ST=Bayern/O=Alexandrinum/CN=Root_CA
Sat Mar 18 19:40:01 2006 172.17.5.129:32893 VERIFY OK: depth=0,
    /C=DE/ST=Bayern/O=Alexandrinum/CN=Severin_Strobl
```

Man kann sehen, dass hier nur der direkte Weg zur Root-CA überprüft wird (und werden *kann* – schließlich ist »Severin« nicht von »Ostbau«, sondern direkt von der Root-CA autorisiert worden).

Im Gegensatz dazu darf sich Host »Johannes« nicht zum Server verbinden:

```
Sat Mar 18 19:40:50 2006 172.17.5.129:32893 TLS: Initial packet from
    172.17.5.129:32893, sid=f9d9d34a d74c2ae3
Sat Mar 18 19:40:50 2006 172.17.5.129:32893 VERIFY ERROR: depth=0,
    error=unable to get local issuer certificate:
    /C=DE/ST=Bayern/O=Alexandrinum/CN=Johannes_Bauer
Sat Mar 18 19:40:50 2006 172.17.5.129:32893 TLS_ERROR: BIO read
    tls_read_plaintext error: error:140890B2:SSL routines:
    SSL3_GET_CLIENT_CERTIFICATE:no certificate returned
```

Soll die Autorisation derart eingeschränkt werden, dass tatsächlich nur direkte Nachfahren der »Ostbau«-CA Zugriff auf den OpenVPN-Server haben, so gibt es auch dafür eine Lösung: Die »`tls-verify`«-Option, die in Kapitel 11.3 näher erläutert wird, erlaubt eine sehr umfangreiche Differenzierung, welche Zertifikatspfade akzeptabel sind und welche nicht. Zusätzlich wird natürlich immer noch das Zertifikat auf Gültigkeit überprüft (also beispielsweise gegen eine eventuell angegebene Certificate Revocation List geprüft).

7 Installation

OpenVPN ist eine Software, die auf einer Vielzahl von Betriebssystemen eingesetzt werden kann. Für einige Systeme existieren bereits vorgefertigte Binärpakete, während auf anderen der Sourcecode übersetzt werden muss. Exemplarisch wird in diesem Kapitel die Installation auf Linux, Microsoft Windows, Mac OS X und FreeBSD beschrieben.

Für die Installation von OpenVPN sind in der Regel zwei Schritte erforderlich: Im ersten Schritt muss der notwendige Treiber für die virtuellen Schnittstellen vom Betriebssystem bereitgestellt werden. Der zweite Schritt beinhaltet die eigentliche Installation von OpenVPN.

7.1 Linux

Linux *tun/tap*-Installation

Die Installation der *tun/tap*-Treiber für die virtuellen Netzwerkschnittstellen ist unter Linux meist hinfällig, da fast alle modernen Distributionen einen Kernel verwenden, welcher die notwendige Unterstützung beinhaltet.

Sollte man jedoch trotzdem in die Verlegenheit kommen, sich einen eigenen Kernel bauen zu müssen, so ist unter dem Menü *Device Drivers*, Unterpunkt *Network device support* die Option *Universal tun/tap device driver support* zu aktivieren (siehe Abbildung 7.1). Für den Betrieb von OpenVPN spielt es dabei keine Rolle, ob der Treiber als Modul kompiliert oder fest in den Kern eingebunden wird. Wenn man sich für ein Modul entscheidet, ist lediglich zu beachten, dass es vor dem Start von OpenVPN durch das Kommando

```
server_a#  modprobe tun
```

in den laufenden Kernel eingebunden wird.

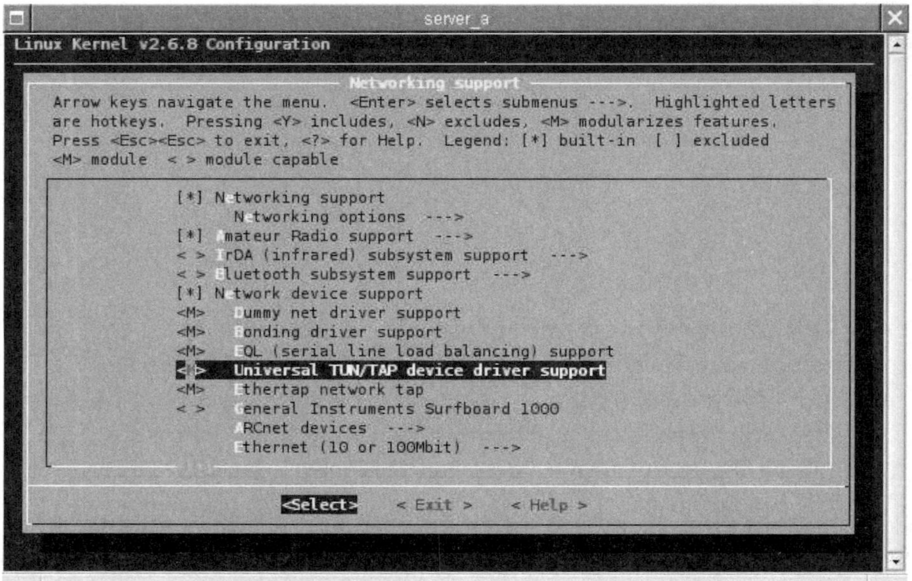

Abbildung 7.1
Auswahl des tun/tap-Treibers im Linux-Kernel 2.6

Wenn die Kernelkonfiguration verändert wurde, muss der Kernel neu kompiliert und gebootet werden, damit die Änderungen in Kraft treten. Typischerweise wird hierzu (in der Kernelversion 2.6) das folgende Kommando benutzt, um sämtliche Module und den Kern selbst zu rekompilieren und zu installieren:

```
server_a#  make bzImage modules modules_install install
```

Nach einem Neustart des Kernels mit *tun/tap*-Unterstützung kann man überprüfen, ob diese auch verfügbar ist: Im Verzeichnisbaum sollte ein (neuer) Eintrag `/sys/class/misc/tun` vorhanden sein.

Wenn der Kernel so weit vorbereitet wurde, muss man entscheiden, ob man OpenVPN selbst kompilieren oder die distributionsabhängige Paketverwaltung nutzen möchte. Da OpenVPN ein populäres Paket ist, bieten so gut wie alle neueren Distributionen ein entsprechendes Paket an – bei Debian Linux beispielsweise genügt ein

```
# apt-get update; apt-get install openvpn
```

während bei einem Gentoo Linux das folgende Kommando verwendet wird:

```
# emerge sync; emerge openvpn
```

oder bei einem Wireless-Router mit OpenWRT der Installationsvorgang durch den Befehl

```
# ipkg update; ipkg install openvpn
```

angestoßen wird.

Manuelle Installation von OpenVPN

Sollte jedoch eine manuelle Installation von OpenVPN gewünscht oder erforderlich sein, lädt man sich zunächst von `http://openvpn.net` die aktuellen Sourcedateien als Archiv herunter. Am Beispiel von OpenVPN 2.0.7 wird nun eine entsprechende Installation beschrieben.

Zuerst wird das Archiv entpackt und der Verzeichnisbaum erstellt:

```
[~]: ls openvpn-2.0.7.tar.gz
-rw-r--r-- 1 joe users 648K 02.03.2006 10:17:25 openvpn-2.0.7.tar.gz
[~]: tar zxf openvpn-2.0.7.tar.gz
[~]: cd openvpn-2.0.7/
[~/openvpn-2.0.7]:
```

Anschließend muss die Konfiguration der Software für den Übersetzungsvorgang durchgeführt werden. Dieser Schritt erfolgt halbautomatisch, da OpenVPN das Werkzeug `automake` verwendet. Der Benutzer muss dazu lediglich das Kommando

```
[~/openvpn-2.0.7]: ./configure
```

ausführen. Es ist an dieser Stelle problemlos möglich, Änderungen an der Standardkonfiguration vorzunehmen oder spezielle Pfade für bestimmte Pakete anzugeben. Die Optionen für solche Modifikationen können mit dem Kommando

```
[~/openvpn-2.0.7]: ./configure --help
```

aufgelistet werden.

Neben der Definition von Umgebungsvariablen und Installationspfaden können mit diesen Optionen auch Eigenschaften von OpenVPN aktiviert oder deaktiviert werden und zusätzlich der Pfad zu benötigten Bibliotheken definiert werden (sofern sich diese nicht in den Standardsuchpfaden der Entwicklungsumgebung befinden). Insbesondere die folgenden Optionen sollten beachtet werden:

- `-disable-lzo` deaktiviert die LZO-Kompression für alle Tunnel.
- `-enable-pthread` erlaubt die Verwendung von Threads innerhalb des OpenVPN-Prozesses. Dadurch können beispielsweise Neuberechnungen der TLS-Schlüssel im Hintergrund durchgeführt werden, ohne aktuelle Übertragungen zu verzögern.
- `-enable-iproute2` nutzt unter Linux die komfortablen Möglichkeiten der `iproute2`- Schnittstelle für die Konfiguration der Tunnel.
- `-disable-plugins` deaktiviert die Verwendung von Plugins.

Für die Übersetzung von OpenVPN sollten

- die OpenSSL-Bibliothek von `http://www.openssl.org/` in einer aktuellen Version,
- die *LZO real-time compression library* für Kompression des Tunnelverkehrs (`http://www.oberhumer.com/opensource/lzo/`)
- und eine Bibliothek für POSIX-Threads (pthreads)

auf dem System vorhanden sein oder gegebenenfalls nachinstalliert werden.

Nachdem das Paket passend konfiguriert ist, kann es per

```
[~/openvpn-2.0.7]: make
```

`make` *ist ein bekanntes Entwicklungswerkzeug auf Unix-Systemen.*

übersetzt werden. War der Vorgang erfolgreich, so wechselt man per `su` auf den Superuser-Benutzer (normalerweise `root`) und installiert das Paket mit

```
[~/openvpn-2.0.7]: make install
```

Anschließend steht OpenVPN auf dem System zur Verfügung.

7.2 Windows

OpenVPN ist als plattformunabhängige VPN-Lösung auch für Windows-Systeme verfügbar. Dabei unterstützt es alle Windows-Versionen seit Windows 2000. Frühere Versionen wie Windows 95 und Windows 98 werden nicht unterstützt. Neben der Installation von OpenVPN in der Kommandozeilenvariante gibt es eine sehr schöne grafische Integration in den Windows- Desktop, *OpenVPN GUI*.

7.2.1 Windows-Installation mit OpenVPN GUI

Als grafische Oberfläche für Windows bietet sich *OpenVPN GUI* an. Auf der Homepage des Projektes gibt es komplette Pakete, welche den Netzwerktreiber, OpenVPN, die notwendigen Bibliotheken, OpenVPN GUI und eine Reihe weiterer nützlicher Werkzeuge gleich mitbringen.

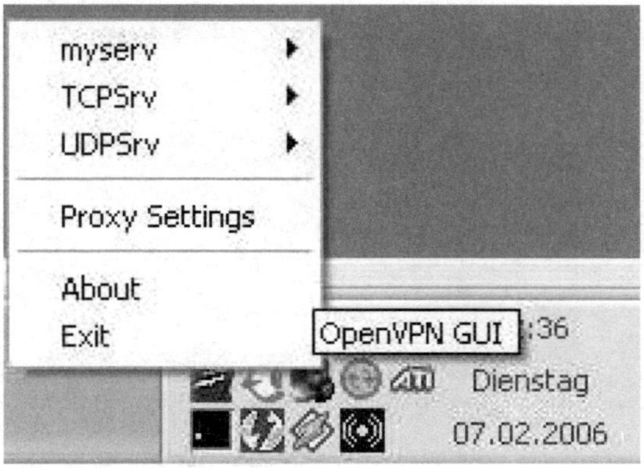

Abbildung 7.2
OpenVPN GUI im Systray von Windows

Nach der Installation meldet sich OpenVPN GUI mit einem Symbol in der Taskleiste und ein weiterer Dienst, *OpenVPNService*, steht in der Verwaltung von Windows zu Verfügung. Durch das Öffnen des Kontextmenüs dieser *Systray*-Anwendung, werden die verfügbaren OpenVPN-Konfigurationen zur Auswahl angeboten. Die von OpenVPN unter Windows verwendeten Konfigurationsdateien werden im Ordner `OpenVPN\config` abgelegt und erhalten die Dateierweiterung `.ovpn`. Diese Konfigurationen lassen sich im Explorer direkt über das Dateikontextmenü verwenden oder über die Systray-Anwendung laden.

Alle Konfigurationen, die sich im Ordner `config` befinden, werden von OpenVPN GUI automatisch erkannt und als ladbare Konfiguration angeboten. Für jede anhand des Kontextmenüs gestartete Konfiguration wird ein eigener OpenVPN-Prozess erzeugt. Somit ist es durchaus möglich, verschiedene Konfigurationen über die grafische Schnittstelle gleichzeitig zu starten und zu beobachten. Sollte ein OpenVPN-Prozess mit Fehlermeldungen unerwartet abbrechen, kann über das Menü der Anwendung die Protokolldatei betrachtet werden.

7.2.2 *tun/tap*-Treiber für Windows

Unter Windows bringt das Projekt `tap-Win32` sowohl Unterstützung für *tun*- als auch *tap*-Devices. Bei der Konfiguration von OpenVPN kann angegeben werden, ob sich das verwendete (virtuelle) Netzwerkinterface im *tun*- oder im *tap*-Modus befindet, da Windows keine Trennung durch unterschiedliche Gerätenamen macht. Der Treiber ist im OpenVPN GUI Installer bereits mit enthalten und registriert eine erste Netzwerkschnittstelle für die Benutzung mit OpenVPN.

Abbildung 7.3 *Virtuelle Netzwerkinterfaces unter Windows*

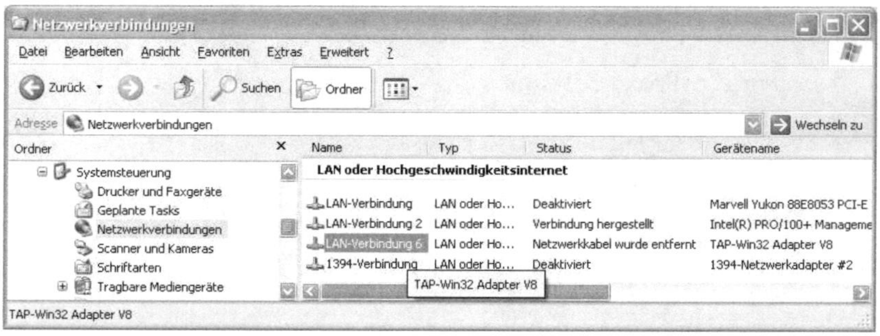

Da für jede ausgehende Clientverbindung und für jede laufende Serverinstanz eine *tap*-Schnittstelle benötigt wird, kann es notwendig sein, entsprechend viele Schnittstellen anzulegen. Über das Windows-Menü *Start - Programme - OpenVPN - Add a new TAP-Win32 virtual ethernet adapter* besteht die Möglichkeit, beliebig viele *tap*-Interfaces nach Bedarf anzulegen. Mit *Delete* kann man alle so erzeugten Schnittstellen auf einmal löschen.

Für die angelegten *tap*-Schnittstellen lassen sich verschiedene Konfigurationsparameter einstellen, indem man die Eigenschaften eines *tap*-Adapters selektiert. Daraufhin wird der Dialog »Eigenschaften von Netzwerkverbindungen« geöffnet, worin sich Protokolleinstellungen vornehmen lassen, um zum Beispiel eine IP-Adresse zu konfigurieren.

7.2.3 OpenVPN-Windows-Dienst

Um OpenVPN auf Windows-Systemen als Dienst verwenden zu können, muss der *OpenVPN Service Wrapper* installiert sein. Dieser kapselt den OpenVPN-Prozess in einen Windows-Dienst. Der *OpenVPN Service Wrapper* ist nur im OpenVPN- GUI-Paket enthalten. Wenn man ein dediziertes Windows-System als OpenVPN-Server zur Verfügung stellen möchte, muss man in den Eigenschaften dieses Dienstes den Starttyp auf *Automatisch* einstellen. Dadurch wird ein automatischer Start von OpenVPN beim Hochfahren des Computers möglich.

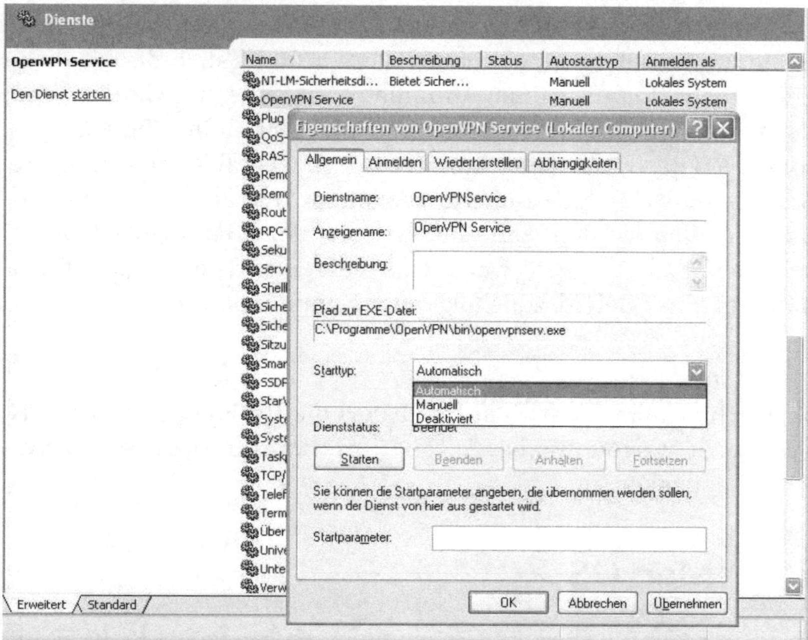

Abbildung 7.4
Eigenschaften des OpenVPN-Dienstes

Beim automatischen Start des Dienstes OpenVPN sucht dieser nach allen vorhandenen Konfigurationen, die im `OpenVPN\config`-Verzeichnis abgelegt sind, und startet für jede einzelne jeweils eine OpenVPN-Instanz. Da normale Benutzer ohne Administratorrechte normalerweise keinen Zugriff auf den Dienst haben, kann es vorkommen, dass OpenVPN nur von Administratoren verwendet werden kann. Möglichkeiten zum Betrieb von OpenVPN ohne privilegierte Rechte werden im nächsten Abschnitt dargestellt.

7.2.4 Automatischer Start von OpenVPN ohne Administratorrechte

Ein Nachteil des automatischen Starts von OpenVPN als Dienst liegt darin, dass es nicht möglich ist, ein verschlüsseltes Zertifikat zu benutzen, da kein Passwort-Prompt erscheint. Folglich ist man gezwungen, unverschlüsselte *Private Keys* zu verwenden. Es gibt allerdings noch eine interessante Alternative: das Importieren des Passwortes in den Microsoft Certificate Store und die Angabe der

Option `-cryptoapicert`. Hierbei sollte man bedenken, dass der OpenVPN Service unter dem *System* Account läuft, daher müssen der Schlüssel und das Zertifikat in den MS Certificate Store des Systemkontos importiert werden.

Wenn man OpenVPN nicht als Dienst mit allen Konfigurationen automatisch starten möchte, dann besteht auch die Möglichkeit, einem Benutzer ohne Administratorrechte zu erlauben, den Dienst zu starten und zu beenden. Dazu gibt es im *Windows Resource Kit* das Programm `subinacl.exe`. Das *Windows Resource Kit* kann auf der Microsoft-Homepage im Download-Bereich heruntergeladen werden. Um zum Beispiel dem Benutzer Klaus zu erlauben, den OpenVPN Service zu starten und zu stoppen, führt man auf einer Befehlszeile folgendes Kommando aus:

An dieser Stelle fragt sich der Autor Klaus, welcher üblicherweise mit Linux oder FreeBSD arbeitet, warum der Autor Albi ihn hier als Beispiel gebracht hat ...

```
subinacl /SERVICE "OpenVPNService" /GRANT=klaus=TO
```

Dadurch bekommt der Benutzer Klaus die Rechte, den OpenVPN Service zu starten und bei Authentifizierungsanfragen sein Passwort einzugeben.

7.3 Mac OS X

In diesem Kapitel wird eine Beispielinstallation von OpenVPN auf Mac OS X 10.4 durchgeführt. Für den Mac gibt es ein fertig geschnürtes Installationspaket `OpenVPN.dmg`, welches von `http://www2.uni-klu.ac.at/support/ZidConnectWireless` heruntergeladen werden kann. Für die *tun/tap*-Unterstützung, die elementar für die Funktion von OpenVPN ist, muss auch unter Mac OS X ein Treiber installiert sein. Hierzu findet man neben dem Installationspaket von OpenVPN ein weiteres Paket: `tuntap_tiger.tar`. Für die Installation wird empfohlen, das `OpenVPN.dmg`-Paket zu verwenden, da es auf manchen Systemen mit dem Komplettpaket `OpenVPN-Complete.mpkg` Probleme geben kann. Mac OS X lässt normale Benutzer nicht als `root` arbeiten, jedoch systemnahe Softwarekomponenten installieren – daher fragt das Setup an benötigter Stelle nach dem Passwort des Systemverwalters.

Nach dem Setup steht OpenVPN als Kommandozeilenprogramm zur Verfügung. Die korrekte Installation kann in einer Shell überprüft werden, indem man sich einfach die Versionsinformation ausgeben lässt:

Abbildung 7.5 *Das Setup installiert OpenVPN mit einem Wizard unter Mac OS X Tiger.*

```
# /usr/local/sbin/openvpn --version
   OpenVPN 2.0_rc7 powerpc-apple-darwin7.7.0 [SSL] [LZO] built
       on Jan 13 2005
   Developed by James Yonan
   Copyright (C) 2002-2005 OpenVPN Solutions LLC <info@openvpn.net>
```

Zur Installation des *tun/tap*-Treibers muss das heruntergeladene Tar-Archiv entpackt und der Installer gestartet werden.

Nach der Installation sind die Devices `/dev/tun0` und `/dev/tap0` durch entsprechende Kernel-Extensions definiert. Ein mitinstalliertes Startup-Item sorgt für das automatische Laden der Kernel-Extensions beim Bootvorgang. Anschließend kopiert man die OpenVPN-Konfigurationsdatei auf das Mac-System und startet als `root` OpenVPN.

```
# /usr/local/sbin/openvpn --config MacClient.conf
```

Um die Verbindung zu überprüfen, kann man sich mit `ifconfig`, `netstat` und `ping` die aktuellen Netzwerkfunktionen anzeigen lassen.

```
# /sbin/ifconfig
   ...
   tun0: flags=8851<UP,POINTOPOINT,RUNNING,SIMPLEX,MULTICAST> mtu 1500
        inet 192.168.42.130 --> 192.168.42.129 netmask 0xffffffff
        open (pid 2200)
   ...

   netstat -nr
```

```
...
192.168.10          192.168.42.129   UGSc     1      0    tun0
192.168.11          192.168.42.129   UGSc     0      0    tun0
192.168.41          192.168.42.129   UGSc     0      0    tun0
192.168.42          192.168.42.129   UGSc     1      0    tun0
192.168.42.129      192.168.42.130   UH       6      0    tun0
...

schrotti-wlan:~ wolfgang$ ping 192.168.10.253
PING 192.168.10.253 (192.168.10.253): 56 data bytes
64 bytes from 192.168.10.253: icmp_seq=0 ttl=64 time=88.530 ms
64 bytes from 192.168.10.253: icmp_seq=1 ttl=64 time=86.052 ms

--- 192.168.10.253 ping statistics ---
2 packets transmitted, 2 packets received, 0% packet loss
round-trip min/avg/max/stddev = 86.052/87.291/88.530/1.239 ms
```

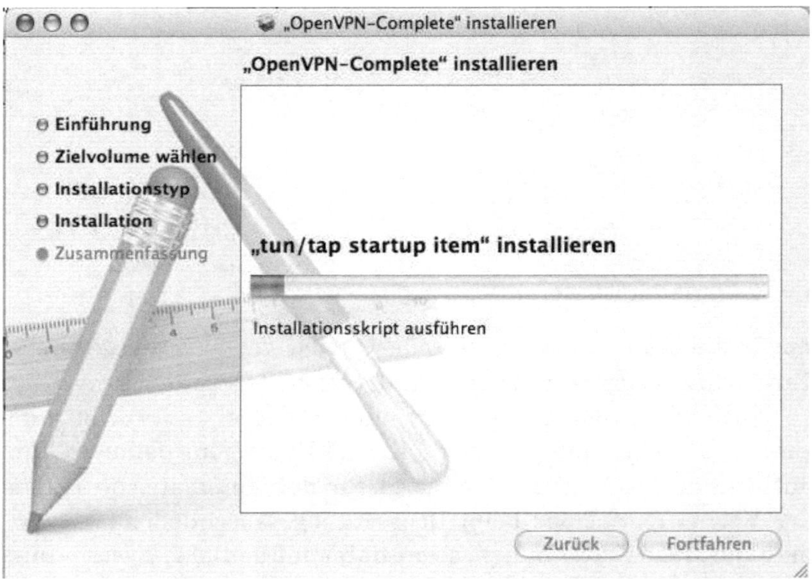

Abbildung 7.6
Die Installation des tun/tap-Treibers ist ebenfalls über einen Wizard möglich.

7.4 BSD-basierte Systeme

Aufgrund der nahen Verwandtschaft zwischen OpenBSD, NetBSD und FreeBSD wird im Folgenden die Installation auf dem Betriebssystem FreeBSD beschrieben (bei den anderen Betriebssystemen sollte der Vorgang im Großen und Ganzen recht ähnlich sein).

Bei FreeBSD gilt das Augenmerk den beiden derzeitigen Versionen aus dem Release 5 (5.4) und dem Release 6 (6.0). Beide Versionen haben bereits binäre OpenVPN-Pakete in ihren Standard-

Software-Repositories (Ports), welche aber nicht unbedingt der aktuell stabilen Version von OpenVPN entsprechen. Darüber hinaus gilt es zu klären, welche Eigenschaften der FreeBSD-Kernel haben muss, um erfolgreich mit OpenVPN arbeiten zu können.

FreeBSD 5.4

FreeBSD 5.4 enthält OpenVPN in der Version 1.6 (siehe Abbildung 7.7).

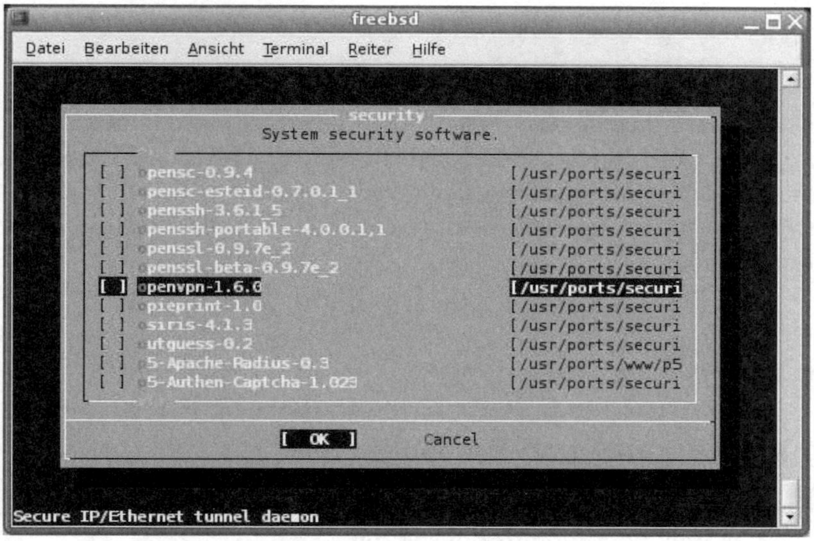

Abbildung 7.7
FreeBSD 5.4 hat ein vorkonfiguriertes OpenVPN 1.6

Es lassen sich mit dieser Version zwar verschlüsselte Tunnel aufbauen, jedoch ist sie bei weitem nicht mehr auf dem neuesten Stand und es sollte daher eine aktuellere verwendet werden.

Für die Installation einer neueren Version (wie beispielsweise 2.0.x) muss lediglich darauf geachtet werden, dass die notwendigen Bibliotheken für die Übersetzung vorhanden sind. Dazu zählt zum Beispiel LZO für die Kompression (*lzo-1.08_1*). Deren Installation kann problemlos mit Hilfe von `sysinstall` durchgeführt werden.

Wenn die Voraussetzungen erfüllt sind, kann OpenVPN auf dem traditionellen Weg übersetzt werden:

```
freebsd54# ./configure --with-lzo-lib=/usr/local/lib
    --with-lzo-headers=/usr/local/
```

Nach einer anschließenden Übersetzung mit dem Kommando `make` kann die Software durch den Aufruf von `make install` installiert werden. Sofern dem Kommando `configure` kein anderes

Präfix übergeben wurde, wird als Installationsziel das Verzeichnis `/usr/local/bin` für OpenVPN gewählt. Nun stehen aber noch keine OpenVPN-Plugins zur Verfügung, diese müssen separat übersetzt werden.

FreeBSD 6.0

FreeBSD 6.0 (als jüngstes Release zum Zeitpunkt der Manuskripterstellung) hat in seinen Ports bereits die Version 2.0.1 von OpenVPN.

7.4.1 Virtuelle Interfaces

Der Standardkernel von FreeBSD unterstützt von Haus aus bereits die *tun*-Interfaces, die sicherlich durch OpenVPN-Benutzer am häufigsten benutzt werden. Wenn jedoch *tap*-Interfaces verwendet werden, muss das entsprechende Kernelmodul mit dem Kommando

```
kldload if_tap
```

geladen werden.

7.4.2 Routing und Bridging

Generell gilt bei FreeBSD, dass für das Weiterleiten (Forwarden) von Paketen die Konfigurationsoption

```
gateway_enable="YES"
```

in der Datei `/etc/rc.conf` gesetzt sein muss. Andernfalls ist für VPN-Clients ausschließlich ein Zugriff auf den OpenVPN-Server möglich.

Beim Bridging gibt es für FreeBSD zwei verschiedene Möglichkeiten, da FreeBSD hierfür unterschiedliche Kernelmodule zur Verfügung stellt: `bridge` und `if_bridge`.

Die historische Variante: `bridge`

Die vom Kernelmodul `bridge` bereitgestellte Funktionalität beschränkt sich rein auf die Verknüpfung zweier Schnittstellen und bietet darüber hinaus keine besonderen Features. Diese Schnittstelle unterstützt somit auch kein *Spanning Tree Protocol* und kann sich bei redundanten Pfaden durchaus als Quelle eines

Loops herausstellen. Beim Einsatz dieser Schnittstelle sollte demnach auch auf die bestehende Topologie geachtet werden.

Für die Verwendung des Moduls sind folgende Schritte zu beachten:

- Es müssen die notwendigen Module geladen werden:

```
root@freebsd6-vm# kldload if_tap
root@freebsd6-vm# kldload bridge
```

- Über die *sysctl*-Schnittstelle muss dem System mitgeteilt werden, dass Bridging generell erlaubt ist:

```
root@freebsd6-vm# sysctl net.link.ether.bridge.enable=1
```

- Anschließend muss definiert werden, welche Interfaces am Bridging beteiligt sein sollen:

```
root@freebsd6-vm# sysctl net.link.ether.bridge.config=lnc0,tap0
```

  In diesem Falle sind das also die Ethernet-Schnittstelle `lnc0` und die virtuelle Schnittstelle `tap0`.

Die moderne Variante: `if_bridge`

Beim Bridging ist es ratsam, das modernere Kernelmodul `if_bridge` zu verwenden, da es mehr Optionen bietet.

Die modernere Variante für Bridging wird durch das Kernelmodul `if_bridge` bereitgestellt und bietet erheblich mehr Funktionen als die alte, rudimentäre Variante. Dieses Modul stellt eine neue Interfaceklasse vom Typ *bridge* bereit, die sich über das Kommando `ifconfig` administrieren lässt. Für die Verwendung dieses Verfahrens sind folgende Schritte notwendig:

- Es müssen wieder die passenden Kernelmodule geladen werden:

```
root@freebsd6-vm# kldload if_tap
root@freebsd6-vm# kldload if_bridge
```

- Anschließend muss ein neues Bridge-Interface vom System erzeugt werden, zum Beispiel das Interface `bridge0`:

```
root@freebsd6-vm# ifconfig bridge0 create
```

  Der erfolgreiche Abschluss dieses Vorgangs lässt sich durch das Kommando *ifconfig* nochmals bestätigen:

```
freebsd6-vm# ifconfig -a
lnc0: flags=108843<UP,BROADCAST,RUNNING,SIMPLEX,MULTICAST,
     NEEDSGIANT> mtu 1500
      inet6 fe80::20c:29ff:fecb:5440%lnc0 prefixlen 64
      scopeid 0x1 inet 192.168.10.160 netmask 0xffffff00
      broadcast 192.168.10.255 ether 00:0c:29:cb:54:40
plip0: flags=108810<POINTOPOINT,SIMPLEX,MULTICAST,
     NEEDSGIANT> mtu 1500
```

```
lo0: flags=8049<UP,LOOPBACK,RUNNING,MULTICAST> mtu 16384
      inet6 ::1 prefixlen 128
      inet6 fe80::1%lo0 prefixlen 64 scopeid 0x3
      inet 127.0.0.1 netmask 0xff000000
bridge0: flags=8000<MULTICAST> mtu 1500
      ether ac:de:48:85:d9:fc
      priority 32768 hellotime 2 fwddelay 15 maxage 20
freebsd6-vm#
```

- Nun müssen noch die Interfaces definiert werden, die am Bridging teilnehmen sollen, wie zum Beispiel `lnc0` als physikalisches und `tap0` als virtuelles Interface. Diese werden über den Parameter `addm` (*add member*) des Kommandos `ifconfig` definiert:

```
freebsd6-vm# ifconfig bridge0 addm tap0
freebsd6-vm# ifconfig bridge0 addm lnc0
```

Hierbei ist zu beachten, dass das Interface `tap0` erst dann zur Bridge hinzugefügt werden kann, wenn es vom OpenVPN-Prozess erzeugt wurde!

- Anschließend kann der Status, insbesondere die vorhandenen Interfaces (*members*), nochmals überprüft werden:

```
freebsd6-vm# ifconfig bridge0
bridge0: flags=8000<MULTICAST> mtu 1500
        ether ac:de:48:85:d9:fc
        priority 32768 hellotime 2 fwddelay 15 maxage 20
        member: tap0 flags=3<LEARNING,DISCOVER>
        member: lnc0 flags=3<LEARNING,DISCOVER>
freebsd6-vm#
```

Da im obigen Beispiel die beiden Interfaces `lnc0` und `tap0` wunschgemäß als Mitglieder der Bridge aufgelistet werden, sollte nun einem erfolgreichen Bridging nichts im Wege stehen.

8 Aufbau einer Verbindung

Wer in der IT tätig ist, wird in der Regel mehr als einmal in seinem Leben mit Lehrbüchern über die eine oder andere Programmiersprache konfrontiert. Häufig sind solche Bücher recht unterschiedlich, aber ein gemeinsamer Nenner ist doch meistens zu finden: Es gibt in der Regel ein ganz simples Programmierbeispiel, das nichts anderes macht, als ein `Hello World!` zu schreiben. Nun denn, was Programmierer können, das schaffen Netzwerker natürlich auch: In diesem Kapitel wird beschrieben, wie im Rahmen einer einfachen Konfiguration ein erster Tunnel aufgebaut wird, gewissermaßen ein `Hello Network!`.

8.1 Der erste OpenVPN-Tunnel: `Hello Network!`

Was wird für den ersten Tunnel benötigt? In Kapitel 5 wurde bereits Folgendes genannt:

- virtuelle Netzwerkschnittstellen
- Zertifikate

Selbstverständlich ist das noch nicht ausreichend, denn es müssen noch Fragen zur Architektur gestellt werden:

- Welches Protokoll (TCP/UDP) und welcher Port sollen verwendet werden?
- Soll eine *Point-to-Point-* oder *Server-Mode*-Konfiguration verwendet werden?

Im weiteren Verlauf dieses Kapitels werden diese Gesichtspunkte anhand von Beispielen erläutert. Daher werden im Folgenden die beiden Hosts `host_gelb` und `server_a` der fiktiven Firma *VPN Company* vorgestellt:

- `server_a` ist in diesem und den folgenden Beispielen ein VPN-Server und soll diversen VPN-Clients einen Zugang bereitstellen. Über diesen Server besteht die Möglichkeit, Zugriff auf weitere Ressourcen der *VPN Company* zu erhalten, die selbstverständlich durch zusätzliche Maßnahmen geschützt sind.
- `host_gelb` ist einer von mehreren Clients, die mit Hilfe von VPN-Tunneln zu `server_a` Zugriff auf Ressourcen der *VPN Company* erhalten möchten.

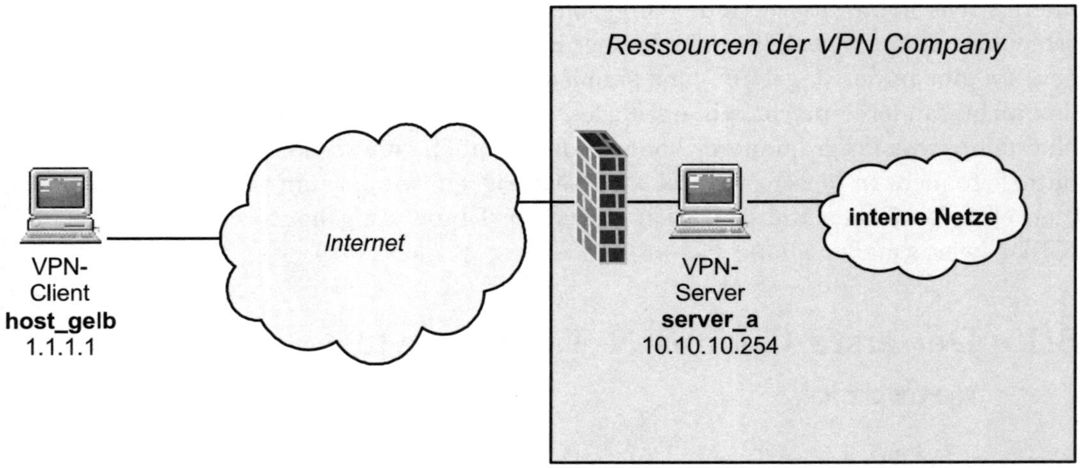

Abbildung 8.1
Ein typisches Beispiel der VPN Company

Um den Administrationsaufwand gering zu halten, wird eine Point-to-Multipoint-Konfiguration verwendet. Ferner soll der OpenVPN-Prozess auf dem UDP-Port 1194 lauschen, was den typischen Kommunikationsparametern von OpenVPN entspricht. Zur Vereinfachung wird zu Beginn davon ausgegangen, dass auf `server_a` und `host_gelb` Linux als Betriebssystem installiert ist (im weiteren Verlauf des Buches werden sich noch andere Betriebssysteme hinzugesellen).

Zusätzlich wird eine Authentifizierung auf der Basis von Zertifikaten durchgeführt, da diese Konfiguration von weiteren Clients verwendet werden soll. Entsprechend sollen diese Clients durch eigene Zertifikate identifiziert werden. Der Einsatz von Preshared Keys wird beispielsweise in den Kapiteln 9.1 und 12.2 demonstriert.

8.1.1 Erstellen der Zertifikate

In Kapitel 6.4 wurde bereits beschrieben, mit welchen Werkzeugen eine CA und die notwendigen Zertifikate erstellt werden können. Da dies bereits bekannt ist, wird nun davon ausgegangen, dass folgende Zertifikate vorhanden sind:

- Die so genannte Root-CA ist vorhanden und hat als CommonName *VPN_Company_Master_CA*.
- Das Zertifikat des Servers `server_a` ist von der Root-CA signiert und hat den CommonName *company_server_a*.
- Das Zertifikat des Clients `host_gelb` ist von der Root-CA signiert und hat den CommonName *VPN_Client_host_gelb*.

Die entsprechend ausgestellten Zertifikatdateien seien auf den Maschinen bereits vorhanden.

8.1.2 Installation und Konfiguration des VPN-Servers

In den folgenden Abschnitten wird vorausgesetzt, dass auf dem verwendeten Server `server_a` als Betriebssystem Linux in Form von Debian GNU/Linux eingesetzt wird. Auf diesem System wird OpenVPN durch folgendes Kommando installiert:

Wie immer bei solchen Beispielen gilt: Es sollte sich auch problemlos sowohl auf andere Distributionen als auch auf andere Betriebssysteme anpassen lassen ...

```
server_a:~# apt-get install openvpn
Reading Package Lists... Done
Building Dependency Tree... Done
The following NEW packages will be installed:
  openvpn
0 upgraded, 1 newly installed, 0 to remove and 40 not upgraded.
Need to get 303kB of archives.
After unpacking 778kB of additional disk space will be used.
Get:1 http://security.debian.org stable/updates/main openvpn 2.0-1s
    arge2 [303kB]
Fetched 303kB in 9s (32.0kB/s)
Preconfiguring packages ...
Selecting previously deselected package openvpn.
(Reading database ... 19628 files and directories currently install
    ed.)
Unpacking openvpn (from .../openvpn_2.0-1sarge2_i386.deb) ...
Setting up openvpn (2.0-1sarge2) ...
Restarting virtual private network daemon:.

server_a:~#
```

[Anmerkung: Wer Debian GNU/Linux bereits kennt, der kann anhand des Protokolls sehen, dass für die Software schon ein *Security Update* vorhanden war, das automatisch vom Repository des Servers *security.debian.org* genommen wurde.]

Nach der erfolgreichen Installation der Software geht es in den nächsten Schritten um deren Konfiguration. Ein geeigneter Ort für die Konfigurationsdateien ist das Verzeichnis `/etc/openvpn`. Hier wird die Datei `tunnel_server_1194.conf` angelegt, die in Abbildung 8.2 dargestellt ist.

Abbildung 8.2 *Eine einfache Konfigurationsdatei von* `server_a`

```
;------------------------------
; TLS / Keys
;------------------------------
ca /etc/openvpn/keys/VPN_Company_Master_CA.crt
cert /etc/openvpn/keys/company_server_a.crt
key /etc/openvpn/keys/company_server_a.pem
dh /etc/openvpn/keys/dh1024.pem

;------------------------------
; Netzwerkeinstellungen
;------------------------------
port 1194
proto udp
dev tun0

;------------------------------
; Server Mode
;------------------------------
mode server
server 172.16.30.0 255.255.255.0

;------------------------------
; Tunneloptionen
;------------------------------
keepalive 10 120

;------------------------------
; Logging
;------------------------------
status openvpn-status.log
verb 3
```

Zum leichteren Verständnis wird nun die Konfiguration näher betrachtet, wobei die notwendigen Parameter für das Zertifikats- und Schlüsselmanagement den Anfang bilden:

```
;-----------------------------
; TLS / Keys
;-----------------------------
ca /etc/openvpn/keys/VPN_Company_Master_CA.crt
cert /etc/openvpn/keys/company_server_a.crt
key /etc/openvpn/keys/company_server_a.pem
dh /etc/openvpn/keys/dh1024.pem
```

Für die Verwendung der Zertifikate müssen folgenden Objekte in der Konfigurationsdatei eingetragen sein:

- `ca` definiert, wo der OpenVPN-Prozess das Zertifikat der Zertifizierungsstelle findet – in diesem Beispiel in der Datei `keys/VPN_Company_Master_CA.crt`. Anhand dieses Zertifikats lässt sich die Echtheit der Zertifikate derjenigen Clients überprüfen, die eine Verbindung mit dem OpenVPN-Server aufnehmen möchten.

- `cert` legt fest, in welcher Datei der OpenVPN-Prozess sein eigenes Zertifikat findet, mit dem er sich anderen Instanzen gegenüber ausweist.
- `key` gibt an, wo der Prozess seinen eigenen, zum Zertifikat passenden Schlüssel findet.
- Über den Parameter `dh` werden dem OpenVPN-Prozess die notwendigen Diffie-Hellmann-Parameter übergeben. Das Diffie-Hellman-Verfahren [28] wird zur Aushandlung und Übermittlung neuer Schlüssel eingesetzt.

Der anschließende Abschnitt definiert die netzwerkspezifischen Einstellungen, die für den OpenVPN-Prozess gelten sollen. In diesem Beispiel wird definiert, dass der Prozess an den UDP-Port 1194 gebunden werden soll und als Schnittstelle zum Betriebssystem das Interface `tun0` zu verwenden ist.

```
;------------------------------
; Netzwerkeinstellungen
;------------------------------
port 1194
proto udp
dev tun0
```

Point-to-Multipoint: `mode server`

Nun folgt die Definition der Betriebsart, in unserem Fall die Variante *Server Mode*, welche durch das Kommando `mode server` definiert wird:

```
;------------------------------
; Server Mode
;------------------------------
mode server
server 172.16.30.0 255.255.255.0
```

Die anschließende Option `server 172.16.30.0 255.255.255.0` öffnet dem OpenVPN-Prozess den Adressbereich, der für die Clients verwendet werden darf. Hierbei benutzt der Serverprozess grundsätzlich die erste Adresse aus dem Pool, in diesem Fall die `172.16.30.1`.

Als Nächstes wird ein Parameter definiert, der wichtig ist, wenn sich auf dem (unter Umständen recht langen) Pfad zwischen Client und Server ein oder mehrere Firewalls befinden:

```
;-----------------------------
; Tunneloptionen
;-----------------------------
keepalive 10 120
```

Hierzu sollte man wissen, das Firewalls heutzutage in der Regel bemüht sind, Pakete einer Kommunikationsbeziehung nur dann zu akzeptieren, wenn sich die Verbindung in einem gültigen Zustand befindet. Bei TCP-Verbindungen ist das überhaupt kein Problem, denn im TCP sind verschiedene Zustände und die jeweils möglichen Zustandsübergänge eindeutig definiert. Firewalls überprüfen daher den bestehenden Zustand einer Verbindung und entscheiden anhand dessen, ob ein zugehöriges Paket weitergeleitet oder verworfen wird.

Da UDP ein zustandsloses Protokoll ist, behelfen sich die Firewalls hier meist mit einem Schwellwert für die maximale Inaktivitätsdauer einer Verbindung – einem so genannten *Idle Timer*. Üblicherweise wird ein erster UDP-Verbindungsaufbau zu einem definierten Port akzeptiert. Wenn aber für einen Zeitraum, der größer als der definierte Idle Timer ist, keine Aktivität auf dieser Verbindung stattfindet, dann werden Antwortpakete nicht mehr akzeptiert. Aus diesem Grund wird in diesem Beispiel mit der Option `keepalive` alle 10 Sekunden über den OpenVPN-Kontrollkanal ein *ping*-Paket geschickt, um auf diese Weise periodisch Pakete über die UDP-Verbindung zu transportieren. Als zusätzlichen Effekt wird mit dieser Option auch der andere Tunnelendpunkt über die »eigene « Verfügbarkeit informiert (siehe auch Kapitel 8.5).

keepalive

Abschließend wird in der Konfiguration noch definiert, in welcher Datei OpenVPN seine Statuswechsel protokollieren soll und wie detailliert das Logging sein soll:

```
;-----------------------------
; Logging
;-----------------------------
status openvpn-status.log
verb 3
```

Nun ist der OpenVPN-Server für einen ersten Test ausreichend konfiguriert und kann gestartet werden. Hierzu wird das folgende Kommando eingegeben und die entsprechenden Ausgaben erscheinen auf der Konsole:

```
server_a:/etc/openvpn# openvpn --config tunnel_server_1194_setup01.
    conf
Sat Jan  7 20:07:55 2006 OpenVPN 2.0 i386-pc-linux [SSL] [LZO] [EPO
    LL] built on Nov  3 2005
Sat Jan  7 20:07:55 2006 Diffie-Hellman initialized with 1024 bit k
    ey
Sat Jan  7 20:07:55 2006 TLS-Auth MTU parms [ L:1541 D:138 EF:38 EB
```

```
    :0 ET:0 EL:0 ]
Sat Jan  7 20:07:55 2006 TUN/TAP device tun0 opened

Sat Jan  7 20:07:55 2006 ifconfig tun0 172.16.30.1 pointopoint 172.
    16.30.2 mtu 1500
Sat Jan  7 20:07:55 2006 route add -net 172.16.30.0 netmask 255.255
    .255.0 gw 172.16.30.2
Sat Jan  7 20:07:55 2006 Data Channel MTU parms [ L:1541 D:1450 EF:
    41 EB:4 ET:0 EL:0 ]
Sat Jan  7 20:07:55 2006 UDPv4 link local (bound): [undef]:1194
Sat Jan  7 20:07:55 2006 UDPv4 link remote: [undef]
Sat Jan  7 20:07:55 2006 MULTI: multi_init called, r=256 v=256
Sat Jan  7 20:07:55 2006 IFCONFIG POOL: base=172.16.30.4 size=62
Sat Jan  7 20:07:55 2006 Initialization Sequence Completed
```

Der OpenVPN-Prozess hat entsprechend der Konfigurationsdatei die Parameter aktiviert und auch akzeptiert, was durch die folgende Meldung ersichtlich ist:

```
Sun Jan  1 18:46:54 2006 Initialization Sequence Completed
```

Die Meldung bedeutet, dass die Syntax der Konfigurationsdatei korrekt ist, alle angegebenen Parameter ausreichend konfiguriert sind und der Prozess auf Anfragen von Clients wartet. Ferner arbeitet er in einer Point-to-Multipoint-Konfiguration (`MULTI: multi_init called`) und kann maximal 62 Clients jeweils über ein Subnet mit der Netzmaske 255.255.255.252 anbinden (`IFCONFIG POOL: base=172.16.30.4 size=62`).

8.1.3 Clientkonfiguration

Damit der OpenVPN-Server nicht lange auf Clients warten muss, soll nun `host_gelb` eine Verbindung zu ihm aufbauen. Seine Konfiguration ähnelt in unserem ersten Beispiel anfänglich der Konfiguration des Servers. Wie zu Beginn des Kapitels 8.1 bereits erwähnt, wird für `host_gelb` ebenfalls angenommen, dass er Linux verwendet. Der Einfachheit halber wird wiederum davon ausgegangen, dass es auch Debian GNU/Linux ist, das heißt, ein einfaches Aufrufen des Kommandos

Das mächtige Verwaltungswerkzeug `apt` lässt sich auf RPM-basierten Distributionen installieren!

```
host_gelb:~# apt-get install openvpn
```

reicht auch in diesem Fall zur Installation der Software aus. Ferner wird davon ausgegangen, dass sich die notwendigen Schlüssel und Zertifikate im Verzeichnis `/etc/openvpn/keys` befinden. In Analogie zu `server_a` soll die Konfigurationsdatei ebenfalls im Verzeichnis `/etc/openvpn` stehen.

Dem aufmerksamen Leser werden die Ähnlichkeiten zur Konfiguration des OpenVPN-Prozesses auf `server_a` auffallen: Na-

Abbildung 8.3
Konfigurationsdatei von `host_gelb`

```
;-------------------------------
; TLS / Keys
;-------------------------------
ca /etc/openvpn/keys/VPN_Company_Master_CA.crt
cert /etc/openvpn/keys/company_host_gelb.crt
key /etc/openvpn/keys/company_host_gelb.pem
tls-client
tls-remote company_server_a

;-------------------------------
; Netzwerkeinstellungen
;-------------------------------
dev tun
proto udp
remote 10.10.10.254 1194
nobind

;-------------------------------
; Tunneloptionen
;-------------------------------
client

;-------------------------------
; Logging
;-------------------------------
verb 2
```

türlich muss auch der Client wissen, wo er seine Schlüssel und Zertifikate findet. Diese Einträge befinden sich im ersten Abschnitt der Konfiguration und sind durch die Schlüsselwörter `ca`, `cert` und `key` definiert. Die darauffolgende Zeile

```
tls-client
```

definiert, dass `host_gelb` im Rahmen des TLS-Protokolls die Rolle des Clients annimmt. Zusätzlich definiert

```
tls-remote company_server_a
```

dass der Tunnel nur aufgebaut werden darf, wenn sich der Server im CommonName seines Zertifikats als `company_server_a` ausweist.

`nobind` ist sinnvoll bei OpenVPN-Clients.

Im Folgenden sind die Netzwerkparameter bereits bekannt: Der Tunnel soll über UDP/IP (`proto udp`) mit der Adresse 10.10.10.254 auf Port 1194 (`remote 10.10.10.254 1194`) aufgebaut werden. Der Parameter `nobind` gestattet es dem Client, lokal auch einen anderen Port als 1194 zu verwenden. Hierzu sollte auch bei der Konfiguration von Firewalls beachtet werden, dass es gerade in Verbindung mit NAT (Network Address Translation) vorkommen kann, dass die von den Clients verwendeten Ports durch den betreffenden Router/Firewall geändert werden können!

Abschließend wird definiert, dass `host_gelb` bezüglich der Server-Mode-Konfiguration ein Client ist:

```
;------------------------------
; Tunneloptionen
;------------------------------
client
```

Soweit die graue Theorie – nun wird es Zeit für eine Etablierung des ersten sicheren Kanals der VPN Company.

8.1.4 Der erste Verbindungsaufbau aus dem Blickwinkel des Servers

Rufen wir uns nocheinmal den Status des Servers nach dem Programmstart in Erinnerung:

```
Sat Jan  7 20:07:55 2006 Initialization Sequence Completed
```

Dies bedeutet, dass der Server bereit für die Bearbeitung von Anfragen ist und entsprechend wartet.

```
Sat Jan  7 20:08:00 2006 MULTI: multi_create_instance called
Sat Jan  7 20:08:00 2006 1.1.1.1:2049 Re-using SSL/TLS context
Sat Jan  7 20:08:00 2006 1.1.1.1:2049 Control Channel MTU parms [ L
    :1541 D:138 EF:38 EB:0 ET:0 EL:0 ]
Sat Jan  7 20:08:00 2006 1.1.1.1:2049 Data Channel MTU parms [ L:15
    41 D:1450 EF:41 EB:4 ET:0 EL:0 ]
Sat Jan  7 20:08:00 2006 1.1.1.1:2049 Local Options hash (VER=V4):
    '239669a8'
Sat Jan  7 20:08:00 2006 1.1.1.1:2049 Expected Remote Options hash
    (VER=V4): '3514370b'
Sat Jan  7 20:08:00 2006 1.1.1.1:2049 TLS: Initial packet from 1.1.
    1.1:2049, sid=854af5a1 c279dfc5
Sat Jan  7 20:08:01 2006 1.1.1.1:2049 VERIFY OK: depth=1, /CN=VPN_C
    ompany_Master_CA/C=DE/L=Erlangen/ST=Bavaria/O=Security_@_VPN_Co
    mpany/OU=VPN_Operations/emailAddress=klaus@vpn-company.test
Sat Jan  7 20:08:01 2006 1.1.1.1:2049 VERIFY OK: depth=0, /CN=VPN_C
    lient_host_gelb/C=DE/L=Erlangen/ST=Bavaria/O=Security_@_VPN_Com
    pany/OU=VPN_Operations/emailAddress=klaus@vpn-company.test
```

Nun hat der Client mit der IP-Adresse 1.1.1.1 eine Verbindung zum Server aufgenommen und es werden über den OpenVPN-Kontrollkanal die notwendigen Parameter ausgetauscht. Der Server erkennt, dass das Zertifikat des Clients von der passenden CA signiert ist (`VPN Company Master CA`) und erkennt den Host mit dem CommonName `VPN Client host_gelb` als vertrauenswürdig an.

Im Logfile erzetzt OpenVPN Leerzeichen innerhalb durch Unterstriche. Dadurch wird »VPN Company Master CA« zu »VPN_ Company_ Master_ CA«!

```
Sat Jan  7 20:08:01 2006 1.1.1.1:2049 Data Channel Encrypt: Cipher
    'BF-CBC' initialized with 128 bit key
Sat Jan  7 20:08:01 2006 1.1.1.1:2049 Data Channel Encrypt: Using 1
    60 bit message hash 'SHA1' for HMAC authentication
Sat Jan  7 20:08:01 2006 1.1.1.1:2049 Data Channel Decrypt: Cipher
    'BF-CBC' initialized with 128 bit key
Sat Jan  7 20:08:01 2006 1.1.1.1:2049 Data Channel Decrypt: Using 1
    60 bit message hash 'SHA1' for HMAC authentication
Sat Jan  7 20:08:01 2006 1.1.1.1:2049 Control Channel: TLSv1, ciphe
    r TLSv1/SSLv3 DHE-RSA-AES256-SHA, 2048 bit RSA
```

BF-CBC: Blowfish Cipher Block Chaining

Nach der gegenseitigen Anerkennung der Zertifikate werden die weiteren Parameter für den Tunnel ausgehandelt: Für die Verschlüsselung wird der Algorithmus BF-CBC und für die HMAC-Authentisierung der SHA-1 Digest, eine kryptografische Hashfunktion, verwendet.

```
Sat Jan  7 20:08:01 2006 1.1.1.1:2049 [VPN_Client_host_gelb] Peer C
    onnection Initiated with 1.1.1.1:2049
Sat Jan  7 20:08:01 2006 VPN_Client_host_gelb/1.1.1.1:2049 MULTI: L
    earn: 172.16.30.6 -> VPN_Client_host_gelb/1.1.1.1:2049
Sat Jan  7 20:08:01 2006 VPN_Client_host_gelb/1.1.1.1:2049 MULTI: p
    rimary virtual IP for VPN_Client_host_gelb/1.1.1.1:2049: 172.16
    .30.6
Sat Jan  7 20:08:02 2006 VPN_Client_host_gelb/1.1.1.1:2049 PUSH: Re
    ceived control message: 'PUSH_REQUEST'
Sat Jan  7 20:08:02 2006 VPN_Client_host_gelb/1.1.1.1:2049 SENT CON
    TROL [VPN_Client_host_gelb]: 'PUSH_REPLY,route 172.16.30.1,ping
    10,ping-restart 120,ifconfig 172.16.30.6 172.16.30.5' (status=1)
```

Anschließend betrachtet der Server die Verbindung als etabliert und übergibt dem Client die erforderlichen Parameter für die Konfiguration seines Tunnelinterface: `host_gelb` bekommt die IP-Adresse 172.16.30.6.

An dieser Stelle ist zu beachten, dass bis OpenVPN 2.0 für den Aufbau solcher Tunnel für jeden verbundenen Client in der Regel ein Netz mit der Maske 255.255.255.252 verwendet wird, was in diesem Fall bedeutet, dass `host_gelb` nur einen Tunnel zwischen seinem Tunnelinterface mit der Adresse 172.16.30.6 und dem Tunnelinterface 172.16.30.5 des Servers sieht.

```
Sat Jan  7 20:08:01 2006 VPN_Client_host_gelb/1.1.1.1:2049 MULTI: L
    earn: 172.16.30.6 -> VPN_Client_host_gelb/1.1.1.1:2049
Sat Jan  7 20:08:01 2006 VPN_Client_host_gelb/1.1.1.1:2049 MULTI: p
    rimary virtual IP for VPN_Client_host_gelb/1.1.1.1:2049: 172.16
    .30.6
```

Abschließend fordert `server_a` den neuen Tunnelpartner `host_gelb` auf, eine zusätzliche Route zu installieren: Der eigentliche Tunnelendpunkt von `server_a` ist die Adresse 172.16.30.1 und über den Tunnel zu erreichen, daher soll `host_gelb` eine passende Route eintragen:

```
Sat Jan  7 20:08:02 2006 VPN_Client_host_gelb/1.1.1.1:2049 PUSH: Re
    ceived control message: 'PUSH_REQUEST'
Sat Jan  7 20:08:02 2006 VPN_Client_host_gelb/1.1.1.1:2049 SENT CON
    TROL [VPN_Client_host_gelb]: 'PUSH_REPLY,route 172.16.30.1,ping
    10,ping-restart 120,ifconfig 172.16.30.6 172.16.30.5' (status=1)
```

8.1.5 Der erste Verbindungsaufbau aus der Sichtweise des Clients

Drehen wir nun die Zeit noch einmal ein bisschen zurück und betrachten den Tunnelaufbau aus der Sichtweise von `host_gelb`. Nachdem `server_a` bereits den Prozess gestartet hat, ist nun `host_gelb` an der Reihe. Dazu dient der Aufruf des folgenden Kommandos:

```
host_gelb:/etc/openvpn# openvpn --config vpn_company_tunnel_1194_se
   tup01.conf
```

das augenblicklich jede Menge Informationen auf der Konsole ausgibt:

```
Sat Jan  7 20:08:00 2006 IMPORTANT: OpenVPN's default port number i
   s now 1194, based on an official port number assignment by IANA.
   OpenVPN 2.0-beta16 and earlier used 5000 as the default port.
Sat Jan  7 20:08:00 2006 Control Channel MTU parms [ L:1541 D:138 E
   F:38 EB:0 ET:0 EL:0 ]
Sat Jan  7 20:08:00 2006 Data Channel MTU parms [ L:1541 D:1450 EF:
   41 EB:4 ET:0 EL:0 ]
Sat Jan  7 20:08:00 2006 Local Options hash (VER=V4): '3514370b'
Sat Jan  7 20:08:00 2006 Expected Remote Options hash (VER=V4): '23
   9669a8'
Sat Jan  7 20:08:00 2006 UDPv4 link local: [undef]
Sat Jan  7 20:08:00 2006 UDPv4 link remote: 10.10.10.254:1194
```

Bis zu diesem Zeitpunkt hat der Prozess die Konfigurationsparameter bearbeitet und versucht nun, den Partnerprozess auf der Adresse 10.10.10.254 zu erreichen.

```
Sat Jan  7 20:08:00 2006 VERIFY OK: depth=1, /CN=VPN_Company_Master
    _CA/C=DE/L=Erlangen/ST=Bavaria/O=Security_@_VPN_Company/OU=VPN_
    Operations/emailAddress=klaus@vpn-company.test
Sat Jan  7 20:08:00 2006 VERIFY X509NAME OK: /CN=company_server_a/C
    =DE/L=Erlangen/ST=Bavaria/O=Security_@_VPN_Company/OU=VPN_Opera
    tions/emailAddress=klaus@vpn-company.test
Sat Jan  7 20:08:00 2006 VERIFY OK: depth=0, /CN=company_server_a/C
    =DE/L=Erlangen/ST=Bavaria/O=Security_@_VPN_Company/OU=VPN_Opera
    tions/emailAddress=klaus@vpn-company.test
```

Sobald die Verbindung steht, werden die Zertifikate überprüft. In der ersten Zeile wird erkannt, dass die Zertifizierungsstelle korrekt ist. Die zweite Zeile belegt, dass der *CommonName* bezie-

```
host_gelb:~# ifconfig tun0
tun0      Link encap:UNSPEC  HWaddr 00-00-00-00-00-00-00-00-00-00-00-00-00-00-00-00
          inet addr:172.16.30.6  P-t-P:172.16.30.5  Mask:255.255.255.255
          UP POINTOPOINT RUNNING NOARP MULTICAST  MTU:1500  Metric:1
          RX packets:0 errors:0 dropped:0 overruns:0 frame:0
          TX packets:0 errors:0 dropped:0 overruns:0 carrier:0
          collisions:0 txqueuelen:100
          RX bytes:0 (0.0 b)  TX bytes:0 (0.0 b)

host_gelb:# ip route show
172.16.30.1 via 172.16.30.5 dev tun0
172.16.30.5 dev tun0  proto kernel  scope link  src 172.16.30.6
1.1.1.0/24 dev eth1  proto kernel  scope link  src 1.1.1.1
default via 1.1.1.254 dev eth1
host_gelb:~#
host_gelb:~# netstat -rn

Kernel IP routing table
Destination     Gateway         Genmask         Flags   MSS Window  irtt Iface
172.16.30.1     172.16.30.5     255.255.255.255 UGH       0 0          0 tun0
172.16.30.5     0.0.0.0         255.255.255.255 UH        0 0          0 tun0
1.1.1.0         0.0.0.0         255.255.255.0   U         0 0          0 eth1
0.0.0.0         1.1.1.254       0.0.0.0         UG        0 0          0 eth1
host_gelb:~#
host_gelb:~# ping 172.16.30.1
PING 172.16.30.1 (172.16.30.1) 56(84) bytes of data.
64 bytes from 172.16.30.1: icmp_seq=1 ttl=64 time=49.4 ms
64 bytes from 172.16.30.1: icmp_seq=2 ttl=64 time=7.87 ms

--- 172.16.30.1 ping statistics ---
2 packets transmitted, 2 received, 0% packet loss, time 1014ms
rtt min/avg/max/mdev = 7.879/28.648/49.418/20.770 ms
host_gelb:~#
```

Abbildung 8.4
Die Routing-Tabelle von `host_gelb` *nach dem Aufbau des Tunnels*

hungsweise *CN* der Gegenseite dem in der Konfiguration geforderten Parameter `tls-remote company_server_a` entspricht. Anschließend wird festgestellt, dass das Zertifikat von `server_a` von der genannten CA zertifiziert ist und daher akzeptiert wird.

```
Sat Jan  7 20:08:01 2006 Data Channel Encrypt: Cipher 'BF-CBC' init
    ialized with 128 bit key
Sat Jan  7 20:08:01 2006 Data Channel Encrypt: Using 160 bit messag
    e hash 'SHA1' for HMAC authentication
Sat Jan  7 20:08:01 2006 Data Channel Decrypt: Cipher 'BF-CBC' init
    ialized with 128 bit key
Sat Jan  7 20:08:01 2006 Data Channel Decrypt: Using 160 bit messag
    e hash 'SHA1' for HMAC authentication
Sat Jan  7 20:08:01 2006 Control Channel: TLSv1, cipher TLSv1/SSLv3
    DHE-RSA-AES256-SHA, 2048 bit RSA
Sat Jan  7 20:08:01 2006 [company_server_a] Peer Connection Initiat
    ed with 10.10.10.254:1194
```

Im Anschluss an die Überprüfung der Zertifikate werden die Parameter für die Verschlüsselung automatisch zwischen den Prozessen vereinbart. Da nichts weiter konfiguriert ist, werden die Standardeinstellungen verwendet.

```
Sat Jan  7 20:08:02 2006 TUN/TAP device tun0 opened
Sat Jan  7 20:08:02 2006 /sbin/ifconfig tun0 172.16.30.6 pointopoin
    t 172.16.30.5 mtu 1500
Sat Jan  7 20:08:03 2006 Initialization Sequence Completed
```

Nach dem erfolgreichen TLS-Handshake öffnet der Prozess die Schnittstelle `tun0` zum Betriebssystem und konfiguriert diese entsprechend den Parametern, die er vom Server bekommen hat. Anschließend meldet der Prozess, dass er nun die Einrichtung des Tunnels fertig gestellt hat.

In Abbildung 8.4 ist die Routing-Tabelle von `host_gelb` und der Status des virtuellen Interface `tun0` nach dem Aufbau des Tunnels zu sehen. Über das Interface `tun0` besteht eine Punkt-zu-Punkt-Verbindung zum OpenVPN-Server `server_a`. Die IP-Adresse von `tun0` ist 172.16.30.5, während `server_a` die Adresse 172.16.30.6 benutzt. Darüber hinaus ist anhand der Routing-Tabelle zu sehen, dass dieser Tunnel aktuell nur für die Kommunikation zwischen `host_gelb` und `server_a` verwendet wird, da nur hierfür Einträge vorhanden sind, und die Kommunikation zu anderen Zielen weiterhin über das Standard-Gateway 1.1.1.254 weitergeleitet wird.

Anmerkung: Es mag verwirrend erscheinen, dass in der Interface-Konfiguration von `tun0` für den Partner der Punkt-zu-Punkt-Verbindung die Adresse 172.16.30.6 erscheint, obwohl `server_a` die Adresse 172.16.30.1 hat. Dies ist gut beobachtet und wird in Kapitel 8.3 näher erläutert.

8.2 Sicher ist sicher: Redundante Server

Nachdem nun der prinzipielle Aufbau eines VPN erfolgreich verlaufen ist, werden in den weiteren Abschnitten weiterführende Optionen erläutert, die OpenVPN zur Verfügung stellt. Gerade im Hinblick auf den *Server Mode* wird häufig die Anforderung gestellt, solch ein Setup redundant aufzubauen, um Hochverfügbarkeit zu erhalten. Im Idealzustand bedeutet das für den Anwender, dass er nahezu überhaupt nichts davon bemerkt, wenn ein VPN-Server ausfällt.

OpenVPN ist von diesem Idealzustand leider noch ein Stück weit entfernt, denn für einen solchen fließenden Übergang ist ein

Abbildung 8.5 Redundantes Server-Setup bei der VPN Company

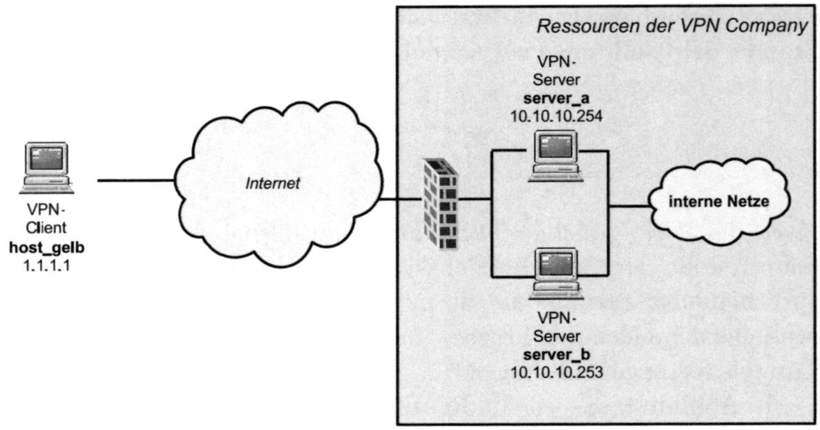

permanenter Austausch der Zustandsinformationen zwischen den redundant installierten Servern notwendig, was in Version 2 nicht implementiert ist. Die von OpenVPN zur Verfügung gestellten Möglichkeiten sollten jedoch in vielen Fällen mehr als ausreichend sein.

Für die Darstellung besuchen wir wieder die VPN Company, deren Management beschlossen hat, einen zweiten VPN-Server zur Verfügung zu stellen: `server_b`. Dieser Server wird im gleichen LAN-Segment wie der bereits vorhandene `server_a` aufgebaut und bekommt die IP-Adresse 10.10.10.253. Die OpenVPN-Konfiguration ist in diesem Fall nahezu identisch mit der des ersten Servers, bis auf wenige Ausnahmen:

- Es wird ein eigenes Zertikat mit dem CommonName *company_server_b* verwendet und entsprechend auch ein eigener Schlüssel:

```
;------------------------------
; TLS / Keys
;------------------------------
ca keys/VPN_Company_Master_CA.crt
cert keys/company_server_b.crt
key keys/company_server_b.pem
dh keys/dh1024.pem
```

- Der Server vergibt an die Clients einen eigenen Pool von IP-Adressen aus dem Bereich 172.16.31.0/24:

```
; Point-to-Multipoint
;------------------------------
mode server
server 172.16.31.0 255.255.255.0
```

Sie werden vermutlich bemerkt haben, dass bei diesen Optionen keine Interaktion der Server untereinander zu entdecken ist. Das ist tatsächlich so, denn das Redundanzprinzip in OpenVPN 2.0 beruht nicht auf einer automatischen Übergabe/Übernahme eines Tunnels von `server_a` auf `server_b`, sondern lediglich auf einer redundanten Bereitstellung von OpenVPN-Servern. Es ist die Aufgabe der Clientkonfiguration, dem Client Kenntnis über die Verfügbarkeit mehrerer Server zu geben. Dazu werden in der Konfigurationsdatei von `host_gelb` folgende Zeilen verwendet:

```
;------------------------------
; TLS / Keys
;------------------------------
ca keys/VPN_Company_Master_CA.crt
cert keys/company_host_gelb.crt
key keys/company_host_gelb.pem
tls-client
tls-remote company_server
;------------------------------
; Netzwerkeinstellungen
;------------------------------
dev tun0
proto udp
remote-random
remote 10.10.10.254 1194
remote 10.10.10.253 1194
```

Im Detail unterscheidet sich die Konfiguration von derjenigen aus Kapitel 8.1.3 in folgenden Punkten:

- `tls-remote` überprüft nicht auf *company_server_a*, sondern auf das Präfix *company_server*. Dadurch kann der Client beide CommonNames *company_server_a* und *company_server_b* akzeptieren.
- `remote` wird für beide vorhandenen Server eingetragen und der OpenVPN-Prozess bekommt Kenntnis von den beiden Servern, die für den Verbindungsaufbau zur Verfügung stehen.
- `remote-random` würfelt beim Programmstart die Liste der mit `remote` definierten Server durch, um eine probabilistische Verteilung von Clients auf beide Server zu gewährleisten.

Mittels mehrerer Einträge der Option `remote` *kann ein redundantes System aufgebaut werden.*

Wenn nun `host_gelb` einen Tunnel zu `server_a` aufgebaut hat und dieser aus (mehr oder weniger) bekannten Gründen ausfällt, dann lässt sich das am Client beobachten. Im Anschluss an die Meldung

```
Mon Mar 20 22:47:39 2006 [company_server_a] Peer Connection
    Initiated with 10.10.10.254:1194
Mon Mar 20 22:47:40 2006 TUN/TAP device tun0 opened
```

```
Mon Mar 20 22:47:40 2006 /sbin/ifconfig tun0 172.16.30.6
    pointopoint 172.16.30.5 mtu 1500
Mon Mar 20 22:47:40 2006 Initialization Sequence Completed
```

sollte der Client bemerken, dass die Verbindung abgebrochen wurde, wobei dieser Vorgang bei UDP-basierten Tunnel auf die `ping`- beziehungsweise `keepalive`-Optionen angewiesen ist (siehe Kapitel 8.5). In diesem Beispiel wird ein `keepalive 5 15` verwendet. Nach 15 Sekunden sollte daher die Verbindung neu gestartet werden:

```
Mon Mar 20 22:47:40 2006 Initialization Sequence Completed
Mon Mar 20 22:54:51 2006 read UDPv4 [ECONNREFUSED]: Connection
    refused (code=111)
Mon Mar 20 22:54:56 2006 read UDPv4 [ECONNREFUSED]: Connection
    refused (code=111)
Mon Mar 20 22:55:01 2006 [company_server_a] Inactivity timeout
    (--ping-restart), restarting
Mon Mar 20 22:55:02 2006 SIGUSR1[soft,ping-restart] received,
    process restarting
Mon Mar 20 22:55:04 2006 IMPORTANT: OpenVPN's default port number
    is now 1194, based on an official port number assignment by
    IANA.  OpenVPN 2.0-beta16 and earlier used 5000 as the default
    port.
Mon Mar 20 22:55:04 2006 UDPv4 link local: [undef]
Mon Mar 20 22:55:04 2006 UDPv4 link remote: 10.10.10.254:1194
```

Der Client probiert nun 15 Sekunden lang `server_a` zu erreichen. Da er bei dieser Aktion keinen Erfolg hat, wird anschließend versucht, einen Tunnel mit der Alternative `server_b` aufzubauen:

Einträge mit der Fehlermeldung ECONNREFUSED *belegen die Nichterreichbarkeit des OpenVPN-Dienstes auf der Gegenseite.*

```
Mon Mar 20 22:55:04 2006 read UDPv4 [ECONNREFUSED]: Connection
    refused (code=111)
Mon Mar 20 22:55:07 2006 read UDPv4 [ECONNREFUSED]: Connection
    refused (code=111)
Mon Mar 20 22:55:09 2006 read UDPv4 [ECONNREFUSED]: Connection
    refused (code=111)
Mon Mar 20 22:55:11 2006 read UDPv4 [ECONNREFUSED]: Connection
    refused (code=111)
Mon Mar 20 22:55:13 2006 read UDPv4 [ECONNREFUSED]: Connection
    refused (code=111)
Mon Mar 20 22:55:15 2006 read UDPv4 [ECONNREFUSED]: Connection
    refused (code=111)
Mon Mar 20 22:55:17 2006 read UDPv4 [ECONNREFUSED]: Connection
    refused (code=111)
Mon Mar 20 22:55:19 2006 [UNDEF] Inactivity timeout (--ping-
    restart), restarting
Mon Mar 20 22:55:19 2006 SIGUSR1[soft,ping-restart] received,
    process restarting
Mon Mar 20 22:55:21 2006 IMPORTANT: OpenVPN's default port number
    is now 1194, based on an official port number assignment by
    IANA.  OpenVPN 2.0-beta16 and earlier used 5000 as the default
    port.
Mon Mar 20 22:55:21 2006 UDPv4 link local: [undef]
Mon Mar 20 22:55:21 2006 UDPv4 link remote: 10.10.10.253:1194
Mon Mar 20 22:55:22 2006 [company_server_b] Peer Connection
    Initiated with 10.10.10.253:1194Mon Mar 20 22:55:23 2006 TUN/
```

```
        TAP device tun0 opened
    Mon Mar 20 22:55:23 2006 /sbin/ifconfig tun0 172.16.31.6
        pointopoint 172.16.31.5 mtu 1500
    Mon Mar 20 22:55:24 2006 Initialization Sequence Completed
```

Mit dem alternativen Tunnel war der Client erfolgreich und hat von `server_b` die Adresse 172.16.31.6 zugewiesen bekommen. Der komplette Vorgang des automatischen Übergangs von `server_a` zu `server_b` hat 33 Sekunden gedauert.

Es ist übrigens durchaus möglich, dass Clients unabhängig von `server_a` und `server_b` die gleiche IP-Adresse zugewiesen bekommen. Da die beiden Server bereits im gleichen LAN vorhanden sind, könnte anstatt der Routing-basierten Tunnel eine Anbindung via Bridging realisiert werden. Wenn zusätzlich anhand von clientspezifischen Konfigurationdateien (siehe Kapitel 8.7.4) die IP-Adresse fest zugewiesen wird, dann ist sichergestellt, dass jeder Client zu jedem Zeitpunkt maximal einen Tunnel aufgebaut hat und die damit verbundene IP-Adresse eindeutig ist – unabhängig vom OpenVPN-Server.

Eine Redundanz innerhalb eines Standortes kann alternativ auch mit Hilfe von Hochverfügbarkeitslösungen auf der Basis von *Virtual Router Redundancy Protocol* (VRRP)[38] oder ähnlichen Protokollen erreicht werden. Dabei agieren die redundanten OpenVPN-Server unter einer virtuellen Adresse, die entsprechend definierten Prioritäten einem der Server zugewiesen wird. Für die Implementierung bietet sich das *High-Availability Linux Project* [14], der *keepalived* [11] oder auch das *Common Address Redundancy Protocol* [3] an.

VRRP: Virtual Router Redundancy Protocol

CARP: Common Address Redundancy Protocol

Bei dem Einsatz solcher Virtualisierungsmechanismen entfällt in der Clientkonfiguration natürlich der Eintrag für den zweiten Server, da sich die Clients grundsätzlich an den virtuellen Server wenden. Da aber im Falle eines Ausfalls die redundanten Server in OpenVPN 2.x keine Informationen über den Status der Clients mit dem Master-Server austauschen, bekommen diese einen Fehler und müssen genau wie im obigen Beispiel den Tunnel neu aufbauen.

8.3 Der Trick mit den /30-Subnetzen bei *Server-Mode*-Konfigurationen

Wie bereits in vorherigen Kapiteln erwähnt, wird bei dem Aufbau der VPN-Tunnel im *Server Mode* jeweils ein komplettes Subnetz mit der Maske 255.255.255.252 vewendet. Im Beispiel des ersten

Tunnelaufbaus von `host_gelb` zum `server_a` der VPN Company von Kapitel 8.1.5 bekommt der Client die Adresse 172.16.30.6 zugewiesen. Das zugehörige Subnetz 172.16.30.4/30 sieht demnach wie folgt aus:

- `172.16.30.4` bezeichnet die Adresse des Netzwerks
- `172.16.30.5` ist die Adresse des Servers
- `172.16.30.6` ist die Adresse des Clients
- `172.16.30.7` bezeichnet die Broadcast-Adresse des Netzwerks

Im Fachjargon werden solche Transfernetze kurz auch als /30-Netzwerke bezeichnet.

Ein gängiges Beispiel für die Verwendung solcher /30-Netzwerke sind serielle WAN (*Wide Area Network*) -Verbindungen.
Wer eine ganze Anzahl von VPN-Clients zu verwalten hat, dem wird auffallen, dass für jeden beteiligten Tunnel vier Adressen benötigt werden, was mancher sicher als Verschwendung betrachten wird. Wäre es nicht viel sinnvoller, eine »echte« Punkt-zu-Punkt-Verbindung zu konfigurieren, bei der die beiden Partner beliebige Adressen für die Konfiguration des Tunnelinterface verwenden können? Bezogen auf des genannte Beispiel wären das Verbindungen der folgenden Art:

- `server_a`/172.16.30.1 zu `host_gelb`/172.16.30.4
- `server_a`/172.16.30.1 zu `host_gruen`/172.16.30.5
- `server_a`/172.16.30.1 zu `host_blau`/172.16.30.6
- usw.

Auf diese Weise könnten viermal so viele Clients über das Netz 172.16.30.0/24 angebunden werden, anstatt der bisher maximal 62 möglichen parallelen Verbindungen.

Wenn kein Windows verwendet wird, besteht auch nicht die Notwendigkeit der Verwendung von /30-Subnetzen!

Natürlich hat auch die OpenVPN-Community (und insbesondere James Yonan) hierüber nachgedacht und eine passende Lösung gefunden – allerdings nur für den Fall, dass keine Windows-Clients verwendet werden. Windows-Clients benötigen immer ein /30-Netzwerk für ihren Tunnel, da der TAP32-Treiber (siehe Kapitel 7.2.1) nicht in der Lage ist, »echte« Punkt-zu-Punkt-Verbindungen zu verwenden. Die betreffende Option für die Verwendung solcher Konfigurationen lautet in OpenVPN 2.0

```
ifconfig-pool-linear
```

während in OpenVPN 2.1 die neue Option

```
topology p2p
```

verwendet werden sollte. In Abbildung 8.6 ist deutlich zu sehen, wie aus dem Interface `tun0` nun ein echtes Point-to-Point-Interface geworden ist.

```
host_gelb:~# ifconfig tun0
tun0      Link encap:UNSPEC  HWaddr 00-00-00-00-00-00-00-00-00-00-00-00-00-00-00-00
          inet addr:172.16.30.4  P-t-P:172.16.30.1  Mask:255.255.255.255
          UP POINTOPOINT RUNNING NOARP MULTICAST  MTU:1500  Metric:1
          RX packets:0 errors:0 dropped:0 overruns:0 frame:0
          TX packets:0 errors:0 dropped:0 overruns:0 carrier:0
          collisions:0 txqueuelen:100
          RX bytes:0 (0.0 b)  TX bytes:0 (0.0 b)

host_gelb:~# netstat -rn
Kernel IP routing table
Destination     Gateway         Genmask         Flags   MSS Window  irtt Iface
172.16.30.1     0.0.0.0         255.255.255.255 UH        0 0          0 tun0
1.1.1.0         0.0.0.0         255.255.255.0   U         0 0          0 eth1
0.0.0.0         1.1.1.254       0.0.0.0         UG        0 0          0 eth1
host_gelb:~#
```

Abbildung 8.6
Wenn auf `server_a` *die Option* `ifconfig-pool-linear` *aktiviert ist, bekommt Client* `host_gelb` *ein echtes Point-to-Point-Interface zwischen 172.16.30.1 und 172.16.30.4.*

8.4 Bandbreitenoptionen

Üblicherweise wird das Thema der verfügbaren Bandbreite selten im Zusammenhang mit VPNs betrachtet, was wohl häufig daran liegt, dass es von geringerem Interesse ist oder die eingesetzten Produkte hierzu wenig anzubieten haben. Im Grunde genommen sind hier zwei Aspekte interessant:

- Wie kann die einem Client zur Verfügung stehende Bandbreite möglichst optimal ausgenutzt werden?

Zu dieser Frage fällt sicher den meisten automatisch das Stichwort *Kompression* ein, für die es zahlreiche unterschiedliche Algorithmen gibt, die ihre Tauglichkeit in der Praxis bewiesen haben.

- Wie kann ausgeschlossen werden, dass OpenVPN-Tunnel die komplette Bandbreite der Internetverbindung in Anspruch nehmen?

Das hierzu passende Stichwort lautet Bandbreitenlimitierung und ist in vielen Variationen in der Netzwerkwelt zu finden.

8.4.1 Kompression

OpenVPN ist in der Lage, die Daten zwischen dem Server und dem Client transparent zu komprimieren, was zu durchaus beachtlichen Gewinnen in der Bandbreite führen kann. Maßgeblich für die Aktivierung der Kompression ist folgende Option:

```
;------------------------------
; Tunnel-Optionen
;------------------------------
comp-lzo
```

Diese Option muss sowohl in der Konfiguration des Clients als auch des Servers aktiviert sein und bewirkt die (für den Benutzer transparente) Kompression der Daten während der Übertragung (»on the fly«). Für die Realisierung der schnellen und verlustfreien Kompression verwendet OpenVPN die LZO-Bibliothek [13]. Dieses Feature kann insbesondere dann vorteilhaft sein, wenn sich ein Client über eine Anbindung geringer Bandbreite mit dem VPN-Server in Verbindung setzen will, wie beispielsweise bei einer ISDN-Verbindung.

Ein Beispiel soll das verdeutlichen: Angenommen, dem Client `host_gelb` aus dem Beispiel der VPN Company (siehe Abbildung 8.1) steht eine Bandbreite von 2 Mbit/s zwischen ihm und `server_a` zur Verfügung. Dann kann mit Hilfe der Kompression diese Bandbreite beachtlich vergrößert werden, was sich sehr einfach mit ein paar Durchsatzmessungen belegen lässt. Zum Beispiel eignet sich dazu das Werkzeug `ttcp`, welches den maximalen Datendurchsatz zwischen zwei Prozessen ermittelt.

Tabelle 8.1
Der Nutzen der Kompression bei der Übetragung unterschiedlich geeigneter Datenströme

Testmethode	Durchsatz mit Kompression	Durchsatz ohne Kompression
(A) `ttcp`-Übertragung von 16 MByte Daten	11,2 Mbit/s	1,7 Mbit/s
(B) `ftp`-Download eines übersetzten OpenVPN-Archivs (Ver. 2.0) (unkomprimiert)	2,5 Mbit/s	1,7 Mbit/s
(C) `ftp`-Download eines Linux-Kernel-Archivs (linux-2.6.13.2.tar.bz2)	1,7 Mbit/s	1,7 Mbit/s

In Tabelle 8.1 ist das Ergebnis unterschiedlicher Messungen von Datenübertragungsraten zwischen `host_gelb` und `server_a` dargestellt, wobei der Durchsatz jeweils mit und ohne Kompression ermittelt wurde. Der Gewinn ist dabei unterschiedlich groß und hängt naturgemäß von der Art der übertragenen Daten ab. Zum Beispiel beträgt der Gewinn mehr als 600 Prozent bei der Messung mit `ttcp`, da diese Software periodisch die gleichen Datenblöcke versendet, was der verwendeten LZO-Kompressionsmethode sehr entgegenkommt. Andererseits ist bei der Übertragung bereits komprimierter Daten kein Gewinn zu erwarten. Es kann sogar dazu führen, dass der durch die Kompression verursachte Overhead den Durchsatz eher verringert.

In der Mitte dieser beiden Extreme befindet sich das Beispiel (B), bei dem ein mit `tar` erstelltes Archiv eines OpenVPN-2.0-Sourcecode Verzeichnisses übertragen wurde. In dem nichtkomprimierten Archiv befinden sich sowohl reine Text- als als auch Binärdateien und es wurde mit der Kompression ein Bandbreitengewinn von 47 Prozent erzielt.

Es gibt im Zusammenhang mit der Kompression noch eine weitere Option, die es zu beachten gilt: Sofern es nicht explizit deaktiviert ist, misst OpenVPN die Kompressionsgüte der übertragenen Daten und entscheidet adaptiv, ob eine Kompression sinnvoll ist oder nicht. Diese kontinuierliche Bewertung lässt sich allerdings mit dem Parameter `comp-noadapt` deaktivieren.

Zusammenfassend lässt sich aus der Praxis sagen, dass es im Normalfall eher vor- als nachteilig ist, die Kompression zu aktivieren.

An dieser Stelle fehlt natürlich nicht ein Tipp für alle, die hiermit gerne experimentieren möchten: Solche Messungen lassen sich beispielsweise sehr gut mit Hilfe von *traffic control* unter Linux simulieren. Mit diesem Werkzeug lassen sich u.a. Bandbreitenlimits für unterschiedliche Kommunikationspartner definieren. Ein erster Einstieg hierzu ist unter [49] zu finden.

Für Linux steht mit »traffic control« ein mächtiges Werkzeug zum Bandbreitenmanagement zur Verfügung.

8.4.2 Limitierung

Während die Kompression in erster Linie dazu dienen soll, die (möglicherweise geringe) Bandbreite eines Clients optimal auszunutzen, geht es bei der Limitierung darum, die für den OpenVPN-Tunnel verwendete Bandbreite zu beschränken.

Es wird nun angenommen, dass die VPN Company ihren Internetzugang nicht nur für den Aufbau zahlreicher VPN-Tunnel nutzt, sondern über den gleichen Zugang auch ein Portal für Kunden zur Verfügung stellt. Das Management möchte in dieser Konstellation sichergestellt haben, dass trotz der OpenVPN-Tunnel immer ausreichend Bandbreite für den Zugang der Kunden zum Portal vorhanden ist.

Um diese Funktionalität nutzen zu können, muss in der OpenVPN-Konfiguration die Option `shaper` gesetzt werden, zum Beispiel mit:

```
;-----------------------------
; Tunnel-Optionen
;-----------------------------
shaper 102400
```

Der notwendige Parameter für die Option `shaper` gibt an, wie viel Bandbreite maximal verwendet werden darf, wobei die Einheit *Byte pro Sekunde* ist. Im obigen Beispiel wird demnach die Bandbreite des Tunnels auf 102.400 Byte/s beziehungsweise 100 kByte/s limitiert.

Der Vorteil der OpenVPN-eigenen Bandbreitenlimitierung liegt darin, dass diese Option betriebssystemunabhängig ist und daher auf allen verwendeten Systemen nutzbar ist. Es gibt allerdings auch einen Nachteil: Diese Funktionalität steht nur bei einer *Point-to-Point*-Konfiguration (siehe Kapitel 5.6.1) zur Verfügung. Sollte dagegen eine *Server-Mode*-Konfiguration verwendet werden, ist das Verfahren derzeit nicht benutzbar und es müssen Mechanismen des Betriebssystems (wie zum Beispiel *traffic control* mit Linux [49]) oder gegebenenfalls der eingesetzten Firewall benutzt werden.

8.5 Optionen für abgebrochene oder ungenutzte Verbindungen

Für jegliche Art bidirektionaler Kommunikation ist es wichtig zu wissen, ob die andere Seite des Tunnelendpunkts noch verfügbar ist. Dies ist insbesondere bei Verbindungen über UDP/IP der Fall, da es (im Gegensatz zu TCP/IP) einen Verbindungsabbruch dem jeweiligen Prozess nicht mitteilt.

Üblicherweise werden für diese Tests eine ganz spezielle Art von Datenpaketen verschickt, die der Gegenstelle signalisieren sollen, dass der eigene Dienst noch erreichbar ist. Häufig werden solche Nachrichten in der Literatur als *Hello*- oder *Keepalive*-Pakete bezeichnet.

OpenVPN verwendet auch einen entsprechenden Mechanismus und bietet hierfür die folgenden Optionen an:

- `ping n` sendet alle *n* Sekunden ein OpenVPN-Ping-Paket über den Kontrollkanal der Verbindung.
- `ping-restart m` startet die Verbindung erneut, wenn ein OpenVPN-Prozess für die Dauer von *m* Sekunden von der Gegenseite kein OpenVPN-Ping-Paket über den Kontrollkanal empfangen hat. Dies kann zum Beispiel hilfreich sein, wenn bei den Verbindungspartnern dynamische Adressen verwendet werden, die sich während der Lebensdauer des VPN ändern.
- `ping-exit m` beendet die existierende Verbindung, wenn ein OpenVPN-Prozess für die Dauer von *m* Sekunden von der Gegenseite kein OpenVPN-Ping-Paket erhalten hat. `exit` bedeutet in diesem Zusammenhang auch, dass sich der Prozess anschließend beendet.

Es ist wichtig, dass diese Optionen in den Konfigurationen beider Tunnelendpunkte gesetzt werden, da es im Unterschied zum weitverbreiteten und ICMP-basierten Kommando *ping* nur unidirektional arbeitet und eine rein lokale Definition ist. Im *Server Mode* kann diese Option jedoch über Push & Pull automatisch an einen Client gesendet werden (siehe Kapitel 8.7).

Alternativ zu den beiden genannten Optionen `ping` und `ping-restart` kann die folgende verwendet werden, die in der Summe die gleiche Funktionalität enthält:

- `keepalive n m`

8.5.1 Automatischer Abbau einer ungenutzten Verbindung

Wenn der Tunnel nach einer festgelegten Zeit der Inaktiviät beendet werden soll, kann das mit der Option

- `inactive n`

durchgeführt werden, wobei *n* die Länge des Intervalls (in Sekunden) definiert, während dessen keine Nutzdaten transportiert wurden (hierbei werden die Nachrichten im Kontrollkanal nicht beachtet).

8.5.2 Signalisierung des Verbindungsabbaus

Zu den Optionen, die einen Verbindungsabbau initiieren, kommt noch eine weitere hinzu, die insbesonders bei OpenVPN-Verbindungen über UDP nützlich ist:

- ❏ `explicit-exit-notify [n]`

Sie sendet der Gegenstelle vor der definitiven Beendigung der Verbindung ein entsprechendes Signal. Dadurch braucht die Gegenstelle nicht auf den Ablauf der jeweiligen *ping*-Timer zu warten. Der optionale Parameter *n* definiert hierbei, wie oft der Prozess versuchen soll, der Gegenseite den Abbau zu signalisieren.

8.6 Benutzerprofile und Adresspools

Nach der Erläuterung der ersten eher technisch orientierten Optionen kommen wir nun zu administrativen Punkten: Es geht um die Möglichkeiten der Vergabe der IP-Adressen für die Tunnelendpunkte. Wie bereits in Kapitel 3.2 beschrieben, gibt es Unterschiede zwischen Routing und Bridging und dementsprechend werden auch die passenden Adressen leicht unterschiedlich vergeben.

8.6.1 Adresspools für Routing und Bridging

Routing: `server Pool`

In dieser Situation soll über den OpenVPN-Prozess ein komplett neues Subnetz erreichbar sein. Entsprechend wurden bereits in der `Server Mode`-Konfiguration der VPN Company in Kapitel 8.1.2 die Optionen

```
;-----------------------------
; Server Mode
;-----------------------------
mode server
server 172.16.30.0 255.255.255.0
```

OpenVPN verwaltet automatisch innerhalb des Pools die benutzten und unbenutzten Adressen!

eingeführt, welche das Subnetz 172.16.30.0 mit der Netzmaske 255.255.255.0 über den OpenVPN-Prozess erreichbar machen. Sobald sich ein Client bei dieser Betriebsart am Server anmeldet und erfolgreich authentisiert, wird entsprechend dem definierten Bereich eine freie IP-Adresse ausgewählt und dem Client zugewiesen.

Das entsprechende Routing muss im Netzwerk für den solchermaßen definierten Adresspool bekannt sein. Im Beispiel der VPN

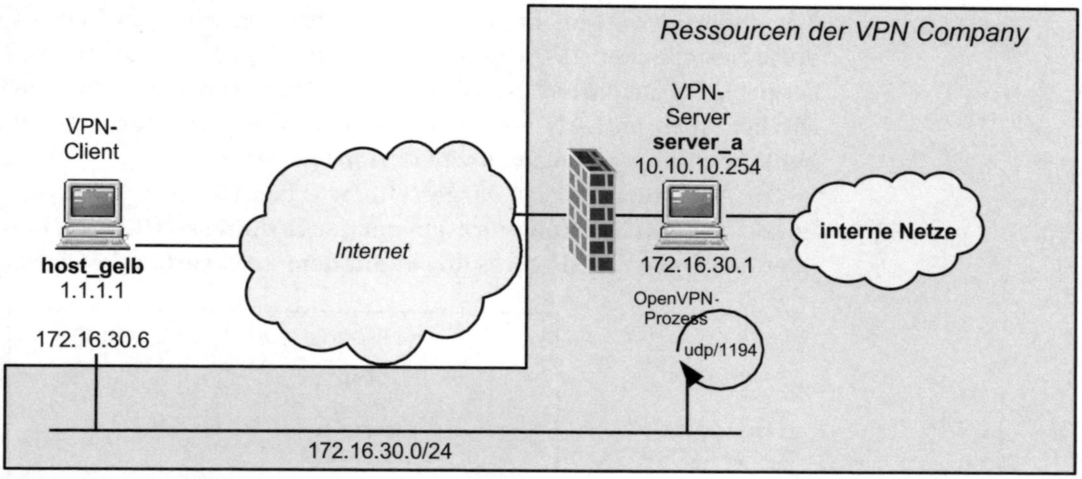

Abbildung 8.7 *Der Adresspool 172.16.30.0/24 wird über den OpenVPN-Prozess mit dem internen Netzwerk verbunden. Entsprechend muss das Routing über* `server_a` *dort bekannt sein.*

Company aus Abbildung 8.7 sollte dafür Sorge getragen werden, dass in den inneren Netzen Informationen darüber vorliegen, dass das Netz 172.16.30.0/24 über `server_a` erreichbar ist. `server_a` lässt sich in diesem Fall als Router betrachten.

Bridging: `server-bridged` Pool

Sobald Bridging verwendet wird, muss die Konfiguration etwas modifiziert werden, da im Gegensatz zum Routing kein neues Netz benutzt wird, sondern ein bestehendes LAN-Segment jeweils um Adressen von OpenVPN-Clients ergänzt wird. Hierzu wird die Option `server-bridge` verwendet, wie beispielsweise hier:

```
;------------------------------
; Server Mode
;------------------------------
mode server
server-bridge 10.10.10.254 255.255.255.0  10.10.10.90
     10.10.10.110
```

Die Option `server-bridge` hat vier Parameter:

1. die IP-Adresse des Servers (hier 10.10.10.254)
2. die Netzmaske des Interface (hier 255.255.255.0)
3. die erste (niedrigste) IP-Adresse des verwendeten Pools (hier 10.10.10.90)
4. die letzte (höchste) IP-Adresse des verwendeten Pools (hier 10.10.10.110)

Mit anderen Worten: Bei dieser Konfiguration wird ein Bereich eines bestehenden IP-Adressraums für die OpenVPN-Clients reserviert. Es ist darauf zu achten, dass diese Adressen nicht zusätzlich auch im LAN verwendet werden, was typischerweise zu Fehlermeldungen wie *Duplicate IP Address* führt.

In Abbildung 8.8 ist dargestellt, wie der Client `host_gelb` über eine derartige Konfiguration mit der IP-Adresse 10.10.10.100 über den OpenVPN-Prozess direkt mit dem LAN verbunden wird.

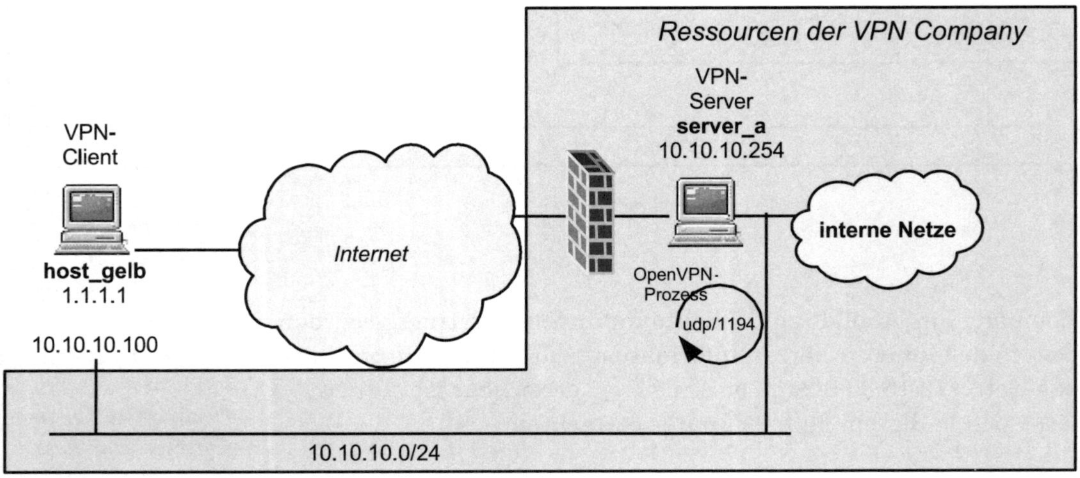

Abbildung 8.8
`server_a` verbindet über Bridging seine LAN-Schnittstelle mit dem tap-Interface des OpenVPN-Prozesses. Dadurch sind die OpenVPN-Clients direkt mit dem LAN-Segment verbunden.

8.6.2 Persistenz mit Hilfe von Zertifikaten: *client-config-dir* und Co.

Nachdem bereits geklärt wurde, auf welche Weise im *Server Mode* die Adresspools für die Clients definiert werden, ist sicher auch die folgenden Frage interessant:

> *Lässt sich sicherstellen, dass Clients in Abhängigkeit ihrer Anmeldung immer die gleichen IP-Adressen bekommen?*

Diese Anforderung ergibt sich recht schnell aus administrativen Gründen: So sind beispielsweise Firewallregeln sehr stark auf IP-Adressen ausgelegt. Daher ist es wünschenswert, Nutzern, die via VPN einen Zugang zum Netzwerk bekommen und möglicherweise besondere Rechte für den Zugriff auf bestimmte Server benötigen, immer die gleiche IP-Adresse zuzuweisen.

Übrigens: Die einfache Antwort auf die oben gestellte Frage bezogen auf OpenVPN lautet »Ja« und hierbei helfen Zertifikate.

Feste IP-Adressen mit *client-config-dir*

Das Schlüsselwort für die Vergabe fester IP-Adressen lautet `client-config-dir` und bezeichnet ein Verzeichnis, in dem sich weitere clientspezifische Konfigurationsinformationen befinden. Im Falle der VPN Company könnte das folgendermaßen definiert sein:

```
;-----------------------------
; Server Mode
;-----------------------------
mode server
server 172.16.30.0 255.255.255.0
client-config-dir /etc/openvpn/clients-172.16.30
```

Wenn der OpenVPN-Prozess diese Option vorfindet, sucht er jedes Mal nach der erfolgreichen Authentifzierung anhand der Zertifikate im Verzeichnis `clients-172.16.30` nach einer Datei, deren Name dem *CommonName* vom Zertifikat des Clients (!) entspricht. Der CommonName des Zertifikats von `host_gelb` der VPN Company lautet *VPN_Client_host_gelb*, daher sollte für diesen Zweck auch eine passende Datei vorhanden sein:

```
server_a:/etc/openvpn# cat clients-172.16.30/VPN_Client_host_gelb
;-----------------------------
; ifconfig-push local remote
;-----------------------------
ifconfig-push  172.16.30.41 172.16.30.42

server_a:/etc/openvpn#
```

Die Option `ifconfig-push` definiert die Interface-Konfiguration vom Server und vom Client, wobei wiederum /30-Subnetze verwendet werden (siehe Kapitel 8.3). Anhand dieser Daten bekommt der Client `host_gelb` für den OpenVPN-Tunnel bei jedem Tunnelaufbau die Adresse 172.16.30.42 zugewiesen.

Mit Hilfe einer derart auf den CommonName bezogenen Datei lassen sich noch weitere interessante Optionen verwenden, wie beispielsweise das explizite Setzen von Routen anhand der Option `iroute`.

Was geschieht, wenn es für das Zertifikat des Clients keine passende Datei im Verzeichnis gibt?

In einem solchen Fall weist der OpenVPN-Server dem Client einfach die nächste freie Adresse aus seinem Pool zu.

Nur feste Adressen und sonst gar nichts: *ccd-exclusive*

Für den Fall, dass sich ausnahmslos nur Clients am Netz anmelden dürfen, denen eine feste IP-Adresse für den Tunnel zugewiesen wird, gibt es zusätzlich zum `client-config-dir` noch die Option

```
ccd-exclusive
```

Damit wird sichergestellt, dass nur wohldefinierte Paare aus Zertifikaten und Adressen anerkannt werden.

8.6.3 Verbindung ohne besondere Privilegien: *duplicate-cn*

Normalerweise ist es bei OpenVPN nicht möglich, dass sich gleichzeitig mehrere Clients mit dem gleichen Zertifikat anmelden. In einem solchen Falle wird nur für den ersten Client ein Tunnel aufgebaut, während die nachfolgenden Clients abgewiesen werden, da ihr Zertifikat zur gleichen Zeit bereits für einen Tunnel verwendet wird.

Aber angenommen, es gibt sehr viele VPN-Client von denen die meisten jedoch keine außergewöhnlichen Rechte beim Zugriff auf interne Ressourcen der VPN Company benötigen und ausschließlich Zugriff auf ihr Mailkonto haben möchten, dann würde es unter Umständen recht viel Aufwand bedeuten, für jeden Client ein eigenes Zertifikat zu erstellen. Angenehmer wäre es dann, wenn ein Zertifikat auch mehrfach verwendet werden könnte. Genau in einem solchen Fall hilft die Option

```
duplicate-cn
```

die bewirkt, dass der OpenVPN-Prozess auch mehreren Clients gleichzeitig den Aufbau eines Tunnels gestattet, obwohl alle das gleiche Zertifikat verwenden.

Aber Achtung: Sollte bei der Verwendung von `duplicate-cn` ein Zertifikat inklusive Schlüssel in die falschen Hände geraten (oder ein Besitzer nicht mehr vertrauenswürdig sein), so muss auf sämtlichen Clients ein neues Zertifikat installiert werden! Daher sollte diese Option mit Bedacht gewählt werden oder nur mit einem zusätzlichen Verfahren zu Authentisierung (wie beispielsweise RADIUS, siehe Kapitel 9.3) verwendet werden.

8.6.4 Adresszuweisung mittels *DHCP*

DHCP, das *Dynamic Host Configuration Protocol* wird verwendet, um Clients automatisiert eine vollständige Netzwerkkonfiguration zu übermitteln. Dies schließt IP-Adresse, Standard-Gateway, DNS-Server und WINS-Server mit ein. Ein OpenVPN-Server kann einen DHCP-ähnlichen Pool von Clients verwalten und übermittelt ihnen all die Informationen, die für die Übernahme der Netzwerkkonfiguration notwendig sind. Ein bereits bestehender DHCP-Server kann selbstverständlich auch über OpenVPN nutzbar gemacht werden.

Wenn OpenVPN einen DHCP-ähnlichen Clientpool verwalten soll und den Clients bestimmte Werte übermittelt werden sollen, so geht dies mit der Klausel `dhcp-option` der `push`-Direktive in der Konfigurationsdatei. Soll beispielsweise als primärer DNS den Clients 192.168.17.56, als sekundärer DNS 192.168.17.99 und als primärer NTP-Server die 192.168.17.102 übermittelt werden, so sind in der Serverkonfiguration folgende Einträge vorzunehmen:

```
push "dhcp-option DNS 192.168.17.56"
push "dhcp-option DNS 192.168.17.99"
push "dhcp-option NTP 192.168.17.102"
```

Folgende Parameter kann ein OpenVPN-Server seinen Clients übermitteln:

Tabelle 8.2 *Von OpenVPN unterstützte DHCP-Parameter*

Parameter	Bedeutung
DOMAIN	Der DNS-Domänenname
DNS	Die IP-Adresse des primären/sekundären DNS-Servers
WINS	Die IP-Adresse des primären/sekundären WINS-Servers
NBDD	Die IP-Adresse des primären/sekundären NBDD-Servers
NTP	Die IP-Adresse des primären/sekundären NTP-Servers
NBT	Der Knotentyp für »NetBIOS over TCP/IP«
NBS	Der Skopus für »NetBIOS over TCP/IP«
DISABLE-NBT	Deaktiviert »NetBIOS over TCP/IP«

Nur OpenVPN-Clients, die mit dem Betriebssystem Microsoft Windows arbeiten, können diese vom OpenVPN-Server zugesandten Informationen nativ verarbeiten. Für alle anderen Betriebssysteme müssen in dem `up`-Skript die Umgebungsvariablen `foreign_option_${NAME}` ausgewertet und entsprechende Aktionen daraufhin getroffen werden. Beispielsweise wäre für einen Linux-Client folgendes up-Skript denkbar:

```
#!/bin/sh
#
# link-up: Skript zur Ausführung nachdem der Link up ist

if [ "$foreign_option_NTP" != "" ]; then
    # Es wurde ein NTP-Server übermittelt, synchronisiere
    # mit diesem
    /usr/bin/ntpdate -Q -b -u $foreign_option_NTP
fi
```

Nun könnte auch der Fall eintreten, dass bereits ein DHCP-Server in einem Netzwerk existiert und dieser seine Informationen an die zu dem OpenVPN-Server konnektierenden Clients weitergeben soll. Da bereits im »DHCP Discover« (dem ersten Schritt eines Clients, um zu seinen Netzwerkdaten zu kommen) ein Broadcast gesendet wird, ist von vornherein klar, dass eine Bridging-Lösung anstatt einer Routing-Lösung verwendet werden muss. Dies sieht zunächst erstaunlich einfach aus. In der Konfigurationsdatei des Servers wird lediglich Folgendes spezifiziert:

```
mode server
dev tap0       # Bridging benutzen
```

und in der ausführbaren Skriptdatei »link-up« des Clients:

```
dhcpcd tap0
```

Die Konfiguration wird nun so aussehen, dass zunächst die Bridge über OpenVPN aufgebaut wird und der Client, sobald der Link besteht, den DHCP-Daemon (oder alternativ `dhclient` oder `pump`) aufruft. Leider gibt es bei dieser Methode ein Problem: Der DHCP-Server kann nicht direkt unterscheiden, ob ein Client tatsächlich im physikalischen Subnetz hängt oder ob er über einen OpenVPN-Tunnel im Netzwerk ist. Die Schwierigkeit liegt in der Tatsache, dass sich dadurch die Konfiguration ändert: Der DHCP-Server muss so konfiguriert werden, dass er den über den Tunnel verbundenen DHCP-Clients kein Default-Gateway zuteilt.

Aus diesem Grund ist eine kooperative Nutzung des lokalen DHCP-Servers in Abstimmung mit dem OpenVPN-Server sinnvoll und auch leichter zu handhaben. Hierbei wird einfach der Adressraum geteilt. Angenommen es gibt einen bereits existierenden DHCP-Server mit der IP-Adresse 192.168.1.1, der beispielsweise auf dem 192.168.1.0/24er-Subnetz Adressen verteilt. Und dieser Server sei zugleich auch das Default-Gateway für den Adressraum. So muss der DHCP-Server so umkonfiguriert werden, dass er nur noch die Adressen 192.168.1.2 bis 192.168.1.199 vergibt. Anschließend wird der OpenVPN-Server folgendermaßen konfiguriert:

```
server-bridge 192.168.1.1 255.255.255.0 192.168.1.200 192.168.1.254
```

Dies bedeutet, dass der OpenVPN-Server an seine Clients weitergibt, dass 192.168.1.1 das Default-Gateway für 255.255.255.0, also das /24er-Subnetz, ist und dass OpenVPN an Clients IP-Adressen von 192.168.1.200 bis 192.168.1.254 verteilen soll. Da sich die Adressräume nicht überlappen, können sowohl der DHCP-Server als auch der OpenVPN-Server aus jeweils ihrem Adresspool IP-Adressen an Clients verteilen.

8.7 Übergabe von Parametern an den Tunnelpartner

Neben der Übergabe von Parametern mit DHCP gibt es noch eine weitere Möglichkeit, die Netzwerkkonfiguration des Clients unmittelbar nach dem Tunnelaufbau zu verändern: das Übertragen von Konfigurationsoptionen über die Kommandos `push` (auf dem Server) und `pull` (auf dem Client):

- Durch die Aktivierung der Option `pull` (ohne Parameter) in seiner Konfigurationsdatei akzeptiert der Client dynamische Konfigurationsoptionen, die ihm beim Tunnelaufbau vom Server gesendet werden (mit anderen Worten: Diese Option ist obligatorisch).
- Der Server sendet entsprechend seiner Konfigurationsdatei weitere Client-Optionen über den Tunnel.

Die Syntax für dieses Kommando sieht auf dem Server folgendermaßen aus:

```
push "option"
```

wobei wichtig ist, dass die durch `push` zu übertragende `option` in doppelten Anführungszeichen (oben) gekapselt ist.

Anhand des Beispiels der VPN Company aus Kapitel 8.1 wird nun die Verwendung der Optionen dargestellt. Auf dem Client `host_gelb` ist in der Konfigurationsdatei Folgendes definiert:

```
;-----------------------------
; Tunnel-Optionen
;-----------------------------
client
pull
comp-lzo
```

Während der Server diese Optionen eingetragen hat:

```
;-----------------------------
; Tunnel-Optionen
;-----------------------------
keepalive 30 90
comp-lzo

;-----------------------------
; Push-Optionen
;-----------------------------
push "echo PUSH DEMO"
push "shaper 10000"
```

Die so definierten Optionen sollen beim Client

- dazu führen, dass in seinem Logfile ein Eintrag `PUSH DEMO` erscheint und
- der Client mit Hilfe der Option `shaper 10000` maximal 10.000 Bytes pro Sekunde überträgt.

Nach einem erfolgreichen Aufbau des Tunnels meldet der Server folgende Ereignisse in seinem Logfile:

```
Tue Feb 14 13:24:53 2006 VPN_Client_host_gelb/1.1.1.1:2048 MULTI: p
    rimary virtual IP for VPN_Client_host_gelb/1.1.1.1:2048: 172.16
    .30.6
Tue Feb 14 13:24:54 2006 VPN_Client_host_gelb/1.1.1.1:2048 PUSH: Re
    ceived control message: 'PUSH_REQUEST'
Tue Feb 14 13:24:54 2006 VPN_Client_host_gelb/1.1.1.1:2048 SENT CON
    TROL [VPN_Client_host_gelb]: 'PUSH_REPLY,echo PUSH DEMO,shaper
    10000,route 172.16.30.1,ping 10,ping-restart 30,ifconfig 172.16
    .30.6 172.16.30.5' (status=1)
```

Es ist deutlich zu erkennen, dass der Serverprozess vom Client `host_gelb` die Aufforderung bekommt, die gegebenenfalls definierten Push-Kommandos zu übertragen (`Received control message: 'PUSH_REQUEST'`). Der Server sendet anschließend die explizit definierten Kommandos für `echo` und `shaper`. Darüber hinaus werden implizit auch die Konfigurationsanweisungen für die Interface-Konfiguration (`ifconfig 172.16.30.6 172.16.30.5'`), das notwendige Routing für die Serveradresse 172.16.30.1 und die Parameter für die Keepalive-Konfiguration übertragen (`ping 10,ping-restart 30`).

Der Client verarbeitet die Push-Optionen entsprechend den Ereignissen im Logfile:

```
Tue Feb 14 13:24:54 2006 SENT CONTROL [company_server_a]: 'PUSH_REQ
    UEST' (status=1)
Tue Feb 14 13:24:54 2006 PUSH: Received control message: 'PUSH_REPL
    Y,echo PUSH DEMO,shaper 10000,route 172.16.30.1,ping 10,ping-re
    start 30,ifconfig 172.16.30.6 172.16.30.5'
Tue Feb 14 13:24:54 2006 ECHO:PUSH DEMO
Tue Feb 14 13:24:54 2006 OPTIONS IMPORT: timers and/or timeouts mod
    ified
Tue Feb 14 13:24:54 2006 OPTIONS IMPORT: traffic shaper enabled
Tue Feb 14 13:24:54 2006 Output Traffic Shaping initialized at 1000
    0 bytes per secondTue Feb 14 13:24:54 2006 OPTIONS IMPORT: --if
    config/up options modified
Tue Feb 14 13:24:54 2006 OPTIONS IMPORT: route options modified
Tue Feb 14 13:24:54 2006 TUN/TAP device tun0 opened
Tue Feb 14 13:24:54 2006 /sbin/ifconfig tun0 172.16.30.6 pointopoin
    t 172.16.30.5 mtu 1500
Tue Feb 14 13:24:54 2006 /sbin/route add -net 172.16.30.1 netmask 2
    55.255.255.255 gw 172.16.30.5
Tue Feb 14 13:24:54 2006 Initialization Sequence Completed
```

Die angeforderten Push-Optionen werden übernommen und verarbeitet:

- Entsprechend der Anweisung wird der Text `PUSH DEMO` ins Logfile eingetragen.
- Das Traffic-Shaping wird gestartet.
- Die impliziten Kommandos für die Interface-Konfiguration, Routing und Keepalive werden ausgeführt.

8.7.1 Modifikation des Routings auf dem Client

Eine sehr interessante Verwendung für `push` und `pull` ist die dynamische Konfiguration des Routings auf dem Client, sobald er erfolgreich einen Tunnel aufgebaut hat.

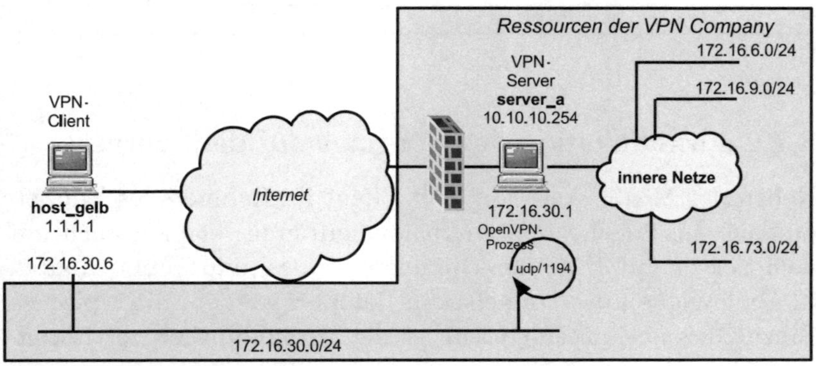

Abbildung 8.9 *Bei tun-Schnittstellen muss für weitere Routen kein Gateway definiert werden, da eine Point-to-Point-Verbindung besteht.*

In Anlehnung an das Beispiel aus Abbildung 8.9 lassen sich bei der Verwendung einer *tun*-Schnittstelle auf dem Client mit den folgenden Kommandos Routen für die spezifizierten Zielnetze konfigurieren:

```
push "route 172.16.6.0 255.255.255.0"
push "route 172.16.9.0 255.255.255.0"
push "route 172.16.73.0 255.255.255.0"
```

Es ist nicht notwendig, explizit ein Gateway anzugeben, da es sich um eine Punkt-zu-Punkt-Verbindung mit dem Server handelt. Der Client verwendet daher automatisch den OpenVPN-Tunnel zum Transport seiner Daten zu den angegebenen Netzen.

Bei *tap*-Schnittstellen hingegen sind keine Informationen über den so genannten *next hop* vorhanden, da sich diese wie ein Ethernet-Interface darstellen. Entsprechend benötigt der Client zusätzliche Informationen über ein passendes Gateway, welches er zum Erreichen der Zielnetze verwenden kann:

```
push "route 172.16.6.0  255.255.255.0  10.10.10.254"
push "route 172.16.9.0  255.255.255.0  10.10.10.254"
push "route 172.16.73.0 255.255.255.0  10.10.10.254"
```

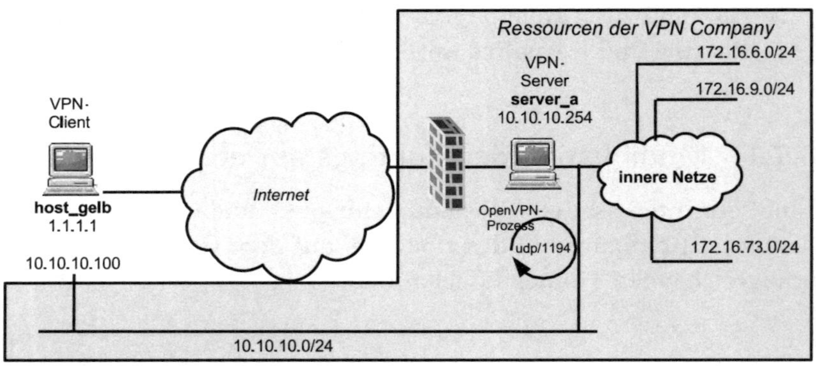

Abbildung 8.10 *tap-Schnittstellen benötigen für weitere Routen ein explizit genanntes Gateway (in diesem Beispiel die 10.10.10.254).*

8.7.2 Modifikation des Routings auf dem Server

Neben der Möglichkeit, auf dem Client im Rahmen des Tunnelaufbaus zusätzliche Routen zu konfigurieren, können auch auf dem Server mit Hilfe der Optionen `iroute` und `route` Routen in Abhängigkeit des Tunnelstatus definiert werden. Ein typisches Einsatzbeispiel dieser Option ist die Verbindung zweier Standorte über einen Point-to-Point-Tunnel. In Abbildung 8.11 ist ein entsprechender Tunnel zwischen den beiden Standorten A und D der VPN Company in Betrieb. Mit Hilfe von `iroute` sollen auf `server_a` die Netzwerke 192.168.1.0/24, 192.168.2.0/24 und

192.168.3.0/24 erst nach einem erfolgreichen Tunnelaufbau in der Routing-Tabelle erscheinen. Der entsprechende Abschnitt einer solchen Konfiguration sieht wie folgt aus:

```
;----------------------------------------
; Routing-Einträge der Netze an Standort D
;----------------------------------------
iroute 192.168.1.0 255.255.255.0
route 192.168.1.0 255.255.255.0
;
iroute 192.168.2.0 255.255.255.0
route 192.168.2.0 255.255.255.0
;
iroute 192.168.3.0 255.255.255.0
route 192.168.3.0 255.255.255.0
```

Zwischen den beiden Optionen `iroute` und `route` besteht der wichtige Unterschied, dass

- `iroute` das Routing an den entsprechenden Client innerhalb des OpenVPN-Prozesses gewährleistet,
- während `route` für den korrekten Eintrag in der Routing-Tabelle des Betriebssystems sorgt.

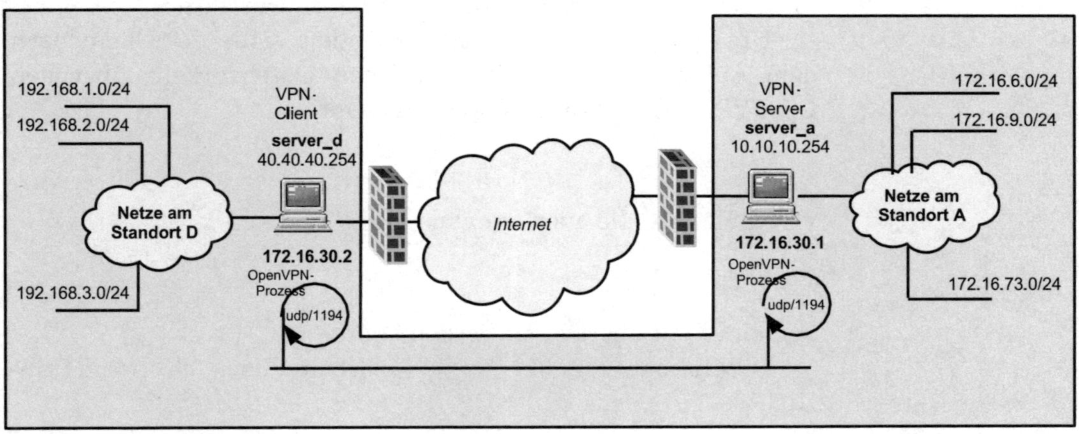

Abbildung 8.11 *Anhand der Option* `iroute` *können die Server zusätzliche Routen in Abhängigkeit des Tunnelstatus aktivieren bzw. deaktivieren.*

Wenn analog in der Konfiguration von `server_d` die Einträge

```
;----------------------------------------
; Routing-Einträge der Netze an Standort A
;----------------------------------------
iroute 172.16.6.0 255.255.255.0
route 172.16.6.0 255.255.255.0
;
iroute 172.16.9.0 255.255.255.0
```

```
route 172.16.9.0 255.255.255.0
;
iroute 172.16.73.0 255.255.255.0
route 172.16.73.0 255.255.255.0
```

Eine Alternative zum Einsatz von `iroute` *und* `route` *ist die Verwendung eines dynamischen Routing-Protokolls, wie beispielsweise OSPF.*

vorhanden sind, dann werden wechselseitig beiden OpenVPN-Servern die Netzwerke des jeweils anderen Standorts bekannt gegeben, sobald der Tunnel aufgebaut ist.

8.7.3 Default-Gateways und *Split Tunneling*

Bisher wurde durch die Modifikation der Routing-Tabelle nur der Verkehr für spezifisch definierte Netzwerke über den Tunnel transportiert. Eine möglicherweise auf dem Client vorhandene Defaultroute (die vermutlich ins Internet gerichtet ist) wird nicht verändert. Daher ist parallel zur getunnelten Kommunikation mit Ressourcen im LAN (zum Beispiel der VPN Company) auch weiterhin ein uneingeschränkter Zugriff auf beliebige andere Ressourcen möglich. So eine Situation wird im Fachjargon auch als *split tunneling* bezeichnet, da der Client in dieser Situation zwei gültige Gateways besitzt. Sie birgt allerdings die Gefahr, dass ein solcher Client aufgrund von Sicherheitslücken als Gateway in das über den Tunnel erreichbare LAN missbraucht wird.

Um ein *split tunneling* zu vermeiden, sollte der Client nach dem Aufbau des Tunnels sämtlichen Datenverkehr über den OpenVPN-Tunnel senden, wofür die Option

```
redirect-gateway
```

vorhanden ist, die auch dynamisch mit

```
push "redirect-gateway"
```

an den Client übertragen werden kann.

Die Option `redirect-gateway` arbeitet nach folgendem Prinzip:

1. Es wird eine spezifische Route (Hostroute) für die mit der Option `remote` definierte Adresse des OpenVPN-Servers im System installiert. Als Gateway wird hierbei das bisherige Default-Gateway eingetragen.
2. Die bisher vorhandene Defaultroute des Clients wird entfernt.
3. Stattdessen wird eine neue Defaultroute mit dem OpenVPN-Server als Gateway installiert.

`redirect-gateway` kann noch mit zusätzlichen Parametern versehen werden:

- `local` sollte verwendet werden, wenn sich die beiden Tunnelendpunkte im gleichen Netz befinden. In diesem Fall wird auf den erstgenannten Schritt verzichtet und keine zusätzliche Route für den Tunnelendpunkt eingetragen.
- `def1` wendet einen altbekannten Trick im Routing an: Anstatt die vorhandene Defaultroute zu löschen, werden zwei zusätzliche Routen für die Netzwerke 0.0.0.0/1 und 128.0.0.0/1 mit dem Tunnelendpunkt als Gateway installiert. Da bei der Ermittlung des Gateways immer derjenige Eintrag aus der Routing-Tabelle verwendet wird, dessen Netzwerk/Maske am besten für das Zielsystem passt, werden die beiden neuen Routen grundsätzlich der vorhandenen Defaultroute vorgezogen. Im Fachjargon wird dieses Verfahren auch als *Longest Prefix Match* [15] bezeichnet.

Longest Prefix Match

Nach dem Abbau des Tunnels wird der ursprüngliche Zustand der Routing-Tabelle wieder hergestellt, das heißt, alle von OpenVPN installierten Routen werden wieder entfernt.

`redirect-gateway` bei *tap*-Schnittstellen

Für den Fall, dass in der Konfiguration *tap*-Schnittstellen verwendet werden und die Absicht besteht, sämtlichen Verkehr über den Tunnel zu transportieren, kann hierfür ebenfalls die Option `redirect-gateway` verwendet werden. Hier ist allerdings noch ein weiteres Kommando notwendig: `route-gateway`. Das hat folgenden Hintergrund:

- Eine *tun*-Schnittstelle entspricht einer Punkt-zu-Punkt-Verbindung zwischen zwei Computern. Entsprechend kann der *next hop* für die neue Defaultroute automatisch aus den Eigenschaften der *tun*-Schnittstelle abgeleitet werden.
- Die *tap*-Schnittstelle verbindet den Client mit einem Ethernet-Segment und es ist kein *next hop* definiert. Ohne eine solche Definition kann jedoch die Option `redirect-gateway` die Routing-Tabelle nicht modifizieren. Aus diesem Grund wird mit der Option `route-gateway` eine entsprechender *next hop* definiert.

Um beispielsweise sämtlichen Verkehr des Clients `host_gelb` aus Abbildung 8.10 über den Tunnel zu leiten, können folgende Optionen via `push` an den Client übertragen werden:

```
push "route-gateway 10.10.10.254"
push "redirect-gateway"
```

8.7.4 Push-Optionen für spezifische Clients

Wer Push & Pull einsetzen möchte, hat im *Server Mode* zusätzlich die Möglichkeit, für einzelne Clients unterschiedliche Parameter zu definieren, sofern die Option `client-config-dir` verwendet wird (siehe Kapitel 8.6.2). Mit Hilfe dieser clientspezifischen Konfigurationsdatei können dann zusätzlich zu den Push-Optionen der Hauptkonfigurationsdatei weitere Direktiven hinzugefügt werden. Wenn allerdings die global gültigen Push-Optionen ignoriert werden sollen (um ausschließlich den Push-Optionen dieser Datei Gültigkeit zu verschaffen), muss hierfür die Option

- `push-reset`

aktiviert werden.

8.8 Änderung der Netzwerkeigenschaften

Bisher haben wir gesehen, dass unser Tunnel recht gut aufgebaut wird und dass einem Client durchaus unterschiedliche Verbindungsparameter vom Server übertragen werden können. Vom administrativen Gesichtspunkt her ist das bereits eine Stufe zum Erfolg und als Administrator ist man vermutlich nun bereit, ersten Pilotnutzern einen Netzwerkzugriff über OpenVPN zu gestatten. Allerdings ist es auch genau die Situation, in der üblicherweise die ersten Probleme auftreten können.

8.8.1 Paketgrößen

Wie bereits in Kapitel 3.3 erläutert, kann eine Fragmentierung von Paketen auf dem Pfad zwischen Sender und Empfänger durchaus zu Einbußen in der Qualität der Verbindung führen. Das ist insbesonders dann der Fall, wenn auf einem Streckenabschnitt die verfügbare Bandbreite bereits nahezu komplett beansprucht wird. In einer solchen Situation kann es dann unter Umständen zu Paketverlusten kommen.

Als Netzwerkapplikation ist natürlich auch OpenVPN von der Güte der Verbindung zwischen zwei Tunnelendpunkten abhängig. Mit diesem Wissen im Hintergrund wird deutlich, warum Mechanismen benötigt werden, welche die MTU des Tunnelinterface modifizieren können. Die hierfür verfügbaren Optionen lassen sich in zwei Klassen einteilen:

- Optionen zur Ermittlung der MTU entlang eines Pfades und
- Optionen zur Definition einer festen beziehungsweise maximalen Paketgröße.

Ermittlung der MTU entlang eines Pfades

Mit der Option `mtu-test` ermittelt OpenVPN auf dem Pfad zwischen den Tunnelpartnern die maximal zulässige Paketgröße. Hierzu sollte OpenVPN sinnvollerweise nicht als Dämon gestartet werden. Wenn zusätzlich die Option `mtu-disc` verwendet und daraufhin vom Betriebssystem beim Versenden der Pakete das *Don't Fragment-* beziehungsweise *DF*-Bit gesetzt wird, können bei der Ausführung des Kommandos

DF-Bit: definiert im IP-Header, ob die Option »Don't Fragment« gesetzt ist.

```
openvpn --remote  1.1.1.1:1194 --dev tun0 --mtu-disc yes --mtu-test
```

beispielsweise die folgenden Ergebnisse betrachtet werden (sofern auf beiden Seiten der Verbindung dieses Kommando ausgeführt wird):

```
server_a:~# openvpn --remote  1.1.1.1:1194 --dev tun0 --mtu-disc ye
    s --verb 3 --mtu-test
Fri May 12 19:36:00 2006 OpenVPN 2.0 i386-pc-linux [SSL] [LZO] [EPO
    LL] built on Nov  3 2005
Fri May 12 19:36:00 2006 IMPORTANT: OpenVPN's default port number i
    s now 1194, based on an official port number assignment by IANA.
    OpenVPN 2.0-beta16 and earlier used 5000 as the default port.
Fri May 12 19:36:00 2006 ******* WARNING *******: all encryption an
    d authentication features disabled -- all data will be tunnelle
    d as cleartext
Fri May 12 19:36:00 2006 TUN/TAP device tun0 opened
Fri May 12 19:36:00 2006 Data Channel MTU parms [ L:1500 D:1450 EF:
    0 EB:4 ET:0 EL:0 ]
Fri May 12 19:36:00 2006 Local Options hash (VER=V4): '6e48cece'
Fri May 12 19:36:00 2006 Expected Remote Options hash (VER=V4): '6e
    48cece'
Fri May 12 19:36:00 2006 UDPv4 link local (bound): [undef]:1194
Fri May 12 19:36:00 2006 UDPv4 link remote: 1.1.1.1:1194
Fri May 12 19:36:02 2006 Peer Connection Initiated with 1.1.1.1:119
    4
Fri May 12 19:36:02 2006 Initialization Sequence Completed
Fri May 12 19:36:03 2006 NOTE: Beginning empirical MTU test -- resu
    lts should be available in 3 to 4 minutes.
Fri May 12 19:38:51 2006 write UDPv4 [EMSGSIZE Path-MTU=1500]: Mess
    age too long (code=90)
```

```
Fri May 12 19:38:54 2006 write UDPv4 [EMSGSIZE Path-MTU=1500]: Mess
    age too long (code=90)
Fri May 12 19:38:57 2006 write UDPv4 [EMSGSIZE Path-MTU=1500]: Mess
    age too long (code=90)
Fri May 12 19:39:00 2006 write UDPv4 [EMSGSIZE Path-MTU=1500]: Mess
    age too long (code=90)
Fri May 12 19:39:03 2006 write UDPv4 [EMSGSIZE Path-MTU=1500]: Mess
    age too long (code=90)
Fri May 12 19:39:06 2006 write UDPv4 [EMSGSIZE Path-MTU=1500]: Mess
    age too long (code=90)
Fri May 12 19:39:09 2006 NOTE: Empirical MTU test completed [Tried,
    Actual] local->remote=[1450,750] remote->local=[1450,750]
Fri May 12 19:39:09 2006 NOTE: This connection is unable to accomod
    ate a UDP packet size of 1450. Consider using --fragment or
    --mssfix options as a workaround.
Fri May 12 19:39:35 2006 event_wait : Interrupted system call (code
    =4)
Fri May 12 19:39:35 2006 TCP/UDP: Closing socket
Fri May 12 19:39:35 2006 Closing TUN/TAP interface
Fri May 12 19:39:35 2006 SIGINT[hard,] received, process exiting
    server_a:~#
```

Bei diesem Beispiel hatte ein Router auf dem Pfad zwischen `server_a` (10.10.10.254) und `host_gelb` (1.1.1.1) nur eine MTU von 1000 an seinen Interfaces. Entsprechend der gemessenen Ergebnisse sollte die Paketgröße in diesem Fall auf 750 gesetzt werden.

Die Option `mtu-disc` wird von OpenVPN derzeit nur von Linux unterstützt, da die verwendete Systemschnittstelle zu Erkennung der Fragmentierung nicht ohne weiteres auf andere Betriebssysteme zu übertragen ist.

Manuelle Konfiguration der MTU

Es kann durchaus vorkommen, dass eine manuelle Justierung der Paketgrößen notwendig ist, beispielsweise wenn irgendwo auf dem Pfad zwischen zwei Tunnelpartnern keine Fragmentierung zulässig ist. Mit den folgenden Optionen kann OpenVPN direkten Einfluss auf die Paketgrößen nehmen:

MSS: Maximum Segment Size (bei TCP-Verbindungen)

- `mssfix max` ist sinnvoll, wenn TCP-Verbindungen über Tunnel transportiert werden, die über UDP etabliert sind. Mit diesem Parameter wird TCP-Verbindungen signalisiert, ihre zu sendenden Pakete zu limitieren. Die einzelnen UDP-Pakete des Tunnels sollen dabei nicht größer als `max` Bytes sein.
- `fragment max` betrifft sämtliche UDP-Pakete, die über Tunnel auf der Basis von OpenVPN transportiert werden sollen. Dieser Parameter veranlasst den OpenVPN-Prozess, die UDP-Pakete (der unverschlüsselten Daten) für den Tunnel

bereits innerhalb des Prozesses auf maximal `max` Bytes zu fragmentieren. Für die Berechnung werden hier allerdings nur die reinen Nutzdaten (inkl. Enkapsulierung) betrachtet, während der UDP-Header des tunnelbildenden Pakets außer Acht gelassen wird.

Die Optionen `mssfix` für die Justierung der TCP-Parameter und `fragment` für die entsprechenden Anpassungen der UDP-Parameter können zusammen einen äußerst praktischen Ersatz bilden für den Fall, dass die Erkennung der MTU auf dem Pfad zwischen den Tunnelendpunkten nicht möglich ist.

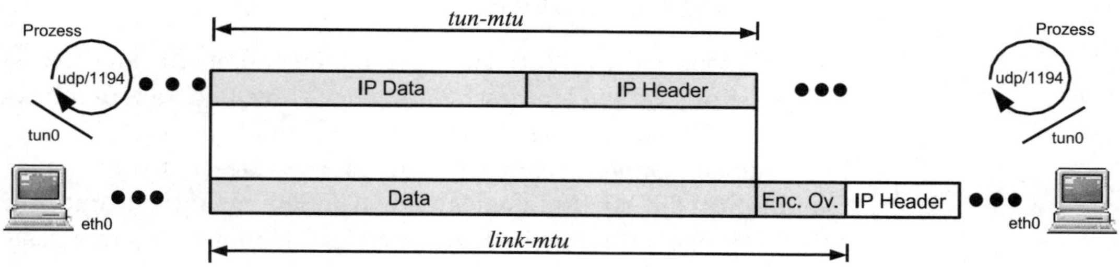

Abbildung 8.12
Im Unterschied zu tun-mtu kalkuliert link-mtu den Encryption Overhead mit ein.

Während die beiden genannten Optionen primär das Verhalten der Protokolle UDP und TCP betreffen, modifizieren die folgenden allgemein die Interface-Eigenschaften:

- `link-mtu n` definiert die obere Grenze für die Größe der Pakete zwischen den beiden Tunnelendpunkten beziehungsweise zwischen den beiden Prozessen. Dieser Wert spielt dann eine Rolle, wenn UDP als Transportprotokoll verwendet wird, und beschreibt die maximale Größe derjenigen Pakete, die den Tunnel bilden.
- `tun-mtu n` setzt die MTU des verwendeten Interface (*tun* oder *tap*) auf den Wert `n`. In Abhängigkeit von dem eingestellten Parameter wird der Wert für die `link-mtu` berechnet.

Die `link-mtu` sollte größer sein als die `tun-mtu`. Typische Werte sind 1541 Bytes (`link-mtu`) und 1500 Bytes (`tun-mtu`) (siehe auch Abbildung 8.12).

An dieser Stelle mag verwundern, dass der von OpenVPN voreingestellte Wert für die MTU vom Tunnelinterface 1500 Bytes ist, denn schließlich führt diese Größe schnell zu einer Fragmentierung bei der Übertragung der Daten über das physikalische Interface. Auf der anderen Seite, und das ist der Grund für diesen Wert, gibt es durchaus Apllikationen, die eine gewisse Sensibilität gegenüber der MTU an den Tag legen und schlichtweg von den im Ethernet üblichen 1500 Bytes ausgehen. Um trotzdem einer Fragmentierung vorzubeugen, verwendet OpenVPN eine *MSS* von 1450 Bytes. Dadurch ist bei TCP-Paketen noch ausreichend Platz für den notwendigen Overhead, **ohne** dass diese fragmentiert werden müssen.

MSS: Maximum Segment Size

8.8.2 *Type of Service*

Eine Eigenschaft im Internet, die mehr und mehr an Bedeutung gewinnt, ist die Unterscheidung der einzelnen Pakete in verschiedene Klassen, wobei diese durchaus unterschiedliche Bedeutung haben können. Beispiele sind hierbei die Dienstgüte oder Bandbreite, die ein Anbieter einem Kunden garantiert, und unterschiedliche Erfordernisse von Applikationen an die Latenzzeit (zum Beispiel die Übertragung von Audio oder Videos im Vergleich mit einem `ftp`-Download). Diese Klassifikation wird heutzutage im Rahmen des Internetprotokolls unter dem Titel *Differentiated Services* oder auch kurz *DiffServ* zusammengefasst.

DiffServ: Differentiated Services

DiffServ nutzt das so genannte *Type-of-Service-* oder ToS-Feld im IP-Header, um die Pakete den gewünschten Klassen zuzuordnen. Wenn derart klassifizierte Pakete beim OpenVPN-Prozess ankommen, wird diese Information transparent über das virtuelle Netzwerkinterface weitergeleitet. Zusätzlich besteht aber die Möglichkeit, mit der Option `pass-tos` dafür zu sorgen, dass das Paket für den verschlüsselten (!) Transport der Daten den gleichen ToS-Wert bekommt, wie die eigentlichen Nutzdaten.

8.8.3 Socket-Eigenschaften

OpenVPN ist in der Lage, über Konfigurationsparameter die Eigenschaften der für den Tunnel verwendeten Sockets zu ändern. Die entsprechenden Optionen hierfür lauten:

- `sndbuf size` dient zur Konfiguration der Größe des Sendepuffers für die Verbindung auf den Wert `size`. Sofern dieser Wert nicht explizit gesetzt ist, beträgt die Größe 65.535 Bytes.

- `rcvbuf size` konfiguriert analog die Größe des Empfangspuffers.
- `txqueuelen n` (nur bei Linux) definiert die Größe der Sendewarteschlange des TUN/TAP Interface. `n` bezeichnet in diesem Fall die Anzahl der Pakete in der Warteschlange.

Die Änderung der Puffergrößen kann insbesondere dann von Interesse sein, wenn mit Hilfe kurzer Warteschlangen eine geringe Latenz für die Übertragung der Daten erreicht werden soll. Auf der anderen Seite steigt bei einer Verringerung der Puffergrößen auch die Wahrscheinlichkeit von Paketverlusten, wenn der Pfad zwischen Client und Server bereits unter einer hohen Last leidet.

Für eine Steigerung des Durchsatzes kann auch die Option `fast-io` verwendet werden, die allerdings nur auf Nicht-Windows-Systemen verfügbar ist. `fast-io` deaktiviert die Verwendung von blockierenden Funktionsaufrufen für den Socket vor einem Schreibzugriff und kann zu einem schnelleren Schreiben der Daten auf den Socket führen. Diese Option ist nur verwendbar, wenn UDP als Transportprotokoll benutzt wird und kein Traffic Shaping (siehe Kapitel 8.4.2) aktiv ist.

9 Authentisierung: Preshared Keys, Zertifikate & Co.

Für die Authentisierung bei OpenVPN gibt es eine ganze Palette von Möglichkeiten, die miteinander kombiniert werden können. Nachdem grundsätzliche Fragen der Authentisierung bereits in Kapitel 2.2 erörtert wurden, geht es im folgenden Kapitel um die Möglichkeiten, die OpenVPN zur Verfügung stellt.

9.1 OpenVPN mit *Preshared Keys* (PSK)

Diese Variante ähnelt sehr dem in Kapitel 2.2 genannten Passwortverfahren für die Anmeldung an einem System. Die Kenntnis eines bestimmten Passwortes berechtigt hierbei zur Verwendung eines verschlüsselten Tunnels. Der einzige Unterschied ist, dass sich dieses Passwort in einer Datei befindet, eine lange Folge von Zeichen beinhaltet und sich zwangsläufig nicht auf Anhieb merken lässt.

Solch eine Passwortdatei wird ganz unkompliziert mit den Bordmitteln von OpenVPN erstellt:

```
vpn@r2d2:~$ /usr/local/sbin/openvpn --genkey --secret mykey.txt
```

Die mit diesem Kommando erzeugte Datei beinhaltet den für die VPN-Verbindung verwendeten Schlüssel:

```
vpn@r2d2:~$ cat mykey.txt
#
# 2048 bit OpenVPN static key
#
-----BEGIN OpenVPN Static key V1-----
4865792067726f73736520537573692c
2069636820686162206469636820736S
6872206c6965622e204b7573732c204a
6f650342a97ca2a8c223ec62dfd3dff3
9da715eaaa7809f6901f4bb2166a1091
7d9c35d61c07d36beedd00fd32b07356
d73a7f38a0a478de3d89540c982a19ff
70647edd8bc73a069a4cf9f06c48cd01
4b251322299eb9c083d5a5b9698d2f84
```

```
e24ef435c44a754ac673f48fce089efb
06dad3187426d298d3b22f7a2afd9237
0116532c2ba9ad29c30fc8c89bf89b46
e10334edb4d360988fda1b8653ad146e
30e23f15ba12f243c1b64b16f2d343a1
1e714b1e37c53fa569b68871c4fdec64
dd0958d24f3c17c7115a030d7ab8192d
-----END OpenVPN Static key V1-----
vpn@r2d2:~$
```

Da an beiden Enden eines Tunnels nun der gleiche Schlüssel eingesetzt wird, ist der Konfigurationsaufwand auch recht gering. Daher bietet sich dieses Verfahren insbesondere für Tests im Labor an. Bei der Verwendung solcher Schlüssel im realen Betrieb sollte unbedingt beachtet werden, dass der Schlüssel zwischen den beteiligten Parteien über einen sicheren Kanal ausgetauscht wird. Der Vorteil dieses Verfahrens liegt auf der Hand: Es ist wirklich äußerst einfach zu realiseren! Beispielsweise können wie in Abbildung 9.1 die Netzwerke zweier Standorte miteinander verbunden werden. Hierbei wird von Bridging Gebrauch gemacht, um das Netzwerksegment 172.16.1.0/24 über beide Standorte zu spannen.

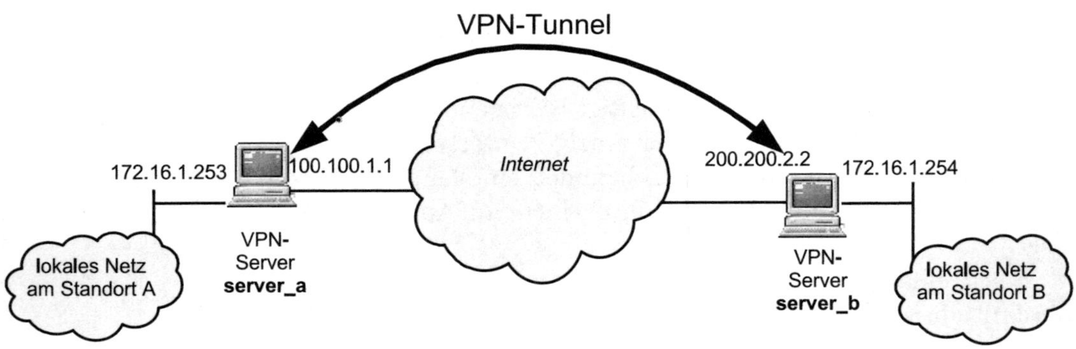

Abbildung 9.1 *Authentisierung am Beispiel einer Standortverbindung*

Die Verwendung von Preshared Keys birgt Gefahren!

Natürlich ist dieses Verfahren auch mit Nachteilen behaftet: Ohne manuelles Eingreifen wird kein neuer Schlüssel generiert. Ein unaufmerksamer Administrator könnte auf diese Weise über einen längeren Zeitraum den Aufbau vermeintlich sicherer Tunnel gestatten, die permanent den gleichen Schlüssel verwenden. Das Risiko liegt hierbei auf der Hand: Wenn ein Angreifer einmal in den Besitz eines solchen Schlüssels kommt, dann lässt sich hiermit die komplette Kommunikation nachträglich entschlüsseln! Und nicht zu vergessen: Das Mitlauschen von Daten in der Zukunft ist dann auch kein Problem mehr.

Um dieses Risiko zu verringern, kann periodisch ein neuer Schlüssel generiert und ausgetauscht werden. Für dessen Aktivierung ist es notwendig, OpenVPN neu zu starten. Das hat zur Folge, dass der Tunnel erst ab- und dann wieder aufgebaut wird und dementsprechend die Kommunikation zwischen zwei Standorten kurzzeitig unterbrochen wird. Wünschenswert wäre demnach ein Mechanismus, bei dem die Schlüssel automatisch neu generiert und aktiviert werden. Und genau an dieser Stelle kommen Zertifikate ins Spiel.

9.2 Zertifikate und eine eigene CA

Für die Verwendung von Zertifikaten sind folgende Dateien erforderlich:

- Der OpenVPN-Server benötigt
  - seinen Serverschlüssel,
  - das dazugehörige Zertifikat, welches von der CA beglaubigt ist, und
  - das passende Zertifikat von der CA.
- Der OpenVPN-Client benötigt (normalerweise)
  - seinen Clientschlüssel,
  - das dazugehörige Zertifikat, welches von der CA beglaubigt ist, und
  - das passende Zertifikat von der CA.

Sofern beide Zertifikate von derselben CA signiert sind, betrachten sich Server und Client als vertrauenswürdig und der Server gestattet den Aufbau des Tunnels.

Vom Gesichtspunkt der Authentisierung ist die Verwendung eines SSL/TLS-Zertifikats nur dann besser, wenn dessen privater Schlüssel zusätzlich mit einem Passwort geschützt ist. Der Benutzer muss dann für eine erfolgreiche Anmeldung einerseits ein vertrauenswürdiges Zertifikat besitzen und zusätzlich noch Kenntnis über die so genannte *Passphrase* haben.

Eine Passphrase schützt den privaten Schlüssel.

Solch ein Zertifikat, dessen privater Schlüssel durch eine Passphrase geschützt ist, kann ohne Probleme verwendet werden: Bei der Erstellung des notwendigen Schlüssels beziehungsweise der Schlüsseldatei kann es optional angegeben werden und wird im Folgenden immer dann verlangt, wenn ein lesender Zugriff auf die Schlüsseldatei erfolgt. Dies ist beispielsweise beim Start von

OpenVPN der Fall, wenn um die Eingabe des *Private Key Password* gebeten wird:

```
vpn_client:/etc/openvpn# openvpn --config server_a_bridge_443_with_
pw.conf
Thu Jun 23 21:06:46 2005 OpenVPN 2.0 i686-pc-linux [SSL] [LZO] [EPO
LL] built on Apr 25 2005
Enter Private Key Password:
Thu Jun 23 21:06:49 2005 Attempting to establish TCP connection wit
h 10.10.10.254:443
Thu Jun 23 21:06:50 2005 TCP connection established with 10.10.10.2
54:443
Thu Jun 23 21:06:50 2005 TCPv4_CLIENT link local: [undef]
Thu Jun 23 21:06:50 2005 TCPv4_CLIENT link remote: 10.10.10.254:443
Thu Jun 23 21:06:51 2005 [vpn_uml_server_a] Peer Connection Initiat
ed with 10.10.10.254:443
Thu Jun 23 21:06:52 2005 TUN/TAP device tap0 opened
Thu Jun 23 21:06:52 2005 /sbin/ip link set dev tap0 up mtu 1225
Thu Jun 23 21:06:52 2005 /sbin/ip addr add dev tap0 172.16.1.91/24
broadcast 172.16.1.255
Thu Jun 23 21:06:52 2005 Initialization Sequence Completed
```

Nur bei einer erfolgreichen Eingabe der Passphrase wird die Verbindung zum VPN-Server aufgenommen. Andernfalls erscheint eine Fehlermeldung:

```
vpn_client:/etc/openvpn# openvpn --config server_a_bridge_443_with_
pw.conf
Thu Jun 23 21:19:52 2005 OpenVPN 2.0 i686-pc-linux [SSL] [LZO] [EPO
LL] built on Apr 25 2005
Enter Private Key Password:
Thu Jun 23 21:19:54 2005 Cannot load private key file keys/vpn_uml_
host01_with_passphrase.pem: error:06065064:digital envelope routine
s:EVP_DecryptFinal:bad decrypt: error:0906A065:PEM routines:PEM_do_
header:bad decrypt: error:140B0009:SSL routines:SSL_CTX_use_Private
Key_file:PEM lib
Thu Jun 23 21:19:54 2005 Exiting
vpn_client:/etc/openvpn#
```

9.3 Authentisierung durch einen *RADIUS*-Server

In den vorangegangenen Abschnitten wurden die Mittel beschrieben, die grundsätzlich im Rahmen von OpenVPN verfügbar und entsprechend plattformunabhängig sind. Um Authentisierungsdienste wie RADIUS, LDAP oder ein lokales Serverpasswort nutzen zu können, wird ein OpenVPN-Plugin verwendet: *openvpn-auth-pam*.

PAM: Pluggable Authentication Module

PAM steht für *Pluggable Authentication Module* und erlaubt unter Linux, *BSD und deren Verwandten, eine Authentisierung am System unter Verwendung verschiedenster Dienste durchzuführen. Dazu gehört das lokale Passwort genauso wie die Verwendung eines RADIUS-, TACACS- oder LDAP-Servers. Alternativ kann auch ein SQL-Server wie PostgreSQL oder mySQL verwendet werden.

In der Netzwerkbranche ist der *Remote Authentication Dial In User Service (RADIUS)* ein sehr weit verbreitetes Verfahren und wird in der Regel für die Authentisierung an diversen Systemen verwendet. Obwohl es häufig für die Anmeldung und den Zugang zu einem Netzwerk eingesetzt wird (wie zum Beispiel beim Zugang über Modem oder ISDN), kann es beispielsweise auch zur Anmeldung an einem Betriebssystem oder einem Webserver benutzt werden. RADIUS wurde 1997 im RFC 2058 [43] definiert, der im Jahre 2000 durch den RFC 2865 [44] ersetzt wurde.

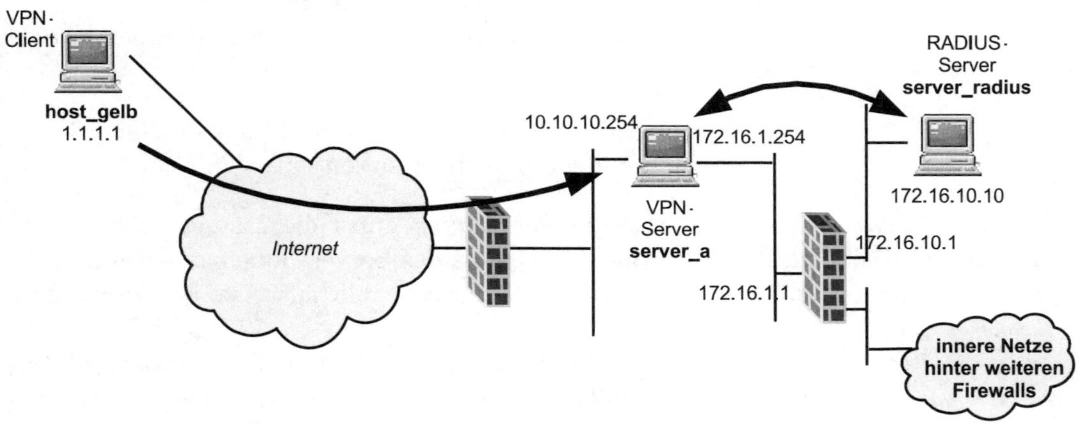

Abbildung 9.2 *Authentisierung mit einem separaten RADIUS-Server*

In den folgenden Abschnitten soll nun die Einrichtung einer RADIUS-basierten Authentisierung in OpenVPN dargestellt werden, wobei wieder Bezug auf die Infrastruktur der VPN Company aus Kapitel 8.1 genommen wird. Ziel wird es sein, einen Benutzer am Client `host_gelb` für eine VPN-Verbindung zum VPN-Server `server_a` durch den RADIUS-Server `server_radius` zu authentisieren. Zu diesem Zweck wird zunächst ein geeigneter RADIUS-Dienst eingerichtet.

9.3.1 Konfiguration eines RADIUS-Servers

Es gibt zahlreiche Softwarepakete, die einen RADIUS-Dienst bereitstellen, darunter kommerzielle und nicht-kommerzielle aus der Open-Source-Community. Da die »VPN Company« bisher recht gute Erfahrungen mit *Debian GNU/Linux* gemacht hat, wird dieses System auch auf `server_radius` verwendet. Für die Bereitstellung des RADIUS-Dienstes wird der FreeRADIUS-Server gewählt und im Folgenden den Bedürfnissen des Beispiels entsprechend (minimal) eingerichtet.

Ist der Dienst noch nicht vorhanden, wird das Paket auf dem Server installiert, was bei *Debian GNU/Linux* mit dem folgenden Kommando durchgeführt wird:

```
server_radius:~#  apt-get install freeradius
```

Anschließend wird das Installationspaket von der Installationsquelle installiert, so dass der FreeRADIUS-Daemon fortan beim Hochfahren des Systems automatisch startet.

Als Nächstes ist es notwendig, dem FreeRADIUS-Server mitzuteilen,

- welche Server diesen Dienst verwenden dürfen und
- welche Benutzer er authentisieren soll.

Das shared secret sollte selbstredend im produktiven Einsatz komplexer gewählt werden, zum Beispiel mit Werkzeugen wie pwgen.

Für die Auflistung der Server muss die Datei `clients.conf` im Konfigurationsverzeichnis des Servers angepasst werden, die sich unter *Debian GNU/Linux* üblicherweise im Verzeichnis `/etc/free`
`radius/` befindet. Ein RADIUS-Client ist in erster Linie durch seine IP-Adresse und ein *shared secret* definiert, welches für die Verschlüsselung der Kommunikation von RADIUS-Server und -Client verwendet wird:

```
client 172.16.1.254 {
        secret          = secret_a
        shortname       = server_a
}
```

Es ist wichtig, dass dieser Eintrag in der Datei innerhalb einer Zeile steht, da die erste Zeile einer Benutzerdefinition grundsätzlich die notwendigen Muss-Kriterien der Authentisierung definiert.

Nachdem nun der Host `server_a` die Erlaubnis hat, Authentisierunganfragen an den RADIUS-Server zu senden, werden im nächten Schritt die Benutzer angelegt. Hierzu wird die Datei `users` verändert, zum Beispiel durch den folgenden Eintrag:

```
user_gelb      NAS-IP-Address =="172.16.1.254", Auth-Type := Local,
User-Password == "pass_gelb"
```

Dieser Eintrag erlaubt dem Benutzer *user_gelb* den Zugriff auf das Netz unter folgenden Bedingungen:

- Die Authentisierungsanfrage kommt vom `server_a` mit der IP-Adresse 172.16.1.254

- und der Benutzer hat das korrekte Passwort *pass_gelb* eingegeben.

9.3.2 Einrichtung des RADIUS-Plugins für PAM

Nachdem der RADIUS-Server für unser Beispiel ausreichend konfiguriert ist, gilt es, im nächsten Schritt den OpenVPN-Server für die RADIUS-basierte Authentisierung vorzubereiten. Zu diesem Zweck wird das entsprechende PAM-Modul auf dem System installiert, zum Beispiel unter *Debian GNU/Linux* mit folgendem Kommando:

```
server_radius:~#  apt-get install libpam-radius-auth
```

Im Anschluss an die Installation ist es notwendig, in der Konfigurationsdatei `/etc/pam_radius_auth.conf` den beziehungsweise die RADIUS-Server einzutragen. Für unser Beispiel aus Abbildung 9.2 kann der Eintrag wie folgt aussehen:

```
# server[:port] shared_secret      timeout (s)
#
172.16.10.10    secret_a           3
```

Da unser FreeRADIUS-Server auf `server_radius` die Standardports verwendet, ist hier die Angabe der IP-Adresse ausreichend. Zur erfolgreichen Kommunikation muss natürlich auch das *shared secret* angegeben werden, welches zur Verschlüsselung der Daten zwischen RADIUS-Server und RADIUS-Client verwendet wird. Als dritter Parameter wird ein Timeout definiert, welcher die Wartezeit des RADIUS-Clients auf Antworten vom RADIUS-Server definiert.

RADIUS verwendet UDP-Datagramme zum Transport der Nachrichten. Nach Ablauf des Timeouts werden die Pakete daher erneut gesendet.

Ist das PAM-Modul soweit konfiguriert, gilt es zu entscheiden, zu welchem Zweck der RADIUS-Server eingesetzt werden soll. In unserem Beispiel geht es um die reine Authentisierung von OpenVPN-Verbindungsanfragen, daher ist es naheliegend, im Rahmen von PAM ein Profil für den Dienst OpenVPN anzulegen. Hierzu wird unter *Debian GNU/Linux* eine Datei namens `openvpn` im Verzeichnis `/etc/pam.d` erstellt:

```
#%PAM-1.0
auth    required        /lib/security/pam_radius_auth.so
account required        /lib/security/pam_radius_auth.so
```

Durch diese Definitionen wird für den Dienst *openvpn* das RADIUS-Plugin von PAM verwendet.

9.3.3 Benutzung des PAM-Plugins in OpenVPN

Die Einbindung des bereits konfigurierten PAM-Moduls auf `server_a` geschieht durch folgende Direktive in der Konfigurationsdatei des OpenVPN-Servers:

```
plugin /usr/lib/openvpn/openvpn-auth-pam.so openvpn
```

In der Konfigurationsdatei des Clients muss entsprechend die folgende Option zur zwingend notwendigen Abfrage des Username-Passwort-Paares enthalten sein:

```
auth-user-pass
```

Damit wird gewährleistet, dass vom Benutzer ein Username-Passwort-Paar beim Starten des VPN-Dienstes erfragt wird.

Die Kombination von OpenVPN mit RADIUS bietet den Administratoren interessante Perspektiven!

Wenn diese beiden Direktiven gesetzt sind, verläuft die Authentisierung im Beispiel aus Abbildung 9.2 folgendermaßen:

1. Am Client `host_gelb` wird vom Benutzer das Username-Passwort-Paar abgefragt. In diesem Fall ist für den Benutzer *user_gelb* das Passwort *pass_gelb* gültig.
2. Der Client `host_gelb` baut die Verbindung zum Server `server_a` auf.
3. Server und Client tauschen die Zertifikate aus und prüfen deren Gültigkeit.
4. Wenn die Zertifikate gültig sind, wird der verschlüsselte Tunnel zwischen `server_a` und `host_gelb` etabliert.
5. Über den verschlüsselten Tunnel wird das Username-Passwort-Paar übertragen.
6. Der OpenVPN-Dienst reicht das Username-Passwort-Paar weiter an das PAM-Plugin von `server_a`, welches den Request weiter zum RADIUS-Server `server_radius` sendet.
7. Wenn der RADIUS-Server das Paar akzeptiert, bleibt der verschlüsselte Tunnel bestehen. Andernfalls wird er vom OpenVPN-Server sofort wieder abgebaut.

Der eigentliche Clou dieser Lösung besteht in der Flexibilität des RADIUS-Servers, da er seine Authentisierungsinformationen nicht unbedingt in der lokalen Datei `users` haben muss, sondern diese Informationen stattdessen aus anderen Diensten beziehen kann. Ein besonderes Beispiel hierfür ist die *Two-Factor*-Authentisierung mit Hilfe von *One-Time-Password*-Systemen. Die Authentisierung gestaltet sich hierbei durch zwei Faktoren:

- Der Benutzer muss das passende Gerät oder *Token* besitzen
- und in Abhängigkeit vom Zeitpunkt und Token ist nur ein Passwort gültig, das sich in regelmäßigen Abständen ändert (zum Beispiel jede Minute). Dieses dynamisch generierte Passwort schützt den Benutzer vor unbefugtem Mitlesen oder Mitschneiden.

Es gibt eine Reihe von Firmen, die entsprechende Systeme anbieten. In der Regel ist es auch möglich, diese im Zusammenhang mit einem RADIUS-Dienst zu verwenden.

RADIUS bietet noch viele weitere interessante Möglichkeiten, deren Beschreibung den Umfang dieses Buches sprengen würde. Zur weiteren Lektüre ist beispielsweise das Werk von Jonathan Hassell [36] ein guter Einstieg.

9.4 Limitierte Gültigkeit des Passworts

Wer sich kommerzielle VPN-Produkte anschaut, dem wird auffallen, dass es häufig die Möglichkeit gibt, den Benutzer zu einer neuen Authentisierung aufzufordern. Falls das neu einzugebende Passwort gültig ist, wird die Verbindung aufrechterhalten, andernfalls wird die Verbindung abgebrochen. Eine entsprechende Anforderung lässt sich auch mit OpenVPN einfach realisieren:

- in der Konfigurationsdatei des Servers muss die Option `reneg-sec` auf den Wert (in Sekunden) gesetzt werden, nachdem das Passwort neu erfragt werden soll,
- während in der Konfiguration des Clients zusätzlich zur Option `auth-user-pass` noch die Option `auth-nocache` gesetzt sein muss.

OpenVPN GUI bietet eine komfortable Umgebung für die Tunnelverwaltung auf Windows-Systemen.

Im folgenden Beispiel will sich ein Benutzer des Clients `host_black` über eine User-Passwort-Authentisierung am Server `server_a` anmelden. Auf dem Windows XP-Client wird für diesen Zweck die *OpenVPN GUI* von Mathias Sundman [52] verwendet.

In Abbildung 9.3 wird aus den vorhandenen Konfigurationen das Profil *vpn_company_tunnel_1194_radius* ausgewählt. Anschließend untersucht das Programm die Konfiguration und erkennt, dass der Benutzer nach dem üblichen Paar aus Benutzername und Passwort gefragt werden soll (siehe Abbildung 9.4).

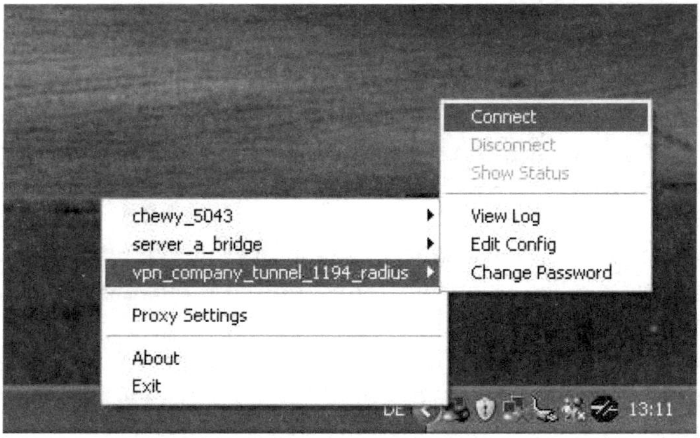

Abbildung 9.3 *Starten des Tunnels über die OpenVPN GUI*

Dann baut der Client den verschlüsselten Tunnel auf und überträgt die Benutzerdaten zur Authentisierung. Auf dem OpenVPN-Server sieht das Ereignis folgendermaßen aus:

```
Sat Jan 28 12:19:45 2006 192.168.10.104:1292 VERIFY OK: depth=1, /C
    N=VPN_Company_Master_CA/C=DE/L=Erlangen/ST=Bavaria/O=Security_@
    _VPN_Company/OU=VPN_Operations/emailAddress=klaus@vpn-company.t
    est
Sat Jan 28 12:19:45 2006 192.168.10.104:1292 VERIFY OK: depth=0, /C
    N=VPN_Client_host_black/C=DE/L=Erlangen/ST=Bavaria/O=Security_@
    _VPN_Company/OU=VPN_Operations/emailAddress=klaus@vpn-company.t
    est
Sat Jan 28 12:19:45 2006 192.168.10.104:1292 PLUGIN_CALL: POST /usr
    /lib/openvpn/openvpn-auth-pam.so/PLUGIN_AUTH_USER_PASS_VERIFY s
    tatus=0
Sat Jan 28 12:19:45 2006 192.168.10.104:1292 TLS: Username/Password
    authentication succeeded for username 'user_black'
Sat Jan 28 12:19:45 2006 192.168.10.104:1292 Data Channel Encrypt:
    Cipher 'BF-CBC' initialized with 128 bit key
Sat Jan 28 12:19:45 2006 192.168.10.104:1292 Data Channel Encrypt:
    Using 160 bit message hash 'SHA1' for HMAC authentication
Sat Jan 28 12:19:45 2006 192.168.10.104:1292 Data Channel Decrypt:
    Cipher 'BF-CBC' initialized with 128 bit key
Sat Jan 28 12:19:45 2006 192.168.10.104:1292 Data Channel Decrypt:
    Using 160 bit message hash 'SHA1' for HMAC authentication
Sat Jan 28 12:19:45 2006 192.168.10.104:1292 Control Channel: TLSv1
    , cipher TLSv1/SSLv3 DHE-RSA-AES256-SHA, 1024 bit RSA
Sat Jan 28 12:19:45 2006 192.168.10.104:1292 [VPN_Client_host_black
    ] Peer Connection Initiated with 192.168.10.104:1292
Sat Jan 28 12:19:45 2006 VPN_Client_host_black/192.168.10.104:1292
    MULTI: Learn: 172.16.30.6 -> VPN_Client_host_black/192.168.10.1
    04:1292
Sat Jan 28 12:19:45 2006 VPN_Client_host_black/192.168.10.104:1292
    MULTI: primary virtual IP for VPN_Client_host_black/192.168.10.
    104:1292: 172.16.30.6
Sat Jan 28 12:19:46 2006 VPN_Client_host_black/192.168.10.104:1292
    PUSH: Received control message: 'PUSH_REQUEST'
Sat Jan 28 12:19:46 2006 VPN_Client_host_black/192.168.10.104:1292
    SENT CONTROL [VPN_Client_host_black]: 'PUSH_REPLY,route 172.16.
    30.1,ping 10,ping-restart 120,ifconfig 172.16.30.6 172.16.30.5'
    (status=1)
```

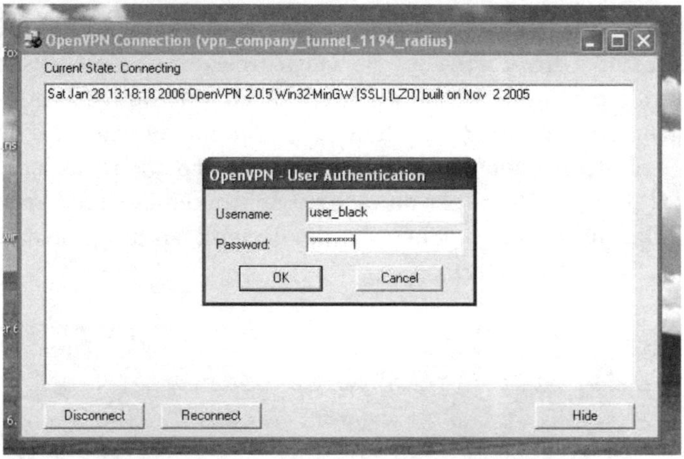

Abbildung 9.4 *Passworteingaben mit Hilfe von OpenVPN GUI*

Hierbei ist ganz deutlich zu sehen, dass das Plugin `openvpn-auth-pam.so` für die Authentisierung verwendet wird und der VPN-Tunnel um 12:19:46 Uhr erfolgreich aufgebaut wurde. Wenn nun beispielsweise nach 120 Sekunden neue Schlüssel ausgetauscht und bei diesem Vorgang zusätzlich das Passwort neu erfragt werden soll, dann hat die Option `reneg-sec` den Parameter 120 und das Protokoll sieht folgendermaßen aus:

Im realen Einsatz sollte die Option `reneg-sec` *natürlich auf größere Werte als 120 Sekunden eingestellt werden!*

```
Sat Jan 28 12:21:45 2006 VPN_Client_host_black/192.168.10.104:1292
    TLS: soft reset sec=0 bytes=1155/0 pkts=22/0
Sat Jan 28 12:22:34 2006 VPN_Client_host_black/192.168.10.104:1292
    VERIFY OK: depth=1, /CN=VPN_Company_Master_CA/C=DE/L=Erlangen/
    ST=Bavaria/O=Security_@_VPN_Company/OU=VPN_Operations/emailAdd
    ress=klaus@vpn-company.test
Sat Jan 28 12:22:34 2006 VPN_Client_host_black/192.168.10.104:1292
    VERIFY OK: depth=0, /CN=VPN_Client_host_black/C=DE/L=Erlangen/
    ST=Bavaria/O=Security_@_VPN_Company/OU=VPN_Operations/emailAdd
    ress=klaus@vpn-company.test
Sat Jan 28 12:22:34 2006 VPN_Client_host_black/192.168.10.104:1292
    PLUGIN_CALL: POST /usr/lib/openvpn/openvpn-auth-pam.so/PLUGIN_
    AUTH_USER_PASS_VERIFY status=0
Sat Jan 28 12:22:34 2006 VPN_Client_host_black/192.168.10.104:1292
    TLS: Username/Password authentication succeeded for username '
    user_black'
Sat Jan 28 12:22:34 2006 VPN_Client_host_black/192.168.10.104:1292
    Data Channel Encrypt: Cipher 'BF-CBC' initialized with 128 bit
    key
Sat Jan 28 12:22:34 2006 VPN_Client_host_black/192.168.10.104:1292
    Data Channel Encrypt: Using 160 bit message hash 'SHA1' for HMA
    C authentication
Sat Jan 28 12:22:34 2006 VPN_Client_host_black/192.168.10.104:1292
    Data Channel Decrypt: Cipher 'BF-CBC' initialized with 128 bit
    key
Sat Jan 28 12:22:34 2006 VPN_Client_host_black/192.168.10.104:1292
    Data Channel Decrypt: Using 160 bit message hash 'SHA1' for
HMAC authentication
```

```
Sat Jan 28 12:22:34 2006 VPN_Client_host_black/192.168.10.104:1292
    Control Channel: TLSv1, cipher TLSv1/SSLv3 DHE-RSA-AES256-SHA,
    1024 bit RSA
```

Um 12:21:45 Uhr startet der Serverprozess einen Soft-Reset und erzwingt einen neuen Schlüsselaustausch mit dem Client. Daraufhin erscheint auf dem Client eine Dialogbox, um die Daten neu einzugeben (siehe Abbildung 9.5). Sofern nicht anders konfiguriert, hat der Benutzer danach 60 Sekunden Zeit, die erforderlichen Daten neu einzugeben. In der Beispielsitzung ist dies um 12:22:34 Uhr geschehen.

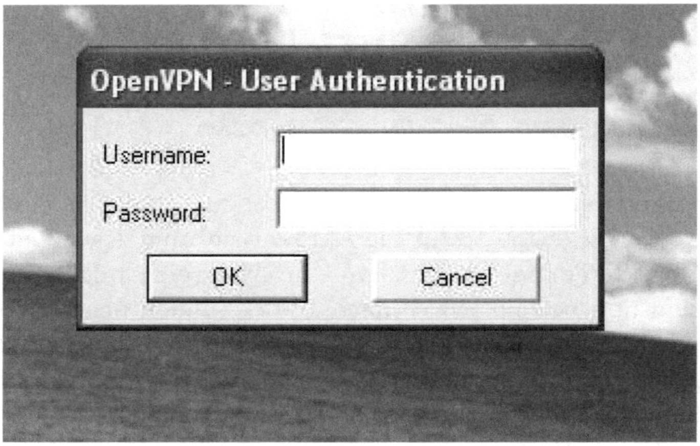

Abbildung 9.5 *Nach Ablauf der Gültigkeit des Passworts wird durch die OpenVPN GUI neu gefragt.*

Nachdem in diesem Beispiel die entsprechenden Daten korrekt eingegeben wurden, hat ein Schlüsselaustausch stattgefunden und der Tunnel seine Gültigkeit behalten. Daher ist in der Statuszeile der OpenVPN GUI zu beobachten, dass der Tunnel seit 13:19 geöffnet ist (siehe Abbildung 9.6). Wer sich übrigens an dieser Stelle wundert, dass der Statuseintrag des Clients eine Stunde gegenüber dem Logfile des Servers voraus ist, dem sei versichert, dass es nur daran liegt, dass Client und Server nicht in der gleichen Zeitzone konfiguriert sind.

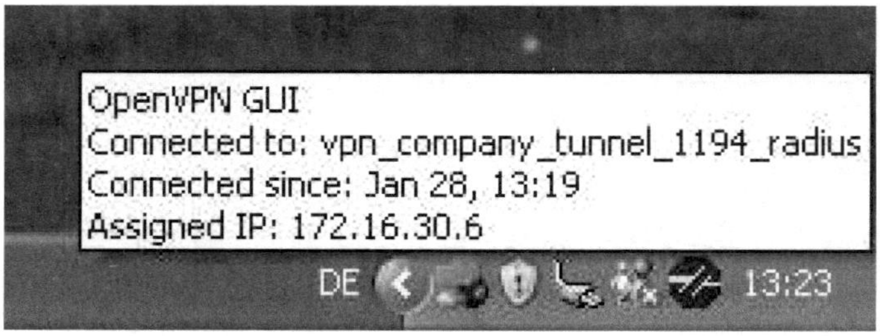

Abbildung 9.6 *Statusinformationen zur Verbindung über die OpenVPN GUI*

10 Management

Ganz allgemein gilt: Ein wichtiger Aspekt beim Betrieb eines VPN ist die Kenntnis über den Zustand des Systems. Hierbei lassen sich zwei verschiedene Kategorien unterscheiden:

- Der *Ist-Zustand* zeigt aktuelle Informationen des Systems, wie zum Beispiel die gerade angemeldeten Benutzer,
- und *historische Daten* geben Auskunft über den Systemstatus in der Vergangenheit.

Für den Ist-Zustand bietet OpenVPN ein eigenes Managementinterface an. Historische Daten lassen sich sowohl über das Logging betrachten als auch über den Einsatz von ereignisbasierten Skripten aufzeichnen, was am Beispiel eines einfachen Accountings im Folgenden demonstriert wird.

10.1 Managementinterface

Über das Managementinterface von OpenVPN lassen sich unterschiedliche Aktivitäten durchführen wie zum Beispiel die Abfrage von Statusinformationen oder auch das Löschen einzelner Verbindungen. Zum Einrichten des Managementinterface von OpenVPN muss die Option

```
management IP-Adresse Port [pw-file]
```

in der Konfiguration enthalten sein, wobei zu beachten ist,

- dass `IP-Adresse` diejenige Adresse definiert, über welche das Managementinterface ansprechbar ist,
- und der Parameter `Port` den zugehörigen IP-Port festlegt.
- Der optionale Parameter `pw-file` gibt zusätzlich eine (optionale) Datei an, in der das Passwort für den Zugang zum Managementinterface hinterlegt ist.

Für den server_a der VPN Company kann die Konfiguration beispielsweise folgendermaßen aussehen:

```
;-----------------------------
; Management Interface
;-----------------------------
management 127.0.0.1 11194 keys/mgmtdata
```

Entsprechend ist das Managementinterface über die Adresse 127.0.0.1 auf dem Port 11194 erreichbar, wobei für den Zugang das Passwort aus der Datei keys/mgmtdata verwendet wird. Allgemein sollte darauf geachtet werden, dass der Zugang nur über sichere, beziehungsweise verschlüsselte Kanäle erfolgt, da das Passwort hierbei noch im Klartext übertragen wird:

Für zukünftige Versionen ist eine Absicherung des Managementinterface über TLS/SSL geplant.

```
server_a:~# telnet 127.0.0.1 11194
Trying 127.0.0.1...
Connected to 127.0.0.1.
Escape character is '^]'.
ENTER PASSWORD:suppenkasper
SUCCESS: password is correct
>INFO:OpenVPN Management Interface Version 1 -- type 'help' for mor
   e info
^]
telnet>
Connection closed by foreign host.
server_a:~#
```

Um die Telnet-Verbindung also abzusichern, könnte beispielsweise ein SSH-Tunnel erstellt werden, über den dann auf das Telnet-Interface zugegriffen wird:

```
server_x:~# ssh -L 11195:127.0.0.1:11194 server_a &
server_x:~# telnet 127.0.0.1 11195
```

Mit dem ersten ssh-Befehl wird also ein Tunnel aufgebaut, der Anfragen an den lokalen Port 11195 auf das Zielsystem server_a an Port 11194 weiterleitet. Der Tunnel ist für den darauffolgenden telnet-Befehl völlig transparent.

Die Verwendung des Managementinterface wird übrigens auch im Logfile protokolliert:

```
Tue Mar 14 21:37:05 2006 MANAGEMENT: Client connected from 127.0.0.
    1:11194
Tue Mar 14 21:39:52 2006 MANAGEMENT: Client disconnected
```

Das Managementinterface bietet nicht nur eine Schnittstelle für den altehrwürdigen telnet-Client, sondern kann insbesondere von Managementapplikationen zur Erfassung der Statusinformationen verwendet werden. Aber Achtung: An dieser Stelle sei darauf hingewiesen, dass OpenVPN derzeit nur eine aktive Managementverbindung zulässt. Mit anderen Worten: Wenn diese Verbindung mit `telnet` benutzt wird, dann kann während der Dauer der Sitzung kein weiterer Client mehr eine Verbindung zum Managementinterface aufbauen.

10.1.1 Verfügbare Kommandos

Nach der Einrichtung des Interface werden nun die am häufigsten verwendeten Kommandos erläutert.

help zeigt, wie der Name schon sagt, eine kurze Auflistung aller zur Verfügung stehenden Befehle im Terminal an.

log erwartet entweder `on` oder `off` zum Aktivieren beziehungsweise Deaktivieren des Loggings in der Management-Session. Alternativ kann als Parameter auch eine Zahl angegeben werden, um die entsprechende Anzahl der jüngsten Log-Einträge zu erhalten. Mit `log all` wird das komplette Logging ausgegeben.

state erwartet analog zum Kommando `log` die Parameter `on` oder `off`. Wenn der Zustand auf `on` gesetzt ist, lassen sich hiermit Veränderungen im OpenVPN-Prozess beobachten. Zum Beispiel führt das Senden eines HANGUP-Signals zu folgender Ausgabe:

```
>STATE:1142461008,RECONNECTING,SIGHUP,
>STATE:1142461010,ASSIGN_IP,,172.16.30.1
>STATE:1142461010,ADD_ROUTES,,
>STATE:1142461010,CONNECTED,SUCCESS,172.16.30.1
```

Damit wird belegt, dass der Prozess zum Zeitpunkt 1142461008 (entsprechend dem Datentyp `time_t`) ein Signal vom Typ HANGUP empfangen und anschließend erneut das Tunnelinterface mit der Adresse 172.16.30.1 initialisiert hat.

Wie `log` verarbeitet dieses Kommando auch numerische Parameter zur Anzeige der jüngsten Statusänderung beziehungsweise `all` zur Anzeige der kompletten Historie. In diesem Zusammenhang lässt sich übrigens mit dem Kommando `verb n` der Detaillierungsgrad des Loggings verändern.

status ist in der Lage, den Status in Bezug auf die Clients darzustellen. Hierbei sind zwei unterschiedliche Darstellungen wählbar, wobei das `status 1` die Standarddarstellung ist.

Mit `status 1` *und* `status 2` *lassen sich interessante Informationen gewinnen!*

`status 1` unterscheidet die Darstellung in drei Bereiche: *OpenVPN CLIENT LIST*, *ROUTING TABLE* und *GLOBAL STATS* und sieht folgendermaßen aus:

```
status 1
OpenVPN CLIENT LIST
Updated,Wed Mar 15 22:27:10 2006
Common Name,Real Address,Bytes Received,Bytes Sent,Connected Since
VPN_Client_host_gelb,1.1.1.1:2048,7473,7981,Wed Mar 15 22:18:45 200
    6
VPN_Client_host_gruen,2.2.2.2:2048,7437,8180,Wed Mar 15 22:17:45 20
    06
ROUTING TABLE
Virtual Address,Common Name,Real Address,Last Ref
172.16.30.6,VPN_Client_host_gruen,2.2.2.2:2048,Wed Mar 15 22:17:46
    2006
172.16.30.10,VPN_Client_host_gelb,1.1.1.1:2048,Wed Mar 15 22:18:46
    2006
GLOBAL STATS
Max bcast/mcast queue length,0
END
```

`status 2` stellt ebenfalls die drei genannten Bereiche dar (jeweils mit Schlüsselwort zu Beginn einer Zeile) und gibt zusätzlich noch weitere Details über die Verbindungen aus:

```
status 2
TITLE,OpenVPN 2.0 i386-pc-linux [SSL] [LZO] [EPOLL] built on Nov  3
    2005
TIME,Wed Mar 15 22:27:15 2006,1142461635
HEADER,CLIENT_LIST,Common Name,Real Address,Virtual Address,Bytes R
    eceived,Bytes Sent,Connected Since,Connected Since (time_t)
CLIENT_LIST,VPN_Client_host_gelb,1.1.1.1:2048,172.16.30.10,7473,798
    1,Wed Mar 15 22:18:45 2006,1142461125
CLIENT_LIST,VPN_Client_host_gruen,2.2.2.2:2048,172.16.30.6,7490,823
    3,Wed Mar 15 22:17:45 2006,1142461065
HEADER,ROUTING_TABLE,Virtual Address,Common Name,Real Address,Last
    Ref,Last Ref (time_t)
ROUTING_TABLE,172.16.30.6,VPN_Client_host_gruen,2.2.2.2:2048,Wed Ma
    r 15 22:17:46 2006,1142461066
ROUTING_TABLE,172.16.30.10,VPN_Client_host_gelb,1.1.1.1:2048,Wed Ma
    r 15 22:18:46 2006,1142461126
GLOBAL_STATS,Max bcast/mcast queue length,0
END
```

`kill` ermöglicht dem Administrator, einzelne Verbindungen zu löschen. Die Auswahl der Verbindung erfolgt entweder anhand des CommonNames im Zertifikat, wie zum Beispiel mit

```
kill VPN_Client_host_gruen
SUCCESS: common name 'VPN_Client_host_gruen' found, 1 client(s) kil
    led
```

oder anhand der IP-Adresse (und des Ports), die der Client verwendet:

```
kill 1.1.1.1:2048
SUCCESS: 1 client(s) at address 1.1.1.1:2048 killed
```

signal ermöglicht einen direkten Versand von Prozesssignalen an den OpenVPN-Prozess. Hierbei stehen die Signale SIGHUP, SIGUSR1, SIGUSR2 und SIGTERM zur Auswahl:

- SIGHUP schließt alle *tun/tap*-Schnittstellen und die zugehörigen Netzwerkverbindungen. Anschließend wird der Prozess neu gestartet und nach einem erneuten Einlesen der Konfiguration werden die Schnittstellen wieder eröffnet.
- SIGUSR1 startet den Prozess neu, allerdings ohne nochmals die Konfigurationsdatei zu lesen und die *tun/tap*-Schnittstellen neu zu initialisieren. Die Verbindungen zu den Clients werden geschlossen, wobei während der Wiederherstellung der Verbindung die `persist`-Optionen beachtet werden. Dieses Signal wird auch im Zusammenhang mit der `ping-restart`-Option verwendet, sowie bei Änderungen der Netzwerkkonfiguration des Betriebssystems.
- SIGUSR2 veranlasst den Prozess, seine aktuellen Statistiken zu schreiben (via Syslog oder auf den Standardausgabekanal).
- SIGTERM beendet den OpenVPN-Prozess.

Übrigens: OpenVPN beachtet auch das Signal SIGINT, das üblicherweise durch ein Drücken der Tastenkombination Control-C gesendet wird, und verhält sich dann wie bei SIGTERM.

hold bewirkt im Zusammenhang mit der Konfigurationsoption `management-hold` gewissermaßen einen gebremsten Start des Programms. Sobald diese Option aktiv ist, wird der Tunnel erst dann aufgebaut beziehungsweise das *tun/tap*-Interface erst dann initialisiert, wenn über das Managementinterface das Kommando `hold release` eingegeben wurde.

`hold` erfordert einen expliziten Eingriff in das System vor der Bereitstellung der VPN-Tunnel!

username type bietet die Möglichkeit, einen Benutzernamen für die Authentisierung anzugeben. Dies ist sinnvoll im Rahmen der Option `management-query-passwords`, die dazu führt, dass die notwendige Eingabe nicht über die Standardeingabe, sondern über das Managementinterface erfolgt.

password type ist eng verwandt mit `username type` und kann dazu verwendet werden, Passwörter für die Authentisierung oder den Zugriff auf die private Schlüsseldatei über das Managementinterface an den Prozess zu übergeben.

10.2 Logging

»Ein gutes Logging ist Gold wert!« Das hat sich sicher schon mancher Administrator gesagt und kann dazu bei OpenVPN fündig werden. Zudem kann es in vielen Fällen auch an die eigenen Bedürfnisse angepasst werden. Die Option

```
log file
```

schreibt alle Nachrichten des Loggings in die Datei `file`. Das beinhaltet nicht nur die Ausgaben des OpenVPN-Prozesses, sondern auch die Ausgaben von aufgerufenen Skripten, welche typischerweise mit den Kanälen für Fehler- und Standardausgabe arbeiten (*stderr* und *stdout*). Wenn diese Option nicht gesetzt ist, verwendet OpenVPN als Daemon den Unix-typischen `syslog`-Dienst oder (als Vordergrundprozess) die Standardausgabe. Die Datei `file` wird bei jedem Neustart des Prozesses überschrieben. Dies kann verhindert werden, wenn stattdessen die Option `log-append` verwendet wird, welche die alten Daten nicht überschreibt, sondern neue Nachrichten ans Ende einer bestehenden Datei anfügt.

Unter Linux gelangen die Nachrichten mit Hilfe des syslogd typischerweise in die Datei /var /log/daemon.log.

Der Umfang des Loggings lässt sich mit der Option

```
verb n
```

steuern, wobei für den Parameter n gilt:

- 0 bedeutet nur das Notieren von schwerwiegenden Fehlern.
- 1 bis 4 werden üblicherweise verwendet.
- 5 ergänzt das Logging um die Darstellung von empfangenen und gesendeten Paketen. Hierbei bedeutet `R` und `W` den Transport von TCP- oder UDP-Paketen und `r` und `w` den Transport von Paketeten des *tun/tap*-Interface.
- 6 bis 11 sind Einstellungen für das detaillierte Debugging.

Über das Logging hinaus lassen sich zusätzlich noch periodisch die Statusinformationen in eine Datei schreiben, was dem Kommando `status` am Managementinterface (siehe Kapitel 10.1.1) entspricht. Hierzu wird das Kommando

```
status file [n]
```

verwendet, welches den OpenVPN-Prozess veranlasst, die Informationen alle `n` Sekunden in die Datei `file` zu schreiben. Mit der weiteren Option `status-version` lässt sich das Format 1 (Default) beziehungsweise 2 wählen.

Alternativ zur Verwendung dieses Kommandos können die Statusinformationen auch an den `syslog`-Daemon geschickt werden, der üblicherweise auf Unix-Systemen und deren Verwandten im Hintergrund für das Logging auf dem System verantwortlich ist. Für diesen Zweck muss lediglich das Signal SIGUSR2 an den Prozess geschickt werden. Wenn zum Beispiel der OpenVPN-Prozess die Prozess-ID 1159 hat, dann können durch den Aufruf des Kommandos

```
server_a:/etc/openvpn# kill -USR2 1159
```

die folgenden Einträge in der Datei `/var/log/daemon.log` erzeugt werden:

```
May 24 19:52:44 server_a openvpn[1159]: event_wait : Interrupted sy
    stem call (code=4)
May 24 19:52:44 server_a openvpn[1159]: OpenVPN CLIENT LIST
May 24 19:52:44 server_a openvpn[1159]: Updated,Wed May 24 19:52:44
    2006
May 24 19:52:44 server_a openvpn[1159]: Common Name,Real Address,By
    tes Received,Bytes Sent,Connected Since
May 24 19:52:44 server_a openvpn[1159]: VPN_Client_host_gelb,1.1.1.
    1:2048,5989,6497,Wed May 24 19:48:54 2006
May 24 19:52:44 server_a openvpn[1159]: VPN_Client_host_gruen,2.2.2
    .2:2048,5529,6272,Wed May 24 19:49:25 2006
May 24 19:52:44 server_a openvpn[1159]: ROUTING TABLE
May 24 19:52:44 server_a openvpn[1159]: Virtual Address,Common Name
    ,Real Address,Last Ref
May 24 19:52:44 server_a openvpn[1159]: 172.16.30.6,VPN_Client_host
    _gelb,1.1.1.1:2048,Wed May 24 19:48:55 2006
May 24 19:52:44 server_a openvpn[1159]: 172.16.30.10,VPN_Client_hos
    t_gruen,2.2.2.2:2048,Wed May 24 19:49:26 2006
May 24 19:52:44 server_a openvpn[1159]: GLOBAL STATS
May 24 19:52:44 server_a openvpn[1159]: Max bcast/mcast queue lengt
    h,0
May 24 19:52:44 server_a openvpn[1159]: END
```

10.3 Accounting mit *client-connect*-Skripten

OpenVPN bietet mehrere Möglichkeiten, Aktionen anhand von definierten Ereignissen durchzuführen. Hierzu zählt die Plugin-Schnittstelle (siehe Kapitel 15.1) ebenso wie das Starten von

Skripten durch den Server. Soll erfasst werden, wann welcher Client angemeldet war, wird ein Mechanismus benötigt, der genau dann ein Skript startet, wenn

- ein OpenVPN-Tunnel mit einem Client etabliert
- oder abgebaut wurde.

Für diesen Zweck lassen sich die Optionen `client-connect` und `client-disconnect` verwenden. Beide Optionen erwarten als Parameter ein ausführbares Skript.

Für die Übergabe von Variablen nutzt OpenVPN die Möglichkeit der Umgebungvariablen, was mit dem folgenden Skript kurz demonstriert wird:

```
#! /usr/bin/perl

foreach (keys %ENV){
 print "SCRIPT:".$_." ".$ENV{$_}."\n";
}

exit 0;
```

Das Perl-Skript, welches nichts anderes macht, als sämtliche Umgebungsvariablen zeilenweise mit dem Kennwort *SCRIPT* darzustellen, wird dann entsprechend in die Konfigurationsdatei eingebunden:

```
;-----------------------------
; Scripting
;-----------------------------
client-connect scripts/client-connect-demo
```

Wie bereits in Kapitel 10.1 erläutert, wird die Standardausgabe von aufgerufenen Skripten von OpenVPN protokolliert. Wenn die Option im `server_a` der VPN Company eingesetzt wird, sollten bei einem erfolgreichen Tunnelaufbau von `host_gelb` folgende Einträge protokolliert werden:

```
Fri Mar 17 10:19:41 2006 1.1.1.1:2048 [VPN_Client_host_gelb] Peer C
    onnection Initiated with 1.1.1.1:2048
SCRIPT:SSH_CLIENT 192.168.43.133 32938 22
SCRIPT:tls_id_1 /CN=VPN_Company_Master_CA/C=DE/L=Erlangen/ST=Bavari
    a/O=Security_@_VPN_Company/OU=VPN_Operations/emailAddress=klaus
    @vpn-company.test
SCRIPT:common_name VPN_Client_host_gelb
SCRIPT:verb 3
SCRIPT:PWD /etc/openvpn
SCRIPT:route_net_gateway 192.168.20.254
SCRIPT:USER root
SCRIPT:trusted_port 2048
SCRIPT:LOGNAME root
SCRIPT:proto udp
SCRIPT:ifconfig_pool_local_ip 172.16.30.5
```

```
SCRIPT:dev tun0
SCRIPT:SHLVL 2
SCRIPT:untrusted_ip 1.1.1.1
SCRIPT:local_port 1194
SCRIPT:tun_mtu 1500
SCRIPT:route_network_1 172.16.30.0
SCRIPT:PATH /usr/local/sbin:/usr/local/bin:/usr/sbin:/usr/bin:/sbin
    :/bin:/usr/bin/X11
SCRIPT:route_gateway_1 172.16.30.2
SCRIPT:link_mtu 1541
SCRIPT:TERM xterm
SCRIPT:SSH_TTY /dev/pts/0
SCRIPT:HOME /root
SCRIPT:SSH_CONNECTION 192.168.43.133 32938 10.10.10.254 22
SCRIPT:trusted_ip 1.1.1.1
SCRIPT:ifconfig_local 172.16.30.1
SCRIPT:DISPLAY localhost:10.0
SCRIPT:ifconfig_remote 172.16.30.2
SCRIPT:untrusted_port 2048
SCRIPT:tls_serial_0 6
SCRIPT:MAIL /var/mail/root
SCRIPT:ifconfig_pool_remote_ip 172.16.30.6
SCRIPT:route_vpn_gateway 172.16.30.2
SCRIPT:_ /etc/openvpn/scripts/client-connect-demo
SCRIPT:route_netmask_1 255.255.255.0
SCRIPT:tls_id_0 /CN=VPN_Client_host_gelb/C=DE/L=Erlangen/ST=Bavaria
    /O=Security_@_VPN_Company/OU=VPN_Operations/emailAddress=klaus@
    vpn-company.test
SCRIPT:SHELL /bin/bash
SCRIPT:tls_serial_1 1
SCRIPT:script_type client-connect
SCRIPT:config tunnel_server_1194_up-down.conf
SCRIPT:script_context init
Fri Mar 17 10:19:41 2006 VPN_Client_host_gelb/1.1.1.1:2048 MULTI:
    Learn: 172.16.30.6 -> VPN_Client_host_gelb/1.1.1.1:2048
Fri Mar 17 10:19:41 2006 VPN_Client_host_gelb/1.1.1.1:2048 MULTI:
    primary virtual IP for VPN_Client_host_gelb/1.1.1.1:2048: 172.
    16.30.6
Fri Mar 17 10:19:42 2006 VPN_Client_host_gelb/1.1.1.1:2048 PUSH:
    Received control message: 'PUSH_REQUEST'
Fri Mar 17 10:19:42 2006 VPN_Client_host_gelb/1.1.1.1:2048 SENT CON
    TROL [VPN_Client_host_gelb]: 'PUSH_REPLY,route 172.16.30.1,ping
    5,ping-restart 20,ifconfig 172.16.30.6 172.16.30.5' (status=1)
```

Hierbei sind deutlich die zahlreichen vom OpenVPN-Prozess erzeugten Umgebungsvariablen zu erkennen, wie zum Beispiel *trusted_ip 1.1.1.1*, *trusted_port 2048*, *dev tun0*, *common_name VPN_Client_host_gelb*. Diese Variablen lassen sich sehr gut für ein Accounting verwenden. Hierzu wird das Skript etwas modifiziert und in `client-acc-start` umbenannt:

Mit Perl lässt sich ohne großen Aufwand ein rudimentäres Accounting realisieren!

```
#! /usr/bin/perl
#
# client-acc-start
#
# Beispiel fuer das Accounting
# von Verbindungsdaten
use POSIX;

my $AccType = "START";
my $accfile = "/etc/openvpn/accounting/data";
```

```
my $r_address = $ENV{trusted_ip};
my $r_port    = $ENV{trusted_port};
my $r_common_name = $ENV{common_name};
my $r_tun_address = $ENV{ifconfig_pool_remote_ip};

my $timenow = asctime(localtime(time)); chop $timenow;

open (ACCFILE , ">> $accfile") || die ("unable to open accounting
     data: $!");
print ACCFILE  "$timenow,$AccType,$r_common_name,$r_address,",
               "$r_port,$r_tun_address\n";
close ACCFILE;
exit 0;
```

Das entsprechende Skript für die Auswertung der Daten bei der Abmeldung eines Clients lautet `client-acc-stop` und sieht wie folgt aus:

```
#! /usr/bin/perl
#
# client-acc-start
#
# Beispiel fuer das Accounting
# von Verbindungsdaten
#
use POSIX;

my $AccType = "STOP";
my $accfile = "/etc/openvpn/accounting/data";

my $r_address = $ENV{trusted_ip};
my $r_port    = $ENV{trusted_port};
my $r_common_name = $ENV{common_name};
my $r_tun_address = $ENV{ifconfig_pool_remote_ip};
my $bytes_received = "$ENV{bytes_received}";
my $bytes_sent = "$ENV{bytes_sent}";

my $timenow = asctime(localtime(time)); chop $timenow;

open (ACCFILE , ">> $accfile") || die ("unable",
     "to open accounting data: $!");
print ACCFILE  "$timenow,$AccType,$r_common_name,$r_address,",
               "$r_port,$r_tun_address,$bytes_sent,",
       "$bytes_received\n";
close ACCFILE;
exit 0;
```

Über die folgenden Optionen werden nun die Skripte vom OpenVPN-Server aufgerufen:

```
;-----------------------------
; Scripting
;-----------------------------
client-connect /etc/openvpn/scripts/client-acc-start
client-disconnect /etc/openvpn/scripts/client-acc-stop
```

Die von den Skripten verwendete Datei `accounting/data` wird anschließend vom OpenVPN-Server nach dem folgenden Muster geschrieben (die Zeilen sind hier leider umgebrochen):

```
server_a:/etc/openvpn# cat accounting/data
Fri Mar 17 11:37:51 2006,START,VPN_Client_host_gelb,1.1.1.1,2050,
    172.16.30.6
Fri Mar 17 11:38:08 2006,START,VPN_Client_host_gruen,2.2.2.2,2048,
    172.16.30.10
Fri Mar 17 11:40:18 2006,STOP,VPN_Client_host_gruen,2.2.2.2,2048,
    172.16.30.10,28640,27420
Fri Mar 17 11:40:27 2006,STOP,VPN_Client_host_gelb,1.1.1.1,2050,
    172.16.30.6,31593,30608
Fri Mar 17 11:47:20 2006,START,VPN_Client_host_gelb,1.1.1.1,
    2053,172.16.30.6
Fri Mar 17 11:47:22 2006,START,VPN_Client_host_gruen,2.2.2.2,2050,
    172.16.30.10
Fri Mar 17 11:48:31 2006,STOP,VPN_Client_host_gelb,1.1.1.1,2053,
    172.16.30.6,85482,84497
Fri Mar 17 11:48:33 2006,STOP,VPN_Client_host_gruen,2.2.2.2,2050,
    172.16.30.10,79192,77972
```

Diese Skripte sind selbstredend nur Beispiele, die für den Einsatz in einem realen System noch deutlich verfeinert und an die lokalen Anforderungen angepasst werden müssen. So macht es beispielsweise Sinn, bei der Verwendung von `auth-user-pass` für die Abfrage eines Benutzernamens und Passworts (siehe Kapitel 9.3.2) die Umgebungsvariable `username` im Skript auszuwerten und gegebenenfalls zusätzlich zum *CommonName* des Zertifikats zu verwenden. Ferner ist es auch problemlos möglich, die Accountingdaten anstatt in einer Datei in einer SQL-Datenbank zu speichern.

Darüber hinaus erhalten die erfassten Verkehrsvolumina nicht nur die reinen Nutzdaten, sondern ebenfalls die Daten des Kontrollkanals (wie zum Beispiel auch das Volumen für die Keepalives etc.).

11 Weitere Sicherheitsoptionen

Dieses Kapitel widmet sich der Frage, welche Möglichkeiten es gibt, die Sicherheit eines laufenden Systems zu verbessern. Hierbei geht es weniger um Firewalls, sondern primär um Mechanismen der zugrunde liegenden Betriebssysteme oder TLS-bezogenen Verfahren, die OpenVPN anbietet.

11.1 Isolierung in einer `chroot`-Umgebung

Das Starten einer OpenVPN-Instanz ist eine sicherheitskritische Angelegenheit: Um ein *tun/tap*-Gerät zu allokieren und Routen zu verändern, sind *root*-Rechte vonnöten. Einen Prozess aber als Benutzer mit UID 0 laufen zu lassen, birgt gravierende Sicherheitsprobleme: Sollte es einem sich verbindenden Client gelingen, eine Schwachstelle in dem Prozess auszunutzen, kann möglicherweise der komplette Prozess übernommen werden. Dies ist kein erfundenes Szenario, sondern der Hauptgrund für die Kompromittierung von Systemen im Internet. Beispielsweise kann durch eine geschickt ausgeführte Buffer-Overflow-Attacke der Prozess dazu veranlasst werden, einen beliebigen Code auszuführen – die Privilegien nimmt er dabei jedoch mit! Würde also eine Sicherheitslücke in OpenVPN bestehen, so hätten wir hier einen »Single Point of Failure« – wenn die programminternen Sicherheitsmechanismen versagen sollten, ist das komplette System dem Angreifer ausgeliefert.

Für die typischen Vertreter der Unix-Familie ist es hierbei ein bekanntes Mittel der Wahl, den Prozess seine Superuser-Privilegien abgeben zu lassen, nachdem er die administrativen Aufgaben erledigt hat. Dies geschieht durch die Schlüsselwörter »`user`« und »`group`« in der Konfigurationsdatei. Im Prinzip geschieht also Folgendes: Der Prozess baut – normalerweise als Benutzer *root* – eine Verbindung zu einem Server auf, erzeugt das neue Interface und setzt die Routen neu. Danach verlangt der Prozess selbst, dass seine Rechte degradiert werden: auf diejenige UID/GID, welche in der

UID: User ID, GID: Group ID

Konfigurationsdatei angegeben ist. Zur Laufzeit hat der Prozess nun keine Möglichkeit mehr, diese freiwillig abgetretenen Rechte zurückzuerlangen. Sollte also der Client kompromittiert werden, kann der Angreifer höchstens als unpriviligierter Benutzer auf dem System agieren.

Neben den Einschränkung der Rechte des laufenden Prozesses gilt es, noch weitere Punkte zu beachten: Es kann durchaus Dateien auf dem System geben, die beispielsweise für alle Benutzer als lesbar markiert sind und einem Angreifer weiterführende Informationen über das System geben können. Bei Linux sind hierfür typische Kandidaten `/proc/cpuinfo`, `/proc/diskstats` oder auch `/proc/devices`.

Alternativ lassen sich unter FreeBSD auch so genannte Jails verwenden.

Um auch diese Möglichkeit auszuschließen, kann eine so genannte *chroot*-Umgebung genutzt werden.. *chroot* erschafft für den Prozess eine besondere Umgebung, welche für ihn wie ein Gefängnis in einem geänderten Wurzelverzeichnis ist (eine so genannte *Sandbox*). Der Prozess teilt für diesen Vorgang dem Kernel mit, nachdem alle Konfigurationsdateien eingelesen wurden, dass er gerne ein alternatives Verzeichnis als Wurzelverzeichnis hätte. Im Regelfall ist dies ein leeres Verzeichnis. Nach der erfolgreichen Ausführung des `chroot(2)`-Systemaufrufs legt der Prozess seine Privilegien nieder.

Im OpenVPN-Prozess kann `chroot` durch eine einzige Zeile in der Konfigurationsdatei »`chroot /pfad/zum/chroot`« verwendet werden. Das betreffende Verzeichnis sollte hierbei leer sein.

Ein dermaßen konfigurierter Prozess ist so weit wie möglich abgesichert. Die einzige Schwachstelle, die noch verbleibt (und verbleiben muss), ist hier der Kernel: Sollte es einem Angreifer gelingen, einen privilegienlosen, im *chroot* gefangenen Prozess zu übernehmen, kann nur noch durch eine etwaige Kernelschwäche das System kompromittiert werden – ansonsten sind keine Daten des Systems gefährdet, der übernommene Prozess läuft völlig isoliert vom restlichen System. Um ein solches Risiko zu verringern, besteht bei manchen Betriebssystemen die Möglichkeit, die Rechte von Prozessen beziehungsweise Benutzern mit besonderen Kernelerweiterungen zusätzlich zu beschränken. Hierunter fallen beispielsweise *grsecurity* [10], *AppArmor* von Novell [18] oder auch *Security Enhanced Linux* [23]. Für BSD-Systeme (und auch Linux) kann *systrace* [26] einen guten Beitrag leisten. Bei dem Einstieg in die Technik solcher Kernelerweiterungen sind die Artikel [50] und [51] von Ralf Spenneberg sehr hilfreich.

11.2 openvpn-down-root

Wenn nach dem Abbau einer Verbindung automatisch ein Skript oder Programm ausgeführt werden soll, dann kann dieses durch die Option

```
down scriptfile
```

entsprechend konfiguriert werden. Wenn der Prozess jedoch zu Beginn seine Superuser-Privilegien abgegeben hat, wird dieses Skript allerdings mit den gleichen noch verbliebenen Privilegien ausgeführt. Manchmal kann es aber durchaus notwendig sein, im *down*-Skript Superuser-Privilegien zu besitzen, um beispielsweise eine Routing-Konfiguration rückgängig zu machen, nachdem ein Client die Verbindung beendet hat. Mangels Privilegien können solche Aktionen aber durch das Skript nicht durchgeführt werden.

Das führt zu folgendem Dilemma:

> *Soll der Prozess seine Rechte einfach nicht abgeben und damit über die gesamte Verbindungsdauer als Superuser laufen oder soll man auf down-Skripte mit Superuser-Rechten verzichten?*

Weder noch. Die Lösung ist ein kleines Plugin (welches allerdings nur auf Betriebssystemen der Unix-Familie wie Linux, *BSD oder Mac OS X lauffähig ist) namens `openvpn-down-root`. Wird dieses Plugin verwendet, spaltet sich der Prozess noch vor dem Abtreten der Privilegien auf – technisch gesehen wird ein so genannter `fork()` durchgeführt und ein zweiter Prozess gestartet. Einer dieser beiden Prozesse tritt nun seine Privilegien ab und bedient sich verbindende Clients. Der andere Prozess hingegen behält die Superuser-Rechte und »legt sich schlafen«. Zwischen beiden Prozessen, dem Mutter- und Kindprozess, besteht allerdings ein Kommunikationskanal – eine so genannte *Pipe*. Der Kindprozess ist so lange inaktiv, bis er eine Nachricht über diesen Kanal empfängt. Wenn der privilegienlose Mutterprozess feststellt, dass sich ein Client getrennt hat, signalisiert er dem Kindprozess (der noch über Superuser-Rechte verfügt) dies durch die Pipe. Durch dieses Ereignis »wacht das Kind auf« und führt das konfigurierte Skript als Superuser aus.

Mutter- und Kindprozess kommunizieren durch die Pipe!

Um dieses Plugin verwenden zu können, muss es zunächst einmal übersetzt werden, da dies standardmäßig nicht geschieht. Dazu wird zunächst in das Unterverzeichnis `plugin/down-root/` des

Quellcodes gewechselt. Das Plugin wird mit einem einfachen Aufruf von make kompiliert:

```
joe [~/openvpn-2.0.5]: cd plugin/down-root/
joe [~/openvpn-2.0.5/plugin/down-root]: make
gcc -O2 -Wall -fPIC -c -I../.. down-root.c
gcc -O2 -Wall -fPIC -shared -Wl,-soname,openvpn-down-root.so -o
    openvpn-down-root.so down-root.o -lc
joe [~/openvpn-2.0.5/plugin/down-root]:
```

Das Plugin wird mit einem Parameter aufgerufen: dem Skript, welches es nach dem Beenden des Tunnels ausführen soll. Pfadangaben beziehen sich hier auf das Environment *vor* betreten einer etwaigen *chroot*-Umgebung. Daher müssen keine Angaben relativ zum *chroot*-Verzeichnis gemacht werden.

11.3 Optionen für den TLS-Modus

Konfiguration als TLS-Server

Durch die Option `tls-server` wird OpenVPN mitgeteilt, sich beim TLS-Handshake als Server zu verhalten. Obwohl OpenVPN eine Peer-to-Peer-Architektur ist, muss beim Aushandeln des TLS-Kontrollkanals klar sein, welche Seite der Server und welche der Client ist. `tls-server` definiert hierbei den Server.

Konfiguration als TLS-Client

Analog zu der Option `tls-server` teilt `tls-client` dem Server mit, dass OpenVPN im initialen Handshake die Clientrolle übernehmen soll.

Spezifikation der Root-CA: ca

PEM: Privacy Enhanced Mail

Voraussetzung bei der Verwendung einer TLS-Verbindung ist, dass es eine Root-CA gibt, welche die Zertifikate ausstellt, die dann von den Clients benutzt werden können. Durch die Direktive `ca`, die genau einen Parameter, die Root-CA-Datei im PEM-Format, erwartet, wird spezifiziert, wo OpenVPN das Zertifikat der CA finden kann. Detaillierte Hinweise zur Erstellung einer eigenen CA mittels OpenSSL finden Sie in Kapitel 6.4.

Diffie-Hellman Key Exchange mit dh

Um Daten über den OpenVPN-Tunnel verschlüsselt senden zu können, wird ein symmetrisches Kryptosystem (wie beispielsweise Blowfish) verwendet. Typischerweise wird das Übertragungsmedium (in unserem Fall das Netzwerk), über das die OpenVPN-Primärpakete gesendet werden, als unsicher betrachtet – also können beliebige Personen mithören. Um das symmetrische Kryptosystem verwenden zu können, müssen allerdings beide Parteien den Schlüssel kennen. Ein geschicktes Verfahren, um über einen *unsicheren* Kanal einen Schlüssel auszutauschen, ist der *Diffie-Hellman Key Exchange*, der auch von OpenVPN benutzt wird.

Diffie-Hellman Key Exchange

Hierzu handeln erst beide Parteien zwei bestimmte Werte (eine Primzahl p und eine Primitivwurzel g modulo p) aus, die öffentlich sein können: Diese beiden Zahlen werden die Diffie-Hellman-Parameter genannt. Mit Hilfe dieser Parameter, die über ein unsicheres Netzwerk übertragen werden, können sich zwei Parteien jeweils sichere Schlüssel austauschen, ohne dass ein passiver Mithörer sich den Schlüssel daraus ableiten könnte (zumindest nicht ohne Brute-Force-Angriff oder eine Möglichkeit, diskrete Logarithmen in endlichen Restkörpern effizient zu berechnen). Allerdings ist der Diffie-Hellman-Schlüsseltausch anfällig gegen eine «Man-in-the-Middle«-Attacke – also einen Angriff, bei dem ein Angreifer den Verkehr zwischen zwei Parteien aktiv manipulieren kann. Deshalb bietet der DH-Schlüsseltausch ohne zusätzliche Sicherheitsmaßnahmen wie digitale Signaturen keine ausreichende Sicherheit.

Um nun von der Theorie zur Praxis zu kommen: Diese DH-Parameter kann man sich durch OpenSSL generieren lassen. Sie müssen nur auf dem Server erzeugt werden:

```
# openssl dhparam -out dhparams.pem 2048
Generating DH parameters, 2048 bit long safe prime, generator 2
This is going to take a long time
...............................+.........................
```

OpenSSL untertreibt nicht, wenn es feststellt, dass dies lange dauern wird: Um Diffie-Hellman-Parameter auf einem Prozessor vom Typ »AMD Athlon64 Prozessor 3700+« zu berechnen, braucht man immerhin gute zwei Minuten. Deshalb sollten auch die Parameter im Voraus berechnet werden, um dann von OpenVPN verwendet werden zu können. In obigem Beispiel hat OpenSSL die Parameter generiert und in der Datei `dhparams.pem` gespeichert. Durch die OpenVPN-Direktive `dh dhparams.pem` werden die Parameter dann in die Konfiguration eingebunden.

Lokales Zertifikat mit `cert` und `key` einbinden

Bei einer TLS-Verbindung wird von allen Teilnehmern (also Client *und* Server) verlangt, dass diese jeweils ein eigenes, von der passenden CA (entsprechend der Direktive `ca`) signiertes Zertifikat besitzen. Dieses Zertifikat teilt sich in einen öffentlichen und einen privaten Teil auf. Der öffentliche Part des Zertifikats wird durch die `cert`-Direktive eingebunden, der private Schlüssel mit `key`. Eine genaue Erläuterung zur Generierung eines Zertifikats kann unter Abschnitt 6.4 nachgelesen werden.

Benutzung eines PKCS#12-Zertifikats: `pkcs12`

PKCS: Public Key Cryptography Standards

Statt drei verschiedene Dateien für die Authentifizierung zu verwenden (Serverzertifikat, Serverschlüssel, Root-Zertifikat) kann auch ein anderes Format gewählt werden, welches alle drei Dateien ineinander vereinigen kann: das PKCS#12-Format. Um drei bereits im PEM-Format vorliegende Dokumente in ein PKCS#12-Zertifikat umzuwandeln, kann wiederum OpenSSL verwendet werden:

```
# openssl pkcs12 -export -in OpenVPN.crt -inkey OpenVPN.key
    -certfile Root.crt -out RootAndServer.p12
```

Die Ausgabedatei kann dann in OpenVPN durch Angabe der Direktive `pkcs12 RootAndServer.p12` eingebunden werden. Hierbei sollte unbedingt beachtet werden, dass OpenSSL standardmäßig Dateien mit globalem Leserecht (Permissions 0644) erzeugt, das PKCS#12-Zertifikat jedoch einen geheimen Schlüssel enthält! Die Erzeugung muss also in einem abgesicherten Verzeichnis stattfinden und die Rechte müssen gleich danach geändert werden:

```
# mkdir private
# chmod 700 private
# cd private
# openssl [...]
# chmod 600 RootAndServer.p12
```

Das PKCS#12-Format bietet an, auch alleine ein Zertifikat mitsamt Schlüssel (also ohne das zusätzliche Root-Zertifikat) zu speichern. Die Optionen `ca` und `pkcs12` sind allerdings nicht kombinierbar: Es müssen entweder alle Zertifikate im PEM-Format vorliegen oder ein PKCS#12-Zertifikat, das alle drei Dokumente enthält.

Benutzen des Windows-Zertifikatsspeichers (Windows Certificate Store)

Wenn ein Zertifikat, das normalerweise über die `cert`- beziehungsweise `key`-Parameter spezifiziert wird, in dem systemeigenen *Windows Certificate Store* eingebunden ist, so kann dies bei OpenVPN auch verwendet werden. Dies ist allerdings nur bei Rechnern möglich, auf denen Windows eingesetzt wird – unter anderen Betriebssystemen funktioniert diese Option nicht.

Die Option, mit der ein so gespeichertes Zertifikat selektiert wird, heißt `cryptoapicert`. Sie erwartet als Parameter einen String, der entweder mit `SUBJ:` oder mit `THUMB:` beginnt. Danach kommt entweder das Zertifikat-Subject oder der *Zertifikats-Fingerabdruck* in hexadezimaler Form. Möglich ist also beispielsweise:

```
cryptoapicert "SUBJ:Linus Torvalds"
```

oder

```
cryptoapicert "THUMB:48 65 79 20 6c 69 65 62 65 20 53 75 73 69 21"
```

Verfahren zum Aushandeln des Tunnelkanals: `key-method`

Nachdem OpenVPN einen sicheren TLS-Kanal aufgebaut hat, werden über diesen sicheren Kanal die weiteren Verbindungsdaten für den eigentlichen Datenkanal ausgehandelt. `key-method` beeinflusst, welche Methode für diese Sekundärverhandlung benutzt werden soll. Diese Option erwartet als Parameter eine Zahl, die entweder 1 oder 2 sein kann. Die Unterschiede der Verfahren werden im Folgenden dargestellt:

HMAC: Hashed Message Authentication Code

1. In Verfahren 1, dem Standard für OpenVPN 1.x, erstellen beide Seiten der Verbindung zufällige Schlüssel für die Verschlüsselung und für den HMAC (also die kryptografische Hashfunktion). Diese Schlüssel werden über den sicheren TLS-Tunnel gesandt und dann von der Gegenseite direkt benutzt.
2. Bei Verfahren 2, dem Standard seit OpenVPN 2.0, erstellt der Client einen zufälligen Schlüssel. Darüber hinaus generieren sowohl Client als auch Server Zufallsdaten, die über den sicheren Kanal übertragen werden. Die eigentlichen Schlüssel werden dann durch die

TLS-Pseudozufallszahlenfunktion generiert, so dass in der Schlüsselgenerierung sowohl Entropie vom Client als auch vom Server enthalten ist. Das Designziel dieses Verfahrens ist es, dem Schlüsselerzeugungsprozess von TLS 1.0 möglichst genau zu entsprechen.

Wenn diese Option explizit spezifiziert wird, müssen Client und Server dasselbe Verfahren verwenden. Beide Verfahren sind von den OpenVPN-Entwicklern selbst erfundene Mechanismen und haben mit bekannten Verfahren (wie beispielsweise dem Diffie-Hellman-Schlüsseltausch) nur bedingt Gemeinsamkeiten.

Verschlüsselungsalgorithmus für den TLS-Kanal bestimmen

Durch den Parameter `tls-cipher` kann der Benutzer eine Liste von Algorithmen spezifizieren, die zur Aushandlung des TLS-Kanals verwendet werden. Wird ein hoher Grad an Sicherheit gefordert, kann es sinnvoll sein, die Auswahl einzuschränken und beispielsweise nur (»starke«) Schlüssel mit einer Länge von mindestens 256 Bit zu akzeptieren. Denn ein potenzieller Angreifer könnte die Verbindung abhören und durch Manipulation der Daten versuchen, OpenVPN dazu zu bewegen, die schwächstmögliche Verschlüsselung zu benutzen. Einträge in der Liste der Ciphers, die verwendet werden sollen, werden jeweils durch einen Doppelpunkt getrennt. OpenVPN listet mit dem folgenden Kommando alle möglichen Algorithmen auf:

```
# openvpn --show-tls
Available TLS Ciphers,
listed in order of preference:

DHE-RSA-AES256-SHA
DHE-DSS-AES256-SHA
AES256-SHA
EDH-RSA-DES-CBC3-SHA
EDH-DSS-DES-CBC3-SHA
DES-CBC3-SHA
DHE-RSA-AES128-SHA
DHE-DSS-AES128-SHA
AES128-SHA
IDEA-CBC-SHA
DHE-DSS-RC4-SHA
RC4-SHA
RC4-MD5
EXP1024-DHE-DSS-DES-CBC-SHA
EXP1024-DES-CBC-SHA
EXP1024-RC2-CBC-MD5
EDH-RSA-DES-CBC-SHA
EDH-DSS-DES-CBC-SHA
DES-CBC-SHA
```

```
EXP1024-DHE-DSS-RC4-SHA
EXP1024-RC4-SHA
EXP1024-RC4-MD5
EXP-EDH-RSA-DES-CBC-SHA
EXP-EDH-DSS-DES-CBC-SHA
EXP-DES-CBC-SHA
EXP-RC2-CBC-MD5
EXP-RC4-MD5
```

Wenn die Liste der Ciphers von Client und Server keinen einzigen gemeinsamen Eintrag führen, bricht der Tunnelaufbau mit einem Fehler ab:

```
Tue Mar 21 02:55:48 2006 TLS: Initial packet from 172.17.5.36:32990,
    sid=ccc049b4 f5d6cd5c
Tue Mar 21 02:55:48 2006 TLS_ERROR: BIO read tls_read_plaintext
    error: error:1408A0C1:SSL routines:SSL3_GET_CLIENT_HELLO:
    no shared cipher
```

Hier kann die Empfehlung gegeben werden, die Liste auf zwei oder drei (im Sinne der Sicherheit) am ehesten bevorzugte Methoden zu beschränken. Insbesondere sollte auf Chiffren wie RC4, die aufgrund ihrer schwachen Hashfunktionen (hier also insbesondere: RC4-MD5) sicherheitskritisch sind, komplett verzichtet werden. Sinnvoll wäre also beispielsweise:

```
tls-cipher "DHE-RSA-AES256-SHA:DHE-DSS-AES256-SHA"
```

Timeout des TLS-Kanals durch `tls-timeout` verändern

Standardmäßig ist das Timeout für ein Datenpaket, das durch den TLS-Kontrollkanal gesandt wird, 2 Sekunden. Danach wird das Paket erneut übertragen und bekommt dieses Mal mehr Zeit bis zum Timeout (ähnlich dem TCP-Slowstart-Algorithmus wird auch hier das Timeout exponentiell vergrößert, bis keine Pakete mehr verloren gehen). Im Gegensatz zum Kontrollkanal werden Pakete des Datenkanals *niemals* erneut gesandt – da OpenVPN eine physikalische Schicht emuliert, bleibt das Anfordern verloren gegangener Pakete der darüberliegenden Schicht überlassen. Durch die Direktive `tls-timeout n` setzt man das Timeout auf `n` Sekunden.

Bedingungen für erneute Tunnelaushandlung

Wichtig: Die Tunnel werden nur bei der Verwendung von TLS neu ausgehandelt. Bei Preshared Keys ist das nicht der Fall!

Um die »Perfect Forward Secrecy« zu gewährleisten, muss der Tunnel während einer Verbindung regelmäßig neu ausgehandelt werden. So wird im Fall einer Kompromittierung sichergestellt, dass nur ein Teil der Verbindung betroffen ist und nicht alle Daten, die jemals über den OpenVPN-Tunnel gesandt werden. OpenVPN kennt drei Kriterien, die alle eine Neuaushandlung des Tunnels auslösen – ein einziges Kriterium genügt bereits bei einer beliebigen Verbindungsseite, um die Neuaushandlung zu starten.

1. `reneg-bytes`: Nach insgesamt n Bytes Traffic (eingehender und ausgehender Traffic wird hier addiert) wird der Tunnel neu ausgehandelt.
2. `reneg-pkts`: Nach insgesamt n gesandten Paketen (eingehende und ausgehende Pakete werden auch hier addiert) wird der Tunnel neu ausgehandelt.
   Als Anhaltspunkt kann genommen werden, dass eine Netcopy-Verbindung (`nc`), die TCP/IP benutzt und eine große 100 MB-Datei zufälligen Inhalts überträgt, in etwa 106.000 Pakete verursacht.
3. `reneg-sec`: n Sekunden nach dem letzten Handshake wird die erneute Aushandlung getriggert.

Alle drei Direktiven erwarten jeweils einen einzelnen Parameter «n», der in den verschiedenen Kontexten jeweils die oben erläuterte Bedeutung hat.

Handshake- und Transition-Window-Größe

Das Handshake- und Transition-Window erlaubt eine sanfte Erneuerung der Tunnelparameter!

Nachdem die Aushandlung eines neuen Tunnels ausgelöst wurde, wird die TLS-Authentifizierung eingeleitet. Diese muss innerhalb des Handshake-Windows erfolgreich sein – in der Standardkonfiguration beträgt dieses Zeitfenster 60 Sekunden. Falls der Handshake fehlschlägt, wird der alte Schlüssel, der die Datenverbindung sichert, noch so lange weiter benutzt, bis schließlich auch das Transition-Window abgelaufen ist (dieses ist standardmäßig auf 3600 Sekunden eingestellt). In der Zeit werden ständig neue TLS-Handshakes versucht. Das Transition-Window ist dazu gedacht, dass eine Verbindung transparent weitergeführt wird, auch wenn einmal ein TLS-Handshake fehlschlägt. Beide Direktiven, `hand-window` und `tran-window`, erwarten als Parameter jeweils eine Zahl, die die Größe des Fensters in Sekunden angibt.

Nur eine Sitzung zulassen: `single-session`

Durch die Direktive `single-session` wird nur eine einzige Sitzung zugelassen. Sobald sich ein Client zum Server verbunden hat, nimmt dieser keine neuen Verbindungen mehr an. Wenn OpenVPN durch ein Signal oder durch die Option `ping-restart` neu gestartet wird, wird wieder genau eine Verbindung zugelassen. In Kombination mit den Optionen `ping-exit` oder «`inactive`«, die den Tunnel nach einer gewissen Zeit der Inaktivität beenden, kann somit eine einzige Sitzung forciert werden.

Zusätzliche HMAC-Prüfung: `tls-auth`

Um einen Client per Zertifikat zu authentifizieren, muss ein relativ komplizierter Handshake-Prozess angestoßen werden. Dieser benötigt auf der Seite des Servers sowohl Rechenzeit als auch Ressourcen (Hauptspeicher, Prozess-IDs). Ein potenzieller Angreifer könnte dies zu einer DoS-Attacke gegen den Server benutzen: Der Server wird durch den hohen Ressourcenverbrauch »in die Knie gezwungen« und kann keine legitimen Verbindungen mehr bedienen. Ein zweiter Angriffspunkt kann sein, dass während des TLS-Handshakes ein Angreifer direkt mit Teilen der OpenSSL-Bibliothek interagiert. Sollte nämlich dort ein Fehler enthalten sein, könnte ein Angreifer womöglich durch eine geschickte Sequenz von Anfragen den Server kompromittieren. Solch ein Angriff wird in der Praxis häufig durch eine so genannte *Buffer-Overflow-Taktik* eingesetzt.

Beide Angriffsziele gilt es zu vermeiden. Dazu bietet OpenVPN einen zusätzlichen HMAC-Wrapper an, um alle Pakete zu schnüren. Sämtliche Pakete werden also durch eine kryptografische Hashfunktion abgesichert. Ein Server kann somit sofort diejenigen Pakete verwerfen, die einen ungültigen HMAC aufweisen: Dadurch kommt es gar nicht erst zu einem Versuch eines TLS-Handshakes.

HMAC: Hash Message Authentication Code

Ist der Server exponiert im Netz erreichbar, wird dazu geraten, die zusätzliche Sicherheitsmaßnahme `tls-auth` zu verwenden. Denn die Wahrscheinlichkeit eines Angriffs ist weitaus geringer, wenn Verbindungen schon im Voraus auf bekannte Hosts beschränkt werden.

Um diesen zusätzlichen HMAC einzusetzen, benötigt man entweder einen statischen OpenVPN-Key (den man sich wie bereits in Kapitel 11.4 erläutert selbst erzeugen kann) oder eine Datei, welche ein Passwort oder Ähnliches enthält (der Inhalt dieser Datei wird dann als Eingabe einer Hashfunktion verwendet und das Ergebnis als gemeinsames »Secret« benutzt).

Die Option `tls-auth` erwartet also zwingend einen Parameter, der den statischen Schlüssel oder das Passwort enthält. Mit einem zweiten, optionalen Parameter kann die Richtung angegeben werden (also Server oder Client) – hierfür werden die Zahlen 0 und 1 verwendet. Wichtig ist, dass sowohl Server als auch Client dieselbe `tls-auth`-Datei verwenden.

`tls-auth` *ist eine mächtige Option zur Authentizitätsprüfung!*

Um es noch einmal ganz deutlich zu betonen: *Durch diese Option wird keine Verschlüsselung aktiviert, sondern lediglich eine Authentizitätsprüfung mittels HMAC*. Es wird also sichergestellt, dass ankommende Daten unterwegs nicht verändert wurden – nicht jedoch gewährleistet, dass sie nicht mitgelesen wurden.

Passwort für Schlüssel hinterlegen: askpass

Der private Schlüssel, den OpenVPN verwendet, kann durch ein zusätzliches Passwort abgesichert werden. Dadurch wird sichergestellt, dass das Zertifikat nicht sofort kompromittiert werden kann, selbst wenn die Schlüsseldatei gestohlen werden würde. Ein solches Zertifikat wird erstellt, indem man bei der OpenSSL-Zertifikatsgenerierung die Option `-nodes` weglässt. Durch die Direktive `askpass` wird es dem Benutzer möglich gemacht, die so genannte *Passphrase* eines Schlüssels, welche den Zugriff auf diesen schützt, direkt in einer Datei zu hinterlegen. Aber Achtung: Dieses Vorgehen hebelt natürlich den zusätzlichen Schutz eines Zertifikatsschlüssels vollständig aus! In der Datei, die verwendet werden soll, muss in der ersten Zeile das Passwort stehen, damit es von OpenVPN erkannt wird. Diese Datei wird dann durch die Direktive `askpass passwort.txt` eingebunden und verwendet.

Kein Passwort im Speicher hinterlassen: auth-nocache

Wenn ein Zertifikat, welches für den Tunnelaufbau notwendig ist, durch ein Passwort geschützt wird, gibt der Benutzer dieses normalerweise beim Aufbau ein Mal ein. OpenVPN bewahrt dieses Passwort im Hauptspeicher auf, damit es bei einer Neuaushandlung des Tunnels wiederverwendet werden kann. Durch die Direktive `auth-nocache` kann OpenVPN dazu angewiesen werden, das Passwort sofort wieder zu vergessen – mit dem Nebeneffekt, dass bei jeder Tunnel-Neuaushandlung das Passwort erneut eingegeben werden muss. Die Direktive `auth-nocache` betrifft zusätzlich auch die Passwörter, die durch `auth-user-pass` verlangt werden. Das Passwort, das für einen etwaigen Zugriff auf einen Proxy notwendig ist, wird immer im Hauptspeicher vorgehalten und bleibt von `auth-nocache` unbeeinflusst. Eine Anwendung dieser Option ist in Kapitel 9.4 erläutert.

Restriktion bestimmter CAs mittels `tls-verify`

In einem möglichen Anwendungsszenario sichern sich mehrere CAs in einer baumartigen Stuktur durch ihre Signaturen gegenseitig Vertrauen zu. Der Betreiber eines OpenVPN-Servers vertraut jedoch nicht notwendigerweise allen Knoten (also CAs) des Baumes. Ein Beispiel für eine so umgesetzte CA ist unter anderem in Abbildung 6.2 zu sehen. Um nun eine Differenzierung zu ermöglichen, welche Zertifikate signiert von welcher CA überhaupt für Verbindungen zugelassen werden sollen, gibt es die Option `tls-verify`. Mit ihr kann ein Skript spezifiziert werden, das jeden einzelnen CA-Knoten im Pfad des Baumes überprüft. Dies kann beispielsweise ein Shell-Skript oder auch ein C-Programm sein. Dem Skript wird hierbei als erster Parameter die aktuelle Verkettungstiefe (*Certificate Depth*) übergeben und als zweiter Parameter derjenige String, der das Zertifikat eindeutig kennzeichnet.

Bezüglich der Nomenklatur ist in diesem Kontext zu erklären, dass ein Blatt des Zertifikatsbaums die Tiefe 0 besitzt. Sein direkter Elter (also die CA, die das Endbenutzerzertifikat signiert hat) hat die Tiefe 1. Sollte diese Elter-CA weitere Vorfahren haben, erhöht sich die Tiefe mit jedem Vorgänger um eins.

Wem hier Elter merkwürdig vorkommt: Man könnte auch Mutter oder Vater schreiben.

Wichtig ist, dass die Zertifikate, die dem Skript zur Überprüfung übergeben werden, allesamt schon der Signatur nach als gültig befunden wurden. Die Signaturen wurden demnach bereits von OpenVPN überprüft und akzeptiert – eine etwaige *Certificate Revocation List* ist allerdings noch nicht geprüft worden. Das TLS-Verify-Skript teilt OpenVPN durch sein Ergebnis mit, ob der betreffende Knoten akzeptiert wurde.

Ist dies der Fall, gibt das Skript den Wert 0 zurück – wenn das Skript das Zertifikat verweigert, den Ergebniswert 1. Nur wenn alle Zertifikate auf dem Pfad vom TLS-Verify-Skript als akzeptabel gelten, ist die zweite Prüfung im TLS-Authentifikationsprozess als erfolgreich anzusehen. Liefert das Skript nur ein einziges Mal den Returnwert 1, so ist die Prüfung sofort fehlgeschlagen.

Benutzer, die ein *chroot*-Jail verwenden (siehe Kapitel 11.1), müssen das TLS-Verify-Skript in die *chroot*-Umgebung legen. Auch wenn die Privilegien nach dem Start von OpenVPN verringert werden, ist zu beachten, dass das Skript von dem Benutzer, der den Prozess übernimmt, les- und ausführbar ist.

Zusammenfassend kann gesagt werden, dass ein Zertifikat nur dann als endgültig akzeptiert gilt, wenn folgende drei Bedingungen (in genau dieser Reihenfolge) erfüllt sind:

1. Die Signatur des Zertifikats ist stimmig.
2. Alle Zertifikatknoten auf dem Pfad wurden vom TLS-Verify-Skript akzeptiert.
3. Das Zertifikat ist nicht auf der Certificate Revocation List.

So kann beispielsweise die bereits in Kapitel 6.5 angesprochene Topologie insofern verfeinert werden, dass ausschließlich Zertifikate akzeptiert werden, die *direkte* Nachfolger von der »Ostbau«-CA sind:

```
#!/bin/sh
#
#

if [ "$1" == "1" ] &&
   [ "$2" != "/C=DE/ST=Bayern/O=Alexandrinum/CN=Ostbau" ]; then
        exit 1
fi
exit 0
```

Das Skript prüft also, ob der erste übergebene Parameter (`$1`, also die Zertifikatstiefe) gleich 1 ist und ob zusätzlich der zweite Parameter (`$2`, das Zertifikatssubject) ungleich der einzig vertrauten Instanz (Ostbau) ist. Sollten beide Bedingungen wahr sein, ist die Überprüfung fehlgeschlagen. Anderenfalls ist die Probe bestanden.

Damit wird ausgeschlossen, dass ein Host, der sein Zertifikat direkt von der Root-CA signiert bekommen hat, Zugriff auf den OpenVPN-Server erlangt.

Name akzeptierter CAs festlegen: `tls-remote`

Der CommonName oder CN wird im Zusammenhang mit Zertifikaten üblicherweise mit großem N geschrieben.

Durch die Option `tls-remote` wird OpenVPN angewiesen, nur Zertifikate zu akzeptieren, deren X.509-Namen oder *CommonName* (CN)mit einem spezifizierten Wert übereinstimmen. Für eine positive Übereinstimmung reicht es aus, wenn lediglich das Präfix identisch ist. Demnach würde die Direktive `tls-remote Rechner` auch die Namen »Rechner-A« oder »Rechner Arbeit« akzeptieren.

Server/Client-Unterscheidung mittels `ns-cert-type`

In ein X.509-Zertifikat kann die zusätzliche Information eingebunden werden, ob das Zertifikat für den Server- oder Clienteinsatz gedacht ist. Wenn bei der Zertifikatserstellung konsequent darauf geachtet wurde, kann man OpenVPN mittels `ns-cert-type` dazu anweisen, nur Gegenüber zu akzeptieren, die entweder Client- oder Serverzertifikate besitzen. Eine gute Sicherheitsmaßnahme ist es, bei allen Clients in der Konfiguration `ns-cert-type server` einzutragen, damit kein zweiter Client (der auch über ein gültiges Zertifikat verfügt) versuchen kann, einem bereits authentifizierten Client vorzutäuschen, dass er der Server sei.

Überprüfen einer CRL mittels `crl-verify`

`crl-verify` erwartet als Parameter eine Datei, welche die *Certificate Revocation List* (CRL) darstellt. Zertifikate, die in der CRL aufgelistet sind, gelten als ungültig und werden im Verifikationsprozess abgelehnt. Man benutzt die CRL, wenn das Zertifikat eines an das Netzwerk angebundenen Clients kompromittiert wird (beispielsweise durch Diebstahl).

CRL: Certificate Revocation List

Angenommen, ein Client besitzt ein Zertifikat, welches kompromittiert wurde, dann kann die CA dieses als ungültig erklären:

```
# openssl ca -revoke client_certificate.crt -keyfile root.key
    -cert root.crt
```

Das Zertifikat wird in der internen Datenbank von OpenSSL anschließend als widerrufen markiert.

Danach kann eine Revocation List mit Hilfe des Root-Zertifikats und des dazugehörigen privaten Schlüssels exportiert werden. Welche Zertifikate als widerrufen markiert sind, merkt sich OpenSSL automatisch:

```
# openssl ca -gencrl -cert root.crt -keyfile root.key > crl.pem
```

Diese CRL kann dann in der Konfigurationsdatei durch die Direktive `crl-verify` spezifiziert werden:

```
crl-verify crl.pem
```

Falls eine *chroot*-Umgebung benutzt wird, ist darauf zu achten, dass die Revocation List (also in diesem Fall die Datei `crl.pem`) *innerhalb* dieser Umgebung liegt. Denn die Überprüfung der Zertifikate findet schließlich auch statt, nachdem der Prozess sein Wurzelverzeichnis bereits gewechselt hat.

Sollte der Client jetzt versuchen, mit dem kompromittierten Zertifikat eine Verbindung zum OpenVPN-Server aufzubauen, scheitert dieser Versuch:

```
Wed Mar 15 18:42:33 2006 172.17.5.129:32884 TLS: Initial packet
    from 172.17.5.129:32884, sid=c33aa840 339dc890
Wed Mar 15 18:42:33 2006 172.17.5.129:32884 CRL CHECK OK:
    /C=DE/ST=Erlangen/O=Private_Organisation/CN=Johannes_Bauer
    /emailAddress=me@privacy.net
Wed Mar 15 18:42:33 2006 172.17.5.129:32884 VERIFY OK: depth=1,
    /C=DE/ST=Erlangen/O=Private_Organisation/CN=Johannes_Bauer
    /emailAddress=me@privacy.net
Wed Mar 15 18:42:33 2006 172.17.5.129:32884 CRL CHECK FAILED:
    /C=DE/ST=Erlangen/O=Private_Organisation/CN=Severin_Strobl
    /emailAddress=me@privacy.net is REVOKED
Wed Mar 15 18:42:33 2006 172.17.5.129:32884 TLS_ERROR: BIO read
    tls_read_plaintext error: error:140890B2:SSL routines:
    SSL3_GET_CLIENT_CERTIFICATE:no certificate returned
```

11.4 Kanalverschlüsselungsoptionen

Statische Verschlüsselung durch `secret`

Die Direktive `secrect` erwartet einen obligatorischen Parameter und kann zusätzlich noch einen optionalen annehmen. Der erste Parameter spezifiziert einen Dateinamen, der den statischen Schlüssel enthält. Dieser Schlüssel wird zur Absicherung des OpenVPN-Tunnels benutzt. Die Generierung eines solchen statischen Schlüssels ist komplett in OpenVPN integriert und deshalb einfach zu handhaben:

```
# openvpn --genkey --secret static.key
```

Eine so von OpenVPN generierte Datei enthält normalerweise vier Schlüssel:

1. Sendeseitiger HMAC
2. Sendeseitige Verschlüsselung
3. Empfangsseitiger HMAC
4. Empfangsseitige Verschlüsselung

Da jeweils eine symmetrische Verschlüsselung zum Einsatz kommt, werden von diesen vier Schlüsseln für einen voll funktionsfähigen Tunnel lediglich zwei benötigt: einen Schlüssel für die eigentliche *Cipher* (also die Verschlüsselung) und einen für den HMAC (also die Absicherung der Daten gegenüber Manipulation durch eine kryptografische Hashfunktion). Dies hat allerdings den Nachteil, dass der Tunnel gegenüber bestimmten Arten von

DoS- sowie Replay-Attacken anfälliger wird. Durch die Verwendung von zwei Schlüsselpaaren (eines von jeder Seite) wird dies ausgeschlossen.

Genau hierfür ist der zweite, optionale Parameter gedacht: Er gibt die »Richtung« an, auf der sich eine Seite der Verbindung befindet. Eine Seite sollte also hier eine »0«, die andere eine »1« angeben. Wenn der Parameter weggelassen wird, so benutzen einfach beide Seiten denselben Schlüssel.

Wahl der HMAC-Funktion: `auth`

Die HMAC-Funktion kann durch Spezifikation der Direktive `auth` ausgetauscht werden. Standardmäßig wird hier SHA1 verwendet, eine kryptografische Hashfunktion, die 160 Bit (20 Bytes) lange Hashes erzeugt. Auf jeden Fall müssen hier Client und Server dieselbe Funktion benutzen, da sonst die Authentifizierung fehlschlagen wird:

```
Sun Mar 19 17:40:30 2006 Initialization Sequence Completed
Sun Mar 19 17:40:40 2006 Authenticate/Decrypt packet error:
    packet HMAC authentication failed
```

Die von OpenSSL standardmäßig unterstützten Parameter für diese Funktion sind:

- `md2`, der MD2 (128 Bit)
- `md4`, der MD4 (128 Bit)
- `md5`, der MD5 (128 Bit)
- `mdc2`, der MDC2 (128 Bit)
- `rmd160`, der RIPEMD-160 (160 Bit)
- `sha`, der SHA-0 (160 Bit)
- `sha1`, der SHA-1 (160 Bit)
- `none` – keine Authentifizierung benutzen

Einige dieser Algorithmen sind zwar derzeit noch in der OpenSSL-Bibliothek vertreten, allerdings nur aus historischen Gründen. So enthält beispielsweise SHA-0, der Vorläufer von SHA-1, einen Defekt in einem winzigen Detail des Algorithmus, der das Auffinden von Hashkollisionen erheblich vereinfacht. Auch MD5 sollte als eher unsicher – wenn auch nicht als vollständig gebrochen – angesehen werden; im August 2004 fanden chinesische Forscher Kollisionen in der vollständigen MD5-Hashfunktion [55].

Generell gibt es nur zwei Algorithmen, die zur Berechnung eines sicheren HMAC geeignet erscheinen: SHA-1 und RIPEMD-160. In der Entwicklung von SHA-1 war die NSA maßgeblich beteiligt und der Designprozess war nicht offen; jedoch hat SHA-1 aufgrund seiner Popularität erheblich mehr Analysen widerstehen müssen als das eher unbekannte RIPEMD-160-Verfahren. Beide Verfahren sind in etwa gleich performant und sicher – jedoch ist eine endgültige Abschätzung, welches Verfahren nun »besser« sei, schwierig bis unmöglich. Auf jeden Fall sei vor der Verwendung der obsoleten Hashfunktionen der OpenSSL-Bibliothek gewarnt.

In diesem Zusammenhang sei noch erwähnt, dass SHA-1 mittlerweile als (theoretisch) gebrochen gilt, da Verfahren bekannt sind, die um ein Vielfaches schneller als die *Brute-Force*-Methode in der Lage sind, eine Hashkollision zu erzeugen [45]. »Gebrochen« ist hierbei ein Terminus aus der Kryptografie, der nicht unbedingt mit »unsicher« gleichzusetzen ist, da in der Regel dennoch ein erheblicher Aufwand vonnöten ist, eine entsprechende Kollision zu berechnen [57] [45].

Wahl der Verschlüsselungsfunktion: `cipher`

Blowfish ist ein anerkannter Algorithmus, der von Bruce Schneier 1993 entwickelt wurde.

Standardmäßig benutzt OpenVPN den Blowfish-Verschlüsselungsalgorithmus, da er zahlreiche Vorteile gegenüber anderen Algorithmen hat: Er ist patentfrei, schnell, sicher und erlaubt eine Schlüsselgröße bis zu 448 Bit. In der Standardkonfiguration wird jedoch Blowfish nur mit 128 Bit langen Schlüsseln benutzt. Neben Blowfish unterstützt OpenVPN zahlreiche andere Verschlüsselungsverfahren:

- AES-128-CBC (128 Bit Festlänge)
- AES-192-CBC (192 Bit Festlänge)
- AES-256-CBC (256 Bit Festlänge)
- BF-CBC (variable Länge, 128 Bit Standard)
- CAST5-CBC (variable Länge, 128 Bit Standard)
- DES-CBC (64 Bit Festlänge)
- DES-EDE3-CBC (192 Bit Festlänge)
- DES-EDE-CBC (128 Bit Festlänge)
- DESX-CBC (192 Bit Festlänge)
- IDEA-CBC (128 Bit Festlänge)
- RC2-40-CBC (variable Länge, 40 Bit Standard)
- RC2-64-CBC (variable Länge, 64 Bit Standard)
- RC2-CBC (variable Länge, 128 Bit Standard)
- RC5-CBC (variable Länge, 128 Bit Standard)
- none (keine Verschlüsselung benutzen)

Auf die Einzelheiten all dieser Algorithmen einzugehen, würde den Rahmen des Buches sprengen. Sollte jemand einen anderen Algorithmus verwenden wollen, ist es unbedingt notwendig, sich vorab eingehend mit den jeweiligen Vor- und Nachteilen zu beschäftigen, da mit der Verschlüsselungsfunktion ein integraler Bestandteil des OpenVPN-Tunnels steht oder fällt. Hierbei kann das Bundesamt für Sicherheit in der Informationstechnik (BSI) durch zahlreiche Informationen kompetent Hilfe leisten.

BSI: Bundesamt für Sicherheit in der Informationstechnik

Setzen der Schlüssellänge: `keysize`

Wenn durch die Option `cipher` eine Verschlüsselungsfunktion gewählt wurde, die eine variable Schlüssellänge zulässt, kann diese mit der Option `keysize` spezifiziert werden. Die Angabe bezieht sich hier auf die Länge in Bit.

Benutzung einer kryptografischen Engine

OpenVPN kann kryptografische Engines benutzen. Eine Engine bezeichnet hier ein Stück Hardware, auf dem direkt eine bestimmte Verschlüsselungs- oder Hashfunktion »verdrahtet« ist. Somit wird die CPU des Systems entlastet, da rechenintensive Vorgänge von der dedizierten Hardware übernommen werden. Außerdem kann so auch auf einem langsameren System die Leistung deutlich gesteigert werden. Hierzu nutzt OpenVPN diejenigen Engines, die bereits von OpenSSL unterstützt werden:

- `dynamic`: Dynamische Engine (generische API)
- `cswift`: CryptoSwift Hardware Engine
- `chil`: nCipher Hardware Engine
- `atalla`: Atalla Hardware Engine
- `nuron`: Nuron Hardware Engine
- `ubsec`: UBSEC Hardware Engine
- `aep`: Aep Hardware Engine
- `sureware`: SureWare Hardware Engine
- `4758cca`: IBM 4758 CCA Hardware Engine

Die Engine wird durch das Schlüsselwort `engine`, gefolgt von dem Enginenamen, in OpenVPN eingebunden. Die weitere Konfiguration der Engine ist jedoch hardwarespezifisch und muss der jeweiligen Dokumentation der Hardware entnommen werden.

Deaktivieren des Replay-Attacken-Schutzes: `no-replay`

Bei Angreifern sind *Replay-Attacken* sehr beliebt, da durch sie ein enormer Schaden angerichtet werden kann, ohne dass der Angreifer sich die Mühe machen muss, die Pakete zu dekodieren: Ein Paket wird einfach mitgehört und immer wieder an den eigentlichen Empfänger gesandt. Viele Typen von Paketen lassen sich, auch ohne eine Verschlüsselung »zu knacken«, recht leicht einordnen: Ist beispielsweise auf einem Tunnel relativ wenig Aktivität und nach langer Zeit kommen wieder ein paar Pakete, so kann man vermuten, dass es sich um ein TCP/IP-SYN-Paket (also die Anfrage nach einem Verbindungsaufbau) handeln könnte. Schickt ein Angreifer nun dieses verschlüsselte SYN-Paket wiederholt an den Empfänger (der es ja dekodieren kann), hält dieser möglicherweise Sockets offen, um die angenommene TCP/IP-Verbindung (die ja vom Angreifer initialisiert wurde!) aufrechtzuerhalten. Damit werden Ressourcen belegt und im schlimmsten Fall das TCP/IP-Subsystem lahmgelegt.

Eine solche Attacke, bei der der Angreifer quasi »blind« mitlauscht und das mitgeschnittene Paket einfach immer wieder dupliziert in das System einspeist, nennt man *Replay-Attacke*. Um diese Attacke zu verhindern, betreibt OpenVPN einigen Aufwand: Pakete bekommen eine eindeutige Sequenznummer (so dass das Paket vom Empfänger verworfen wird, falls zwei Mal dieselbe Sequenznummer empfangen wird) und zusätzlich bei statischer Verschlüsselung einen Zeitstempel (so dass das Paket nach Ablauf einer gewissen Zeitspanne einfach ungültig wird, weil es zu alt ist).

`no-replay` *sollte wirklich nur mit Bedacht gewählt werden!*

Wie jeder Mechanismus, der Sicherheit bietet, geht auch der Schutz vor Replay-Attacken zu Kosten der Performance; durch den Parameter `no-replay` kann er deaktiviert werden. Dies ist aber nicht empfehlenswert! Benutzer, die auf dieses Quäntchen Performance angewiesen sind, sollten sich eher überlegen, leistungsfähigere Hardware zu erwerben! Der Schutz vor Replay-Attacken ist elementarer Bestandteil der OpenVPN-Strategie gegen DoS-Attacken und sollte nur nach sorgfältigem Überdenken aller Implikationen und Alternativen deaktiviert werden.

Justierung des Replay-Windows mittels `replay-window`

UDP ist das Standardprotokoll, über das OpenVPN getunnelt wird. Allerdings macht UDP – im Gegensatz zu TCP – keine Zusicherungen darüber, dass verloren gegangene Pakete erneut gesandt werden oder dass verschiedene Pakete tatsächlich in genau der Reihenfolge ankommen, in der sie abgesandt wurden. Für die Tunnelintegrität ist dies aber ausgesprochen wichtig – weshalb dieses Verhalten auf der darüberliegenden Softwareschicht emuliert werden muss. Dabei stellt sich die Frage, wie weit ein Paket »aus der Zukunft« kommen darf, damit es nicht als Manipulationsversuch, sondern als normale UDP/IP-Toleranz gewertet wird. Dafür ist das Replay-Window zuständig: Es hat standardmäßig eine Größe von 64 Paketen. Erwartet ein OpenVPN-Server ein Paket mit der Sequenznummer 5, erhält er aber mehrere Pakete mit den Sequenznummern 5, 8 und 10, so wird er bei einem Replay-Window von 64 sofort alle Pakete passieren lassen – schließlich ist für die Neuordnung und eventuelles Nachfordern von Paketen die über der emulierten physikalischen Schicht liegende Schicht zuständig. Erwartet der Server aber Paket 5 und bekommt Paket 70, so wird er dieses sofort verwerfen; es ist zu »neu«. Zusätzlich ist für OpenVPN (im Gegensatz zu anderen Technologien) noch das Alter eines Pakets relevant: Wenn ein Paket mit der Sequenznummer 50 beim Server eintrifft, haben alle Nachzüglerpakete (die, die jünger als 50 sind – also eine Sequenznummer kleiner 50 haben) in der Standardkonfiguration noch 15 Sekunden Zeit, einzutreffen. Nach diesen 15 Sekunden werden sie generell verworfen.

Wenn die Pakete zu alt sind, werden sie vom OpenVPN-Prozess verworfen!

Über die Option `replay-window` kann als erster, obligatorischer Parameter die Größe des Replay-Windows eingestellt werden. Der zweite, optionale Parameter gibt die Zeit in Sekunden an, die Nachzüglerpakete haben, bis sie endgültig nicht mehr akzeptiert werden.

Generell sind die Standardwerte recht gut gewählt. Lediglich in Szenarien, bei denen eine hohe Bandbreite mit einer hohen Latenzzeit einhergeht, ist eine Vergrößerung des Replay-Windows sinnvoll.

Replay-Warnungen ignorieren mit `mute-replay-warnings`

Ist diese Option gesetzt, werden Fehlermeldungen der Art

```
Mon Mar 20 03:02:16 2006 Authenticate/Decrypt packet error: bad
    packet ID (may be a replay): [ #2147462779 ] -- see the man
    page entry for --no-replay and --replay-window for more info
    or silence this warning with --mute-replay-warnings
```

komplett ignoriert, während aber der Code, der die Replay-Attacke blockiert, weiterhin aktiv ist. Solche Fehlermeldungen können beispielsweise bei WLAN häufig auftreten, weil dort die Hardwareschicht bereits eine Paketwiederholung bereitstellt. Folglich kommt es häufig vor, dass im WLAN Pakete doppelt an ihrem Ziel ankommen, obwohl eigentlich alles in Ordnung ist, und OpenVPN schlägt hier Alarm.

Replay-Sicherheit über OpenVPN-Instanzen hinweg: `replay-persist`

Wenn OpenVPN-Server häufig gestartet und gestoppt werden – ein besonders eindrucksvolles Beispiel ist hier eine Verwendung in Verbindung mit dem `xinetd` oder `inetd` – verliert sich die Replay-Sicherheit über die einzelnen Instanzen. Jeder Prozess hat seinen eigenen, neuen Adressraum und weiß nicht darüber Bescheid, was ein Nachbarprozess bereits gesandt oder empfangen hat.

Durch den Parameter `replay-persist` kann dieses Problem behoben werden. `replay-persist` erwartet eine Datei als Parameter, die die vergangenen Paketkontexte speichert und beim Start wieder lädt. Die Datei wird noch vor dem Abgeben von Privilegien und vor dem Betreten einer *chroot*-Umgebung geöffnet – daher sind in diesem Bezug keine besonderen Vorkehrungen notwendig. Die Option `replay-persist` funktioniert nur bei statischen Schlüsseln oder einer Authentifizierung mittels `tls-auth`.

Initialisierungsvektoren durch `no-iv` deaktivieren

Plaintext: unverschlüsselter Text
Ciphertext: verschlüsselter Text

Initialisierungsvektoren sind Bitvektoren, die im Klartext mit übertragen werden und vor einer Verschlüsselung mit dem Plaintext durch die Binäroperation »Exklusives Oder« verknüpft werden. Dadurch wird derselbe Plaintext immer auf andere Ciphertexte abgebildet. Diese Sicherheit ist ein wichtiger Bestandteil der OpenVPN-Verschlüsselung, da viele Protokolle sich wiederholende Passagen enthalten – man denke hier beispielsweise an den Header einer HTTP-Verbindung.

Bestimmte Betriebsmodi einer Verschlüsselung werden durch das Weglassen eines Initialisierungsverktors weniger sicher, wie beispielsweise der CBC (Cipher Block Chaining Modus). Andere hingegen, wie CFB oder OFB (Cipher beziehungsweise Output Feedback Modus), sind in ihrer Sicherheit derart integral auf einen Intialisierungsvektor angewiesen, dass OpenVPN es bei diesen Betriebsmodi gar nicht erst zulässt, den Initialisierungsvektor auszusparen.

Generell ist jedem zu raten, die Sicherheit, die Initialisierungsvektoren bieten, zu benutzen, auch wenn dadurch die Performance marginal verschlechtert wird!

Um die Initialisierungsvektoren zu deaktivieren, kann einfach die Direktive `no-iv` in die OpenVPN-Konfigurationsdatei aufgenommen werden. An dieser Stelle ist allerdings einmal wieder zu betonen, dass dieser Schritt keinesfalls ohne tiefgreifendes Verständnis von Verschlüsselungssystem-Betriebsmodi gemacht werden sollte.

Kryptografischer Selbsttest

Diese Option bewirkt einen Selbsttest der OpenVPN-Kryptografiefunktionen und ist hauptsächlich für Entwickler relevant, die OpenVPN beispielsweise auf eine neue Plattform portieren wollen und dazu die Verschlüsselung testen. Für diesen Test wird zunächst ein statischer Schlüssel generiert:

```
# openvpn --secret secret.key --genkey
```

Danach kann der Selbsttest gestartet werden:

```
# openvpn --secret secret.key --test-crypto
```

Dadurch kann überprüft werden, ob die Verschlüsselungsroutinen von OpenVPN und OpenSSL korrekt arbeiten und nicht etwa durch Compiler- oder Programmfehler in ihrer Funktionalität beeinträchtigt werden.

11.5 Unterstützung durch Firewalls

Selbstverständlich sollten beim Betrieb eines VPN die Möglichkeiten von Firewalls zur Beschränkung der Kommunikation auf das Notwendigste nicht außer Acht gelassen werden. Mit OpenVPN sind Aministratoren sogar in der Lage, Firewalls dynamisch nach dem Aufbau von Verbindungen zu modifizieren, zum Beispiel mit Hilfe folgender Option:

```
learn-address cmd
```

Diese Option führt nach jedem erfolgreichen Tunnelaufbau das Kommando `cmd` aus, welches folgende Argumente als Parameter übergeben bekommt:

1. Der Typ der Operation, welcher aus den Werten `add`, `update` oder `delete` bestehen kann. Dieser Wert leitet sich davon ab, ob die Adresse in der OpenVPN-internen Routing-Tabelle addiert, modifizert oder gelöscht wird.
2. Die Adresse des Tunnelpartners, die je nach verwendetem Interface eine IP-Adresse (*tun*) oder MAC-Adresse (*tap*) sein kann.
3. Der *CommonName* aus dem Zertifikat des Tunnelpartners (nur bei `add` und `update`).

Anhand dieser Informationen ist es ohne weiteres möglich, dynamisch die Firewallkonfiguration eines Servers zu ändern. Sollen aber grundsätzlich feste IP-Adressen bei Clients verwendet werden (siehe Kapitel 8.6.2), kann alternativ auch ein statisches Regelwerk definiert und auf solch ein Skript verzichtet werden.

11.5.1 Unterschied bei Routing und Bridging

Da Bridging im ISO/OSI-Schichtenmodell tiefer ansetzt als Routing, können mit gängigen Firewallwerkzeugen (beispielsweise `iptables` bei Linux (siehe Kapitel 14.5.5) oder `pf` (*Packet Filter*) bei OpenBSD) keine ausreichenden Filterregeln erstellt werden. Diese Werkzeuge können überwiegend Filterregeln auf Pakete des Internetprotokolls anwenden (OSI Layer 3) – und haben in geringem Maße auch Möglichkeiten zur Beachtung von MAC-Adressen. Mit anderen Worten: Bei Routing ist `iptables` durchaus das Mittel der Wahl, denn sämtliche Pakete, die den Tunnel (über eine *tun*-Schnittstelle!) traversieren, sind ausschließlich IP-Pakete. Der Benutzer oder Administrator hat lediglich ein neues Interface (beispielsweise `tun0`), für das er neue Filterregeln erstellen muss. Das virtuelle Interface wird aus der Sicht der Firewall genauso behandelt wie eine ganz normale Netzwerkkarte.

Bei einer Bridging-Lösung kann eine Filterung auf niedrigerer Ebene erforderlich sein: Nicht alle ARP-Pakete sollen den Tunnel passieren können, da beispielsweise die Gefahr von ARP-Poisoning (siehe Kapitel 4.2.2) besteht. Für Linux gibt es bei einer solchen OpenVPN-Konfiguration folgende Lösung: `ebtables`, die *Ethernet Briging Tables*.

Die `ebtables` sind so genannte Userspace-Tools und ein »mächtiges« Werkzeug, das in der Bedienung analog zu den `iptables` ist. So gibt es auch hier Ketten für `INPUT`, `OUTPUT` und `FORWARD`, in die Regeln eingefügt werden. Neben dem Filtern von MAC-Adressen (was sogar mit `iptables` machbar ist) können auch komplexe Manipulationen an Ethernet-Paketen durchgeführt werden:

- Das Umschreiben von MAC-Adressen mit *MAC-SNAT* und und *MAC-DNAT* (analog zur *Network Address Translation* aus Kapitel 14.3).
- Die Konfiguration von virtuellen LAN-Schnittstellen nach IEEE 802.1q.
- Die Verwendung von Frame-Counter oder Traffic-Shaping auf der Basis von MAC-Adressen.
- Vieles Weitere mehr...

Aufgrund der hohen Flexibilität des Programms kann hier jedoch nicht weiter darauf eingegangen werden, es würde schlichtweg den Rahmen des Buches sprengen. Die Dokumentation zu den `ebtables` [46] ist ausgesprochen gut – deshalb sei an dieser Stelle auf diese verwiesen.

11.5.2 Achtung bei `client-to-client`

Die Option `client-to-client` ermöglicht bei einer Point-to-Multipoint-Verbindung durch eine einfache Direktive, dass Verbindungen zwischen Clients direkt geroutet werden. Zwei Clients, die beide mit einem OpenVPN-Server verbunden sind, können so direkt »miteinander« kommunizieren. Hierbei dient der Server als Gateway für die Clients. Diese Art Clients miteinander zu verbinden ist zwar sehr einfach, allerdings geschieht das Routing hierbei nicht im Kernel, sondern im Userspace: OpenVPN leitet die Pakete selbstständig weiter – das heißt, es greifen hier keinerlei `iptables`-Regeln. Soll der Verkehr zwischen Clients gefiltert werden, muss die Direktive `client-to-client` deaktiviert und stattdessen Kernel-Routing verwendet werden. Dies geschieht unter Linux durch Aktivierung des Routings in `/proc/sys/net/ipv4/ip_forward` sowie durch entsprechende Einträge in der `FORWARD`-Kette von `iptables`.

11.6 DoS-Angriffe

Wie bereits in Kapitel 4.2.4 erwähnt, ist es nahezu unmöglich, sich gegen *Denial of Service* oder *DoS*-Attacken zu schützen. Die übliche Vorgehensweise zum Selbstschutz von Geräten ist in diesem Zusammenhang, ab einem gewissen Schwellwert keine weiteren

DoS: Denial of Service

Verbindungen mehr zu akzeptieren und darüber hinaus erst wieder Verbindungsanfragen anzunehmen, wenn ein zweiter, niedrigerer Schwellwert unterschritten wurde. Diese Differenz zwischen dem höheren Schwellwert, ab dem der Schutz einsetzt, und dem niedrigeren Wert, ab dem der Schutz wieder außer Kraft tritt, nennt man Hysterese. Die Hyterese ist dazu gedacht, eine eventuelle Schwingneigung des Systems (also ständiges Ein- und Ausschalten des Schutzes) zu vermeiden. Bei OpenVPN lässt sich mit der Option

```
connect-freq n sec
```

die maximale Anzahl `n` von neuen Verbindungen in einem Intervall von `sec` Sekunden festlegen. Natürlich ist das nur ein rudimentärer Schutz, denn sobald der Schwellwert überschritten ist, werden auch legitime Verbindungsanfragen abgewiesen (wodurch der Angreifer zumindest teilweise einen Erfolg verbuchen kann). Allerdings wird hierdurch eine gewisse Stabilität des Systems erhalten, was wiederum dem Administrator Gelegenheit gibt, weitere Abwehrmaßnahmen zu initiieren.

Eine weitere und sinnvolle Barriere ist die Verwendung der Option `tls-auth`. Dadurch wird gewissermaßen jedes Paket eines legitimen Verbindungsaufbaus digital mit einem HMAC signiert und OpenVPN ist in der Lage, die »Guten« von den »Bösen« zu unterscheiden **bevor** tiefergehende und ressourcenintensive Zertifikatsprüfungen gestartet werden.

12 OpenVPN im Firmeneinsatz

Der Einsatzbereich von OpenVPN unterscheidet sich nicht von dem anderer VPN-Lösungen und lässt sich grob in die folgenden Klassen unterteilen:

- *Client-to-LAN*-Tunnel bieten einen sicheren Zugang einzelner Clients zum Netzwerk. Typischerweise wird hierzu der *Server Mode* von OpenVPN in Zusammenhang mit Zertifikaten und Username-Passwort-Authentisierung verwendet. Bei diesem Verfahren werden nur Pakete vom beziehungsweise zum Client durch den VPN-Server geroutet. *Client-to-LAN-Tunnel*
- *LAN-to-LAN*-Tunnel verbinden mehrere Standorte gewissermaßen über eine virtuelle Leitung. *LAN-to-LAN-Tunnel*

Client-to-LAN-Tunnel sind in diesem Buch bereits mehrfach erörtert worden, deshalb soll in den folgenden beiden Abschnitten das Thema LAN-to-LAN-Tunnel an Beispielen erläutert werden.

12.1 Kostengünstige Verbindung von Standorten

Als typische Anwendung von VPN-Tunneln übers Internet wird gern die Verbindung von Standorten genannt, denn ein LAN-to-LAN-Tunnel ist im Vergleich zu Einwahllösungen oder einer teuren Standleitung eine kostengünstige Alternative.

Routing-Protokolle können bei diesen Verbindungen dazu beitragen, ein hohes Maß an Verfügbarkeit bei der Verwendung mehrerer (paralleler) Tunnel zu unterschiedlichen Standorten zu erzielen. Ein typisches Beispiel ist der redundante Aufbau einer Kommunikationsverbindung zwischen einer Zentrale und einigen Zweigstellen.

In Abbildung 12.1 ist schematisch dargestellt, wie eine mögliche Konfiguration für diese Anforderungen aussehen kann: Die Zweigstellen X und Y sind über VPN-Tunnel mit der Zentrale ver-

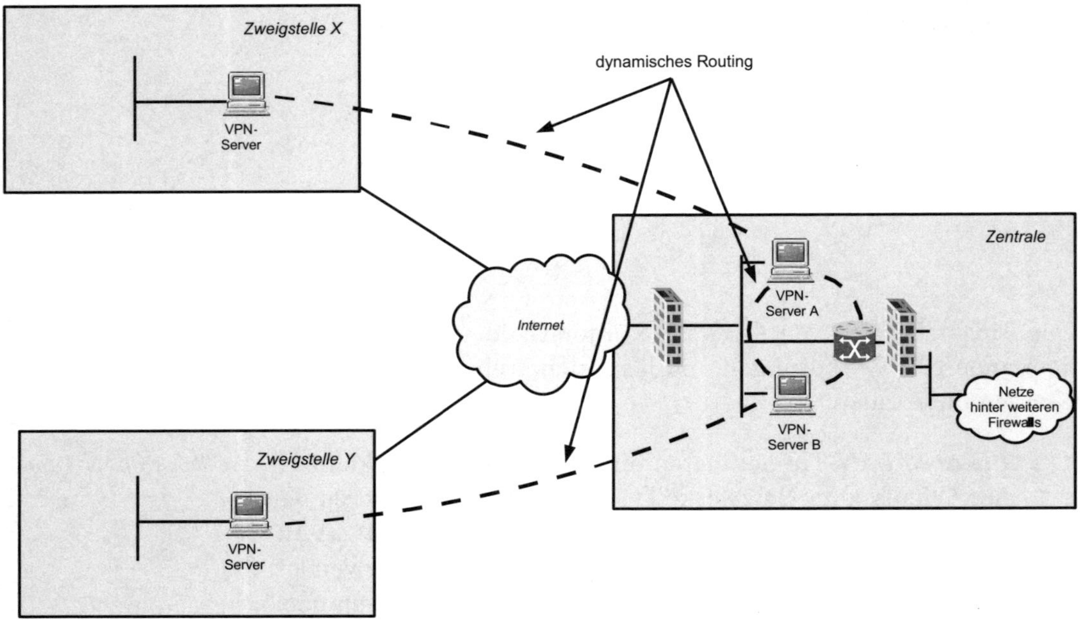

Abbildung 12.1
Typische Konfiguration für die Anbindung von Zweigstellen an eine Zentrale

bunden. Aufgrund der Verwendung eines dynamischen Routing-Protokolls (zum Beispiel OSPF) spielt es keine Rolle, ob die VPN-Server der Zweigstellen sich mit dem VPN-Server A oder B der Zentrale verbinden (typischerweise sollte aus Redundanzgründen die Konfiguration der Server von vornherein so gestaltet sein, dass alternierend versucht wird, zu beiden VPN-Servern eine Verbindung aufzubauen). Denn sobald der Tunnel erfolgreich aufgebaut ist, können die Routing-Prozesse der Zweigstelle und der Zentrale ihre Erreichbarkeitsinformationen austauschen. Für das dynamische Routing auf den VPN-Servern kann beispielsweise die *Quagga Routing Suite* [20] verwendet werden.

12.2 Beispiel für Bridging: Hilfe beim Umzug von Standorten

Während das Beispiel im Kapitel 12.1 üblicherweise mit Routing (im Sinne der OpenVPN-Möglichkeiten) realisiert wird, soll nun ein möglicher Einsatz des Bridgings dargestellt werden. Hierzu wird angenommen, dass die bereits mehrfach angesprochene VPN Company einen Umzug vom Standort A an den Standort B plant und dieser möglichst reibungslos vonstatten gehen soll. Ferner sollen die Server nach Möglichkeit ihre bisherigen IP-Adressen weiterhin behalten.

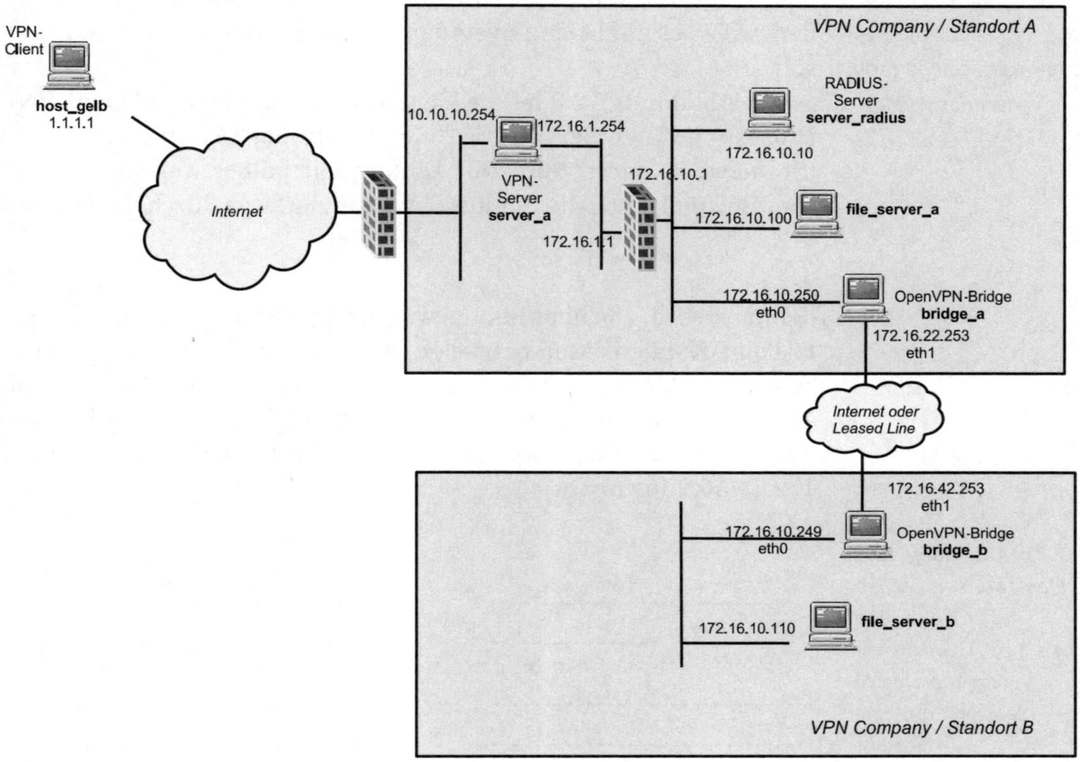

Abbildung 12.2
Die VPN Company zieht um und möchte die bisherigen Adressen weiter verwenden: OpenVPN und Bridging sorgen für die Verlängerung des LAN-Segments.

Für die VPN Company geht es inbesondere um die beiden Fileserver `file_server_a` mit der Adresse 172.16.10.100 und `file_server_b` mit der Adresse 172.16.10.110, die beide in dem gleichen Netz lokalisiert sind wie der RADIUS-Server aus Kapitel 9.3.

Im Folgenden wird davon ausgegangen, dass die beiden Standorte bereits eine Netzwerkverbindung haben, zum Beispiel über eine gemietete Standleitung. Die folgende Konfiguration lässt sich aber problemlos auch auf einer Internetverbindung einsetzen.

Der Trick ist hierbei, in beiden Standorten ein LAN für das Netz 172.16.10.0/24 aufzubauen und diese dann entsprechend Abbildung 12.2 über eine OpenVPN-Bridge zu verbinden. Dadurch können die Fileserver problemlos unter Beibehaltung ihrer Adressen von einem Standort in den anderen umziehen.

*Auf Linux, *BSD und verwandten Systemen muss für das Bridging unbedingt ein fest definiertes tap-Interface wie tap0 verwendet werden.*

Die Bridge hat demnach die Aufgabe, mehrere Ethernet-Segmente miteinander zu verbinden. Demzufolge ist nachvollziehbar, dass die beiden Server `brigde_a` und `bridge_b` für ihre OpenVPN-Verbindung ein *tap device* (siehe Kapitel 5.4.2) verwenden, wobei es auf beiden Systemen die Schnittelle `/dev/tap0` sein soll.

In Abbildung 12.3 ist die Konfiguration der beiden OpenVPN-Prozesse auf den Servern `bridge_a` (Standort A) und `bridge_b` (Standort B) dargestellt. Der Einfachheit halber werden bei diesem Beispiel statische Schlüssel verwendet, was durch die Option

```
secret keys/bridge_static.key
```

definiert wird. Darüber hinaus werden die Prozesse in einer Point-to-Point-Konfiguration betrieben, da hier ausschließlich zwei einzelne (wohldefinierte) Systeme miteinander verbunden werden sollen. Für diesen Zweck haben die Tunnelendpunkte Adressen aus dem Netz 172.16.50.0/24, mit 172.16.50.1 für `bridge_a` und 172.16.50.2 für `bridge_b`.

Abbildung 12.3
Der Tunnel zwischen `bridge_a` und `bridge_b` wird über ein tap Device realisiert, um eine virtuelle Ethernet-Schnittstelle verwenden zu können.

```
; Konfiguration bridge_a
;-------------------------------
; TLS / Keys
;-------------------------------
secret keys/bridge_static.key

;-------------------------------
; Netzwerkeinstellungen
;-------------------------------
remote 172.16.42.253
port 1194
proto udp
dev tap0

;-------------------------------
; peer to peer
;-------------------------------
mode p2p
ifconfig 172.16.50.1 255.255.255.0

;-------------------------------
; Tunneloptionen
;-------------------------------
keepalive 10 120

;-------------------------------
; Logging
;-------------------------------
status openvpn-status.log
verb 3
```

```
; Konfiguration bridge_b
;-------------------------------
; TLS / Keys
;-------------------------------
secret keys/bridge_static.key

;-------------------------------
; Netzwerkeinstellungen
;-------------------------------
remote 172.16.22.253
port 1194
proto udp
dev tap0

;-------------------------------
; peer to peer
;-------------------------------
mode p2p
ifconfig 172.16.50.2 255.255.255.0

;-------------------------------
; Tunneloptionen
;-------------------------------
keepalive 10 120

;-------------------------------
; Logging
;-------------------------------
status openvpn-status.log
verb 3
```

Vor dem Aktivieren des eigentlichen Bridgings sollte überprüft werden, ob die Tunnelparameter passen und ob der Tunnel auch aufgebaut werden kann, was durch einen einfachen Testlauf überprüfbar ist. Sofern der Prozess auf `bridge_b` bereits gestartet ist, sollten die Logs der `bridge_a` folgende Einträge zeigen:

```
vpn_bridge_site_a:/etc/openvpn# openvpn bridge_1194.conf

vpn_bridge_site_a:/etc/openvpn# openvpn bridge_1194.conf
Mon Feb  6 12:21:58 2006 OpenVPN 2.0 i386-pc-linux [SSL] [LZO] [EPO
    LL] built on Apr 18 2005
Mon Feb  6 12:21:58 2006 Static Encrypt: Cipher 'BF-CBC' initialize
    d with 128 bit key
Mon Feb  6 12:21:58 2006 Static Encrypt: Using 160 bit message hash
    'SHA1' for HMAC authentication
Mon Feb  6 12:21:58 2006 Static Decrypt: Cipher 'BF-CBC' initialize
    d with 128 bit key
Mon Feb  6 12:21:58 2006 Static Decrypt: Using 160 bit message hash
    'SHA1' for HMAC authentication
Mon Feb  6 12:21:58 2006 TUN/TAP device tap0 opened
Mon Feb  6 12:21:58 2006 /sbin/ifconfig tap0 172.16.50.1 netmask 25
    5.255.255.0 mtu 1500 broadcast 172.16.50.255
Mon Feb  6 12:21:59 2006 Data Channel MTU parms [ L:1576 D:1450 EF:
    44 EB:4 ET:32 EL:0 ]
Mon Feb  6 12:21:59 2006 Local Options hash (VER=V4): '3b48154c'
Mon Feb  6 12:21:59 2006 Expected Remote Options hash (VER=V4): '3b
    48154c'
Mon Feb  6 12:21:59 2006 UDPv4 link local (bound): [undef]:1194
Mon Feb  6 12:21:59 2006 UDPv4 link remote: 172.16.42.253:1194
Mon Feb  6 12:21:59 2006 Peer Connection Initiated with 172.16.42.2
    53:1194
Mon Feb  6 12:22:00 2006 Initialization Sequence Completed
vpn_bridge_site_a:/etc/openvpn#
```

Auf beiden Seiten sollte abschließend die Zeile

```
Mon Feb  6 12:22:00 2006 Initialization Sequence Completed
```

zu lesen sein. Entsprechend muss auf beiden Systemen das Interface `tap0` die definierte Adresse bekommen, was ganz leicht durch das Kommando `ifconfig` zu überprüfen ist:

```
vpn_bridge_site_a:/etc/openvpn# ifconfig tap0
tap0  Link encap:Ethernet  HWaddr AA:A0:89:63:71:46
      inet addr:172.16.50.1  Bcast:172.16.50.255  Mask:255.255.255.0
      UP BROADCAST RUNNING MULTICAST  MTU:1500  Metric:1
      RX packets:0 errors:0 dropped:0 overruns:0 frame:0
      TX packets:0 errors:0 dropped:0 overruns:0 carrier:0
      collisions:0 txqueuelen:100
      RX bytes:0 (0.0 b)  TX bytes:0 (0.0 b)

vpn_bridge_site_a:/etc/openvpn#
```

Bei `bridge_b` soll die Adresse 172.16.50.2 konfiguriert sein. Übrigens ist hierbei ganz deutlich zu erkennen, dass Schnittstellen vom Typ *tap* auch eine MAC-Adresse besitzen (*HWaddr AA:A0:89:63:71:46*).

Nachdem die grundsätzliche Konfiguration der OpenVPN-Prozesse getestet ist, wird im zweiten Schritt das Bridging zwischen den Schnittstellen `tap0` und `eth0` auf den beiden OpenVPN-Servern eingerichtet.

Einrichten der Bridge auf den beiden OpenVPN-Servern

Das Bridging in diesem Beispiel basiert auf den *bridge utilities*, die unter Linux für diesen Zweck das Standardwerkzeug sind. Ausführliche Informationen zum Bridging auf Linux finden sich unter [2]. Zur Erinnerung: Bridging hat die Aufgabe, zwei Ethernet-Segmente miteinander zu verknüpfen und dementsprechend die Ethernet-Frames anhand der Ethernet-Adresse weiterzuleiten (und nicht anhand der Adresse eines Protokolls einer höheren Schicht wie IP). Demzufolge spielt es auch gar keine Rolle, welche der Protokolle in den höheren Schichten verwendet werden.

Das zentrale Werkzeug bei diesem Schritt ist `brtcl` und kann logische Bridge-Devices erzeugen, modifizieren und natürlich auch löschen. Um den Einsatz dieses Werkzeugs zu erleichtern, sind im Anhang B passende Skripte abgebildet, welche die erforderlichen Schritte automatisieren.

Für den Einsatz dieser Skripte ist es wichtig, dass sie vor dem Start des zugehörigen OpenVPN-Servers ausgeführt werden, da sie explizit die von OpenVPN verwendeten virtuellen Interfaces erzeugen. Nach der Ausführung des Skripts sollte die Bridge folgenden Status haben (als Beispiel die Konfiguration von `bridge_a`):

```
vpn_bridge_site_a:~# brctl show
bridge name     bridge id               STP enabled     interfaces
br0             8000.de778cab551c       no              eth0
                                                        tap0
vpn_bridge_site_a:~#
```

Hierbei ist deutlich zu erkennen, dass in der logischen Bridge `br0` die beiden Schnittstellen `eth0` und `tap0` enthalten sind.

Nachdem die Bridge-Interfaces entsprechend auf beiden Servern erzeugt und mit dem erwähnten Skript parametrisiert wurden, können nun die zugehörigen OpenVPN-Prozesse gestartet werden. Da dieser Vorgang bereits im vorherigen Abschnitt erläutert wurde, wissen wir bereits, dass der Tunnel aufgebaut werden kann. Interessant ist es jetzt zu überprüfen, ob wirklich jedweder Verkehr transparent zwischen Tunnel und LAN transferiert wird. Zu diesem Zweck werden vom `server_radius` zwei Fileserver im Netz 172.16.10.0/24 über Samba [22] angesprochen, was in der Regel zu Broadcast-Anfragen auf dem Netzwerk führt. Samba ist eine Open-Source-Implementierung des CIFS- beziehungsweise SMB-Protokolls und bietet in vielerlei Hinsicht die typischen Funktionalitäten von Office- oder Enterprise-Fileserver-Diensten an. Mit Hilfe des Kommandos `smbtree` erhält man Auskunft über die folgenden Samba-Ressourcen im Netzwerk:

```
server_radius:~# smbtree
Password:
VPNCOMPANY
        \\FILE_SERVER_B                 file_server_b server (Samba
                                        3.0.14a-Debian)
                \\FILE_SERVER_B\ADMIN$  IPC Service (file_server_b
                                        server (Samba 3.0.14aDebian))
                \\FILE_SERVER_B\IPC$    IPC Service (file_server_b
                                        server (Samba 3.0.14a-Debian))
                \\FILE_SERVER_B\print$  Printer Drivers
         \\FILE_SERVER_A                file_server_a server (Samba
                                        3.0.14a-Debian)
                \\FILE_SERVER_A\ADMIN$  IPC Service (file_server_a
                                        server (Samba 3.0.14a Debian))
                \\FILE_SERVER_A\IPC$    IPC Service (file_server_a
                                        server (Samba 3.0.14a-Debian))
                \\FILE_SERVER_A\print$  Printer Drivers
server_radius:~#
```

Anhand der Ausgabe ist deutlich zu sehen, dass vom `server_radius` sowohl der Server in Standort A (`file_server_a`) als auch der an Standort B (`file_server_b`) erkannt wurde. Ein Mitschnitt des entsprechenden Verkehrs mit dem Werkzeug *Ethereal* [6] auf dem Bridge-Interface *br0* des Servers `bridge_b` verrät weitere Details (siehe Abbildung 12.4): Es werden sowohl Broadcast-Anfragen auf der Ebene des Internetprotokolls als auch ARP-Anfragen transparent über den VPN-Tunnel von Standort A in den zweiten Standort übertragen.

No..	Time	Source	Destination	'rotocol	Info
1	0.000000	172.16.10.10	Broadcast	ARP	Who has 172.16.10.100? Tell 172.16.10.10
2	0.310946	172.16.10.10	172.16.10.255	NBNS	Name query NB <01><02>__MSBROWSE__<02><01>
3	1.655429	172.16.10.10	Broadcast	ARP	Who has 172.16.10.110? Tell 172.16.10.10
4	1.665824	172.16.10.110	172.16.10.10	ARP	172.16.10.110 is at fe:fd:ac:10:0a:6e
5	1.667520	172.16.10.10	172.16.10.110	TCP	4610 > microsoft-ds [SYN] Seq=0 Ack=0 Win=5840 Len=0 MSS=1
6	1.678390	172.16.10.110	172.16.10.10	TCP	microsoft-ds > 4610 [SYN, ACK] Seq=0 Ack=1 Win=5792 Len=0
7	1.680886	172.16.10.10	172.16.10.110	TCP	4610 > microsoft-ds [ACK] Seq=1 Ack=1 Win=5840 Len=0 TSV=2
8	1.844987	172.16.10.10	172.16.10.110	SMB	Negotiate Protocol Request
9	1.855864	172.16.10.110	172.16.10.10	TCP	microsoft-ds > 4610 [ACK] Seq=1 Ack=184 Win=5792 Len=0 TSV
10	1.867862	172.16.10.110	172.16.10.10	SMB	Negotiate Protocol Response
11	1.870897	172.16.10.10	172.16.10.110	TCP	4610 > microsoft-ds [ACK] Seq=184 Ack=132 Win=5840 Len=0 T
12	1.879205	172.16.10.10	172.16.10.110	SMB	Session Setup AndX Request, NTLMSSP_NEGOTIATE
13	1.916253	172.16.10.110	172.16.10.10	SMB	Session Setup AndX Response, NTLMSSP_CHALLENGE, Error: STA

Abbildung 12.4 *Mit dem Sniffer Ethereal lässt sich an* `bridge_b` *sehr gut beobachten, dass die Pakete vom* `server_radius` *(172.16.10.10) standortübergreifend übertragen werden.*

Eine Anmerkung zum Thema *Spanning Tree Protocol*

An dieser Stelle soll noch eine kurze Anmerkung zum Thema *Spanning-Tree Protocol* (STP) [24] folgen. Zur Verdeutlichung wird dazu ein kleiner Ausflug in die einzelnen Protokollschichten gemacht, gezielt unter dem Aspekt von so genannten *Loops*.

Loops sind immer dann vorhanden, wenn Datenpakete permanent im Kreis rotieren, ohne beim eigentlichen Ziel anzukommen. Während das Internetprotokoll hierfür die so genannte TTL (*Time to Live*) im Header des Pakets hat, fehlt solch ein Mechanismus beim im LAN vorherrschenden Ethernet. In Zeiten, als ein Ethernet noch aus einem einzigen Kabel bestand, bei dem sich alle Stationen über einen T-Stecker angesteckt haben, war das kein Problem, denn sobald eine Station solch ein Paket (aus seiner Sicht) erfolgreich verschickt hat, war für diese der Sendevorgang erledigt.

Die TTL ist ein 1 Byte großer integraler Bestandteil des IP-Headers und wird von jedem Router, den ein Paket auf seinem Weg durchs Internet kreuzt, dekrementiert. Sobald der Wert die 0 erreicht hat, wird das Paket vom Router verworfen.

Das Gleiche galt für das passive Kabel (was gegebenenfalls noch mit Hilfe von Repeatern verlängert wurde): Es hat einzig die Aufgabe, das Paket anzunehmen und zu transportieren.

Heute ist die Situation etwas anders: Lokale Netzwerke werden typischerweise mit Ethernet-Switches realisiert, an denen sowohl zahlreiche Hosts als auch weitere Switches angeschlossen sein können. Für die korrekte Weiterleitung eines Datenpakets muss ein Switch entsprechende Informationen darüber haben, hinter welchem Interface er die Zieladresse finden kann. Solange die einzelnen Switches untereinander ohne Redundanzen verbunden sind, stellt das sicher kein Problem dar.

Anders verhält es sich aber, wenn Switches mehrfach mit anderen verbunden sind beziehungsweise auch auf physikalischer Ebene über Switches geschlossene Strukturen entstehen. In diesem Fall ist es für den Switch nicht eindeutig, über welches Interface er das Datenpaket weiterleiten soll – er könnte es sogar auf mehreren herausschicken und damit den Verkehr vervielfachen. Entsprechend können auch wieder die angeschlossenen Switches reagieren und immer neue Kopien des Pakets erzeugen. Da die Ethernet-Frames keine TTL kennen, die von jedem Switch manipuliert wird, bis ein Schwellwert erreicht ist, würde der Vorgang unendlich lange weitergehen und das Datenpaket wird kontinuierlich weiter kreisen. Mit anderen Worten: Es entsteht ein *Loop*.

Das ist genau der Punkt, welcher von STP adressiert wird: Es sorgt dafür, dass zwischen den Switches nur ein einziger Pfad gültig ist und eliminiert Loops im Netzwerk durch (softwareseitige) Deaktivierung von redundanten Pfaden. Sollte nun ein aktiver Pfad ausfallen, berechnet STP entsprechend einen neuen gültigen Pfad.

Wichtig ist, dies auch beim Einsatz des Bridgings mit OpenVPN zu beachten, vor allem, wenn die LAN-Segmente der beiden

Standorte über mehrere parallele (redundante!) Tunnel miteinander via Bridging verbunden werden. In so einem Fall sollten die Bridges an den VPN-Server mit in das STP einbezogen werden (was beim dargestellten Beispiel nicht der Fall war).

Zum Thema STP, das dem erfahrenen Administrator durchaus bereits bekannt sein dürfte, gibt es zahlreiche Literatur im Internet, wie beispielsweise auch *Understanding Spanning-Tree Protocol* von Cisco Systems [53].

12.3 Überwindung von Barrieren beim Feldeinsatz

Häufig tritt der Fall ein, dass kein direkter Anschluss zum Internet vorhanden ist oder es Barrieren für dessen Nutzung gibt, zum Beispiel wenn man in den Räumlichkeiten eines anderen Unternehmens tätig ist. Typische Beispiele sind die ausschließliche Verwendung von privaten Adressen und deren Umsetzung auf eine NAT-Adresse am Gateway oder die vorgeschriebene Verwendung eines Proxys beim Internetzugang.

12.3.1 Network Address Translation (NAT)

Glücklichweise hat OpenVPN kein Problem mit NAT, denn anders als IPsec basiert es auf reinen UDP- beziehungsweise TCP-Verbindungen. Solche Verbindungen lassen sich ohne Weiteres über NAT-Gateways hinweg aufbauen.

12.3.2 Firewalls & Proxys

Firewalladministratoren und Security-Teams sollten sehr restriktiv mit dem Öffnen ihres Regelwerks vorgehen: Die Standardeinstellung ist das Blockieren jeglicher Verkehrsflüsse, die nicht explizit erlaubt sind. Der von OpenVPN standardmäßig verwendete Port 1194 dürfte in der Regel unter die Art von Kommunikation fallen, die blockiert ist.

OpenVPN ist aber (glücklicherweise) über jeden beliebigen Port verwendbar, wie zum Beispiel Port 80 und Port 443. Wenn zusätzlich TCP als Transportprotokoll verwendet wird, dann existiert bereits eine erheblich höhere Wahrscheinlichkeit, mit OpenVPN über Firewallgrenzen hinweg einen Tunnel aufbauen zu können, da es in zahlreichen Netzwerken gestattet ist, *https*-Verbindungen über Port 443 zu öffnen.

Sollte zusätzlich ein Proxy verwendet werden müssen, dann ist die Sache keineswegs schwieriger. Es sollte in diesem Fall wiederum eine Konfiguration benutzt werden, bei der OpenVPN TCP als Transportprotokoll über den Port 443 (TCP) einsetzt, da auf Port 80 üblicherweise vom Proxy unverschlüsselter Verkehr mit den entsprechenden HTTP-Elementen erwartet wird.

Die Möglichkeit, Tunnel über unterschiedliche Ports und Protokolle sowie über Proxy-Grenzen hinweg aufbauen zu können, ist eines der wichtigsten Unterschiede zwischen IPsec und OpenVPN.

Um einen Proxy in die Konfiguration eines OpenVPN-Clients aufzunehmen, ist lediglich die folgende Option anzugeben:

```
http-proxy s p  [authsource] [authtype]
```

wobei die Parameter folgende Bedeutung haben:

- `s` ist die IP-Adresse des Proxys.
- `p` ist der vom Proxy verwendete Port (zum Beispiel 8080).
- `authtype` ist die Art der verwendeten Authentisierung. Hierbei kann zwischen *basic* und *ntlm* gewählt werden.
- `authsource` muss definiert sein, sobald `authtype` gesetzt wird. Wenn `authsource` den Wert *stdin* hat, erfragt der OpenVPN-Prozess beim Start das erforderliche Passwort für den Proxy-Zugang. Alternativ kann `authsource` auch auf eine Datei verweisen, in welcher das notwendige Passwort hinterlegt ist.

Trotz dieser Mechanismen kann es immer noch vorkommen, dass kein Tunnel durch solcherart Barrieren aufgebaut werden kann. Das kann aufgrund der Verwendung so genannter *Whitelists* für erlaubte Websites geschehen oder durch *Application Level Gateways*, die sich sehr detailliert die Verkehrsflüsse von Verbindungen anschauen und mutmaßen, ob es sich bei dem Verkehr um harmlose HTTP-Zugriffe handelt oder nicht.

12.4 Integration von OpenVPN in ein Windows-Netzwerk

Häufig stehen Unternehmen vor der Situation, dass ein VPN-Zugang geschaffen werden soll, damit Mitarbeiter beispielsweise auch die Chance haben, ihre Arbeit von zu Hause aus zu erledigen. Durch die starke Verbreitung von Microsoft Windows in Firmennetzwerken wird an eine Lösung mit Linux und Open-Source-Produkten nur selten gedacht. Da OpenVPN aber keine Betriebssystemgrenzen kennt, lässt sich auch hier einfach Abhilfe schaffen.

Der OpenVPN-Server wird in diesem Beispiel zwischen der Firmen-Linux-Firewall und einer Bridge-Level-Firewall in das Windows-Netzwerk integriert (siehe Abbildung 12.5). Durch den Einsatz der zweiten Firewall können Zugriffe von OpenVPN-Clients in das Firmennetzwerk sehr gut kontrolliert werden, denn der Vorteil dieses Firewalltyps besteht in der transparenten Integration in ein einziges Subnetz. Solche Firewalls können unter Linux mit `ebtables` [46] implementiert werden und Ralf Spenneberg hat hierzu in [48] eine empfehlenswerte Einführung veröffentlicht. Darüber hinaus haben wir sehr gute Erfahrungen mit kommerziellen Bridge-Level-Firewalls von Lucent gemacht [16].

Bridge-Level-Firewalls sind in der Lage, den Verkehr zwischen den Hosts innerhalb eines logischen IP-Subnetzes zu trennen.

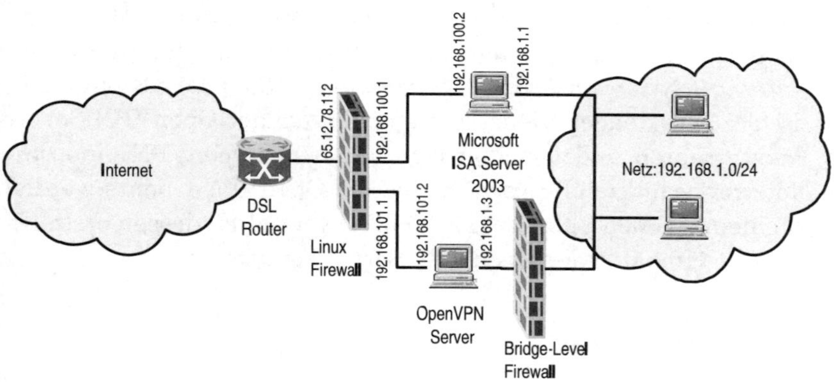

Abbildung 12.5
Integration eines OpenVPN-Servers in eine Windows-Netzwerkumgebung

Der ISA-Server wird von außerhalb als E-Mail-Server angesprochen, innerhalb dient er als E-Mail- und Proxy-Server für die Netzwerkclients. Durch die zusätzliche zweite Netzwerkschnittstelle an der Linux-Firewall, welche die IP-Adresse 192.168.101.1 erhält, ist der OpenVPN-Server von dem ISA-Server getrennt. Der ISA-Server selbst wird auch als Firewall betrachtet. Anfragen aus dem Internet, welche auf Port 1194 an der Linux-Firewall ankommen, sollen direkt an den OpenVPN-Server weitergeleitet werden.

Darüber, ob ein Windows-Server eine Firewall ist oder nicht, herrschen sicher geteilte Meinungen, unter anderem auch bei den Autoren ...

12.4.1 Konfiguration der Linux-Firewall

Auf der Linux-Firewall ist `eth1` mit einer öffentlichen IP-Adresse im Internet hinterlegt. `eth0` ist mit einem 192.168.100.0/24-Netz verbunden, an dem auch der ISA-Server mit der IP-Adresse 192.168.100.2 beteiligt ist. An `eth2` mit der IP-Adresse 192.168.101.1 wird der OpenVPN-Server mit der IP-Adresse 192.168.101.2 angeschlossen. Alle Anfragen aus dem Internet an eth1 auf Port 1194 und im Protokoll tcp werden direkt an den OpenVPN-Server weitergeleitet.

```
# OpenVPN Forwarding Regel
iptables -A FORWARD -i eth1 -p tcp --dport 1194 -j ACCEPT
iptables -A FORWARD -i eth2 -p tcp --sport 1194 -j ACCEPT
# OpenVPN NAT
iptables -t nat -A PREROUTING -p tcp --dport 1194 -i eth1 -j DNAT
    --to-destination 192.168.101.2
```

12.4.2 Installation des OpenVPN-Servers

Auch hier waren die Autoren durchaus unterschiedlicher Meinung . . .

Da wir bisher in dem Buch überwiegend Linux-Installationen beschrieben haben, wird der OpenVPN-Server exemplarisch mit Windows XP und OpenVPN GUI installiert. An dieser Stelle kann durchaus auch ein Linux-Server verwendet werden. Auf dem installierten System wird der OpenVPN-Service in der *Diensteverwaltung* (*Systemsteuerung* - *Verwaltung* - *Dienste*) als »automatisch« zu startender Dienst konfiguriert. Da der OpenVPN-Server Pakete routen und nicht bridgen soll, wird OpenVPN eine *tun*-Netzwerkschnittstelle verwenden. Die OpenVPN-Clients werden in einem eigenen Subnetz (10.8.0.0/24) verwaltet, dessen erste IP-Adresse (10.8.0.1) der OpenVPN-Server benutzt.

```
dev tun
proto tcp-server
port 1194

server 10.8.0.0 255.255.255.0

dh c:\\vpn\\config\\dh-params-1024.pem
pkcs12 c:\\vpn\\config\\OpenVPN.pfx
```

Die *Diffie-Hellman-Parameter*-Datei dh-params-1024.pem lässt sich am einfachsten auf der Kommandozeile mit openssl erzeugen.

```
cd c:\vpn\bin
openssl dhparam -out ..\config\dh-params-1024.pem 1024
```

12.4.3 Verwenden der Serverzertifikate einer OWA-Installation

Viele Unternehmen mit einer Microsoft-Serverumgebung und einem Microsoft Exchange Server setzen den OWA (Outlook Web Access) als Webmail-Möglichkeit ein. Um den Zugriff auf das OWA-Webinterface zu authentifizieren, werden für den »Microsoft Webserver« Server- und Clientzertifikate vergeben, welche auf dem Client in den lokalen *Microsoft-Zertifikatsspeicher* importiert werden müssen. Es ist möglich, für OpenVPN diese bereits importierten Zertifikate zu verwenden.

Nicht nur die Client authentifizieren sich gegenüber dem OpenVPN-Server, sondern auch der Server wird überprüft, ob er derjenige ist, für den er sich ausgibt.

Das Serverzertifikat wird mit der Root-CA erstellt. Bei der Ausstellung des Zertifikats ist darauf zu achten, dass es sich um ein Serverzertifikat handelt. Außerdem muss der private Schlüssel mit exportiert werden. Die Zertifikatsanforderung wird in der CA bestätigt. Anschließend wird das Zertifikat in den Windows-Zertifikatsspeicher importiert. Vom Zertifikatsspeicher kann es dann zusammen mit dem privaten Schlüssel exportiert werden. Dies geschieht im PKCS#12-Format (PFX), damit der private Schlüssel enthalten ist. Als Export-Dateiname wird hier `OpenVPN_orig.pfx` verwendet.

Das erstellte Serverzertifikat muss dann um die Sub-CA des Unternehmens erweitert werden. Als Erstes kopiert man dazu das bestehende Serverzertifikat in ein temporäres Verzeichnis:

```
cd c:\vpn\config\
copy OpenVPN_orig.pfx c:\temp\OpenVPN_orig.pfx
cd c:\temp
```

Dann wird die Sub-CA von einem OWA-Client aus dem Zertifikatsspeicher (»Internet Explorer Zertifikateinstellungen«) exportiert. Bei der Frage nach dem gewünschten Exportformat wird *DER-codiert-binäre X.509 (.CER)* angegeben.

Das *DER-codierte* Sub-CA-Zertifikat und auch das originale Serverzertifikat müssen noch in das PEM-Format umgewandelt werden:

```
C:\vpn\bin\openssl x509 -out sub_ca.crt -outform pem -text
                 -in sub_ca.cer -inform der

C:\vpn\bin\openssl pkcs12 -in OpenVPN_orig.pfx -out
                 OpenVPN.pem -nodes
```

Danach wird ein neuer PKCS#12-Container mit dem OpenVPN-Zertifikat und dem Sub-CA-Zertifikat erstellt. Ausnahmsweise wird hier kein Passwort angegeben:

```
C:\vpn\bin\bin\openssl pkcs12 -export -in OpenVPN.pem
                 -out OpenVPN.pfx -certfile sub_ca.crt
```

Die PFX-Datei wird in den `config`-Ordner von OpenVPN kopiert:

```
copy OpenVPN.pfx c:\vpn\config
del c:\temp\*.*
```

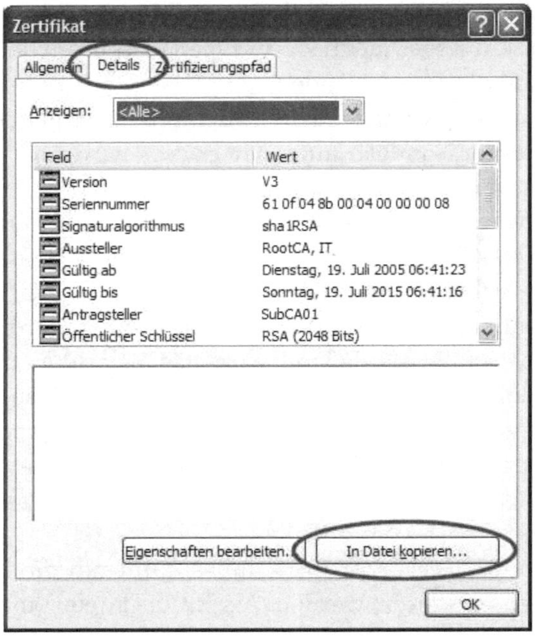

Abbildung 12.6 *Das bestehende OWA-Zertifikat wird in eine Datei exportiert.*

Und schließlich wird der OpenVPN-Service neu gestartet. Um Fehler zu erkennen, sollte man die Log-Datei `c:\vpn\log\server.log` kontrollieren.

12.4.4 Installation der Clients: OpenVPN GUI

Bei den Clients handelt es sich um Windows-Computer. Als Erstes wird auf den Clients OpenVPN GUI von Mathias Sundman installiert. Das OWA-Zertifikat wird auf dem Computer über das Menü *Internet Explorer - Extras - Internetoptionen - Zertifikate* importiert (siehe Abbildung 12.7).

Die OpenVPN-Konfiguration für den Client bezieht sich durch `cryptoapicert` auf das importierte Zertifikat im Windows-Zertifikatsspeicher.

```
dev tun
proto tcp-client
port 1194

client
remote maybe-company.de

ca root_ca.crt
cryptoapicert "SUBJ:Albrecht Liebscher"
```

Abbildung 12.7
Der »Ausgestellt«-Benutzername wird für die Konfiguration benötigt.

Zusätzlich muss noch die Root-CA in das von OpenSSL lesbare PEM-Format umgewandelt werden. Firmenweit ist dies nur einmal notwendig, da alle Clients die gleiche Root-CA verwenden können. Als Erstes wird hierfür das Root-CA-Zertifikat mit dem Format X.509/DER exportiert. Als Zieldatei wird beispielsweise `root_ca.cer` verwendet.

```
cd C:\Programme\OpenVPN\config
..\bin\openssl.exe x509 -out root-ca.crt -outform pem -text -in
root_ca.cer -inform der
```

Anschließend wird OpenVPN auf dem Client gestartet und eine Verbindung mit dem OpenVPN-Server »im« Netzwerk aufgebaut. Um die anderen Netzwerkteilnehmer zu erreichen, muss auf dem Client noch eine Route eingerichtet werden. Diese Route zeigt aus dem 10.8.0.0/24-Netz in das 192.168.1.0/24-Netz:

```
route add 192.168.1.0 10.8.0.1
```

Wenn Clients aus dem 192.168.1.0/24er-Subnetz auf verbundene OpenVPN-Clients zugreifen möchten, benötigen sie ebenfalls eine Route:

```
route add 10.8.0.0 192.168.1.10
```

Dadurch werden alle Pakete für das Netzwerk 10.8.0.0 zu dem OpenVPN-Server geschickt. Auf dem OpenVPN-Server muss IP-Forwarding aktiviert sein. Wie dieses unter Windows eingeschaltet wird, wird im Kapitel 14.4.2 beschrieben.

13 OpenVPN im Hausgebrauch

OpenVPN bietet sich nicht nur für den Einsatz in Firmen, sondern auch für den privaten Gebrauch an. Ein sehr typisches Beispiel ist dabei die Absicherung von drahtlosen Netzwerken, die sicher und interoperabel gegen den unerwünschten Zugriff geschützt sein sollen. Es gibt für den »Hausgebrauch« aber noch weitere Aspekte, die spätere Abschnitte in diesem Kapitel zeigen werden.

13.1 Sicheres WLAN: Achtung, *Joe on the Road!*

Mit der Einführung von Wireless-LAN (WLAN) freuten sich nicht nur die Anwender darüber, dass sie nun von ihrem Sofa aus bequem im Internet surfen konnten. Vielmehr wurden auch allerlei Hackern und Neugierigen »Scheunentore« weit geöffnet: Denn die Wireless-LAN-Router, die zu Spottpreisen auf den Markt kamen, boten häufig nur ungenügenden Schutz vor unbefugtem Zugriff. So wurde beispielsweise bei der Entwicklung des *WEP*-Protokolls (das eigentlich dem Nutzer eine Verbindung »So sicher wie drahtgebunden« garantieren sollte) derart nachlässig gearbeitet, dass WEP rasch gebrochen wurde und seine Sicherheit nicht mehr ist »als reiner Schein«.

WEP: Wired Equivalent Privacy

Ein solch offenes Netzwerk wirkt natürlich auf ungebetene Gäste wie eine willkommene Einladung. So genannte »Wardriver« fahren ausgerüstet mit Laptops, WLAN-Karten und GPS-Empfängern in Städten herum und belauschen jeglichen Netzwerkverkehr, der von den Antennen aufgenommen wird. Diese *Joe on the Road Attack* erfreut sich gerade unter jugendlichen Hackern derartiger Beliebtheit, dass sie nicht nur als theoretischer Angriff abgetan werden darf!

Alsbald bemerkte wohl auch die Standardisierungsorganisation IEEE, die den WEP-Standard verfasst hatte, dass hier dringender Handlungsbedarf bestand. Daraufhin wurde WPA entwickelt – ein Kompromiss zwischen dem unsicheren WEP und dem

WPA: Wi-Fi Protected Access

viel fortgeschritteneren Verfahren namens IEEE 802.11i. Dieses wurde wiederum durch WPA2 verbessert. Obwohl WPA2 deutlich mehr Sicherheit bietet als WEP, kann es nicht als endgültig sicher bezeichnet werden. Überdies hat es zwei gravierende Nachteile: Durch falsche Bedienung – beispielsweise die Wahl eines unsicheren Passworts – kann die Sicherheit weiter kompromittiert werden. Darüber hinaus unterstützen zahlreiche der heutzutage auf dem Markt befindlichen Geräte WPA2 immer noch nicht.

WLAN und Performance

Bevor detaillierter über die Netzwerkperformance im WLAN diskutiert wird, ist zunächst ein kleiner Abstecher in die Eigenschaften von TCP notwendig. TCP ist im Internet sicher das am meisten verwendete Protokoll. TCP implementiert zwei für die Performance (im Sinne von Antwortzeit oder Durchsatz) sehr wichtige Mechanismen: den so genannten *Slowstart* und das *Congestion Window*.

Die Idee dahinter ist, dass eine TCP-Verbindung so schnell wie möglich sein soll – jedoch durch die Struktur des Internets kann kein bestimmter Datendurchsatz garantiert werden. Es tritt immer wieder der Fall auf, dass Router im Internet gerade sehr ausgelastet sind und daher nur wenige Pakete aufnehmen können, bevor deren Paketwarteschlangen (*Queues*) voll werden und sie damit beginnen, eingehende Pakete einfach zu ignorieren.

Das Congestion Window ist in diesem Kontext nichts anderes als die Anzahl der TCP-Segmente, die gesendet werden können, ohne explizit auf eine Quittung warten zu müssen.

Für ein optimales Verhalten (aus Sicht des Anwenders) arbeitet TCP nach dem folgenden Verfahren:

- Zunächst befindet sich eine gerade aufgebaute TCP-Verbindung im Status »Slowstart«. In dieser Phase werden wenige TCP-Segmente verschickt und anschließend auf eine Bestätigung (ACK) von der Gegenseite gewartet. Diese signalisiert, dass die Segmente korrekt angekommen sind. Ein ACK gilt hierbei nicht nur für ein einziges Segment, sondern für eine ganze Gruppe.
  Nach dem erfolgreichen Empfang einer Bestätigung wird bei der nächsten Sendung die Größe dieser Paketgruppe erhöht. Auf diese Weise steigert sich die Übertragungsgeschwindigkeit exponentiell, bis ein Verlust auftritt.
- Wenn ein Segment verloren geht, wird das Congestion Window verringert, wodurch sich die Geschwindigkeit schlagartig halbiert.

- Anschließend beginnt TCP wieder die Größe des Congestion Windows zu erhöhen – bis wieder Paketverluste auftreten.

Dieser Vorgang wiederholt sich ständig, so dass sich eine relativ konstante maximale Geschwindigkeit einstellt.

Nun kommt der »Knackpunkt«: TCP kann nicht wirklich erkennen, wann Segmente verloren gegangen sind. Es registriert lediglich, dass vom Kommunikationspartner keine Antwort kam und nimmt nach einer gewissen Zeit (*Timeout*) einfach an, dass das Segment wohl verloren gegangen sei (»Negative Acknowledge«).

Innerhalb eines WLAN ist es sehr wahrscheinlich, dass mehrere Clients gleichzeitig senden wollen. Dies führt unweigerlich zu Paketkollisionen und einer Zerstörung beider Pakete. Ohne die genauen physikalischen Grundlagen von WLAN erläutern zu wollen, sei nur Folgendes gesagt: WLAN benutzt einen *Positive-Acknowledge*-Algorithmus, um solche Paketkollisionen zu erkennen. Ein Client sendet hierbei ein Paket einfach auf »gut Glück« an die Basisstation. Wenn dieses erfolgreich empfangen werden konnte, sendet die Basisstation eine Bestätigungsmeldung (eben jenes »Positive ACK«) zurück. So hat der Client die Rückmeldung, dass das Paket korrekt empfangen wurde. Sollte die Meldung ausbleiben, wird das Paket – und das ist wichtig – vom WLAN-Layer 2 (802.11 MAC) so oft erneut gesandt, bis ein »Positive ACK« empfangen wird.

Positive Acknowledge bzw. Positive ACK

Bei der Benutzung von TCP/IP über WLAN werden also zwei getrennte unabhängige Sicherungsmechanismen übereinander implementiert (*Stacking*). Dies kann zu merkwürdigen Situationen führen:

- Angenommen, es gibt eine laufende TCP/IP-Verbindung über ein WLAN von Client »X« zu dem Accesspoint A, welche sich bei einer konstanten Geschwindigkeit eingependelt hat. Plötzlich will ein zweiter Client »Y« im WLAN auf demselben Kanal senden. Daraufhin kollidieren die Pakete und »Positive ACKs« bleiben für beide Clients aus.
- Bis endlich die Pakete von »X« durch den 802.11-MAC-Layer wieder übertragen werden, sind die Segmente auf dem höheren TCP-Layer möglicherweise schon längst als verloren markiert: Die Verbindungsgeschwindigkeit wird gedrosselt, die Segmente erneut versandt. Beim Empfänger der TCP-Verbindung kommen Pakete sozusagen mit doppelter Verzögerung an und die Gesamtperformance leidet darunter.

- Obwohl die WLAN-Verbindung (möglicherweise) schon längst wieder voll verfügbar ist, »traut« sich TCP noch nicht so recht, zu senden, da es »vermutet«, dass dann erneut Pakete verloren gehen könnten.

Doppelte Sicherung hat also keineswegs immer nur positive Effekte: Man kann sich das Ganze vorstellen wie ein einzelnes Auto auf der Autobahn, welches wegen einer »Lapalie« (das wäre hier also die WLAN-Paketkollision) bremsen muss. Der nachfolgende Fahrer befürchtet das Schlimmste und führt eine Vollbremsung aus. Und während das vorausfahrende Auto schon längst wieder freie Fahrt hat, hat sich hinter ihm ein kilometerlanger Stau gebildet ...

UDP: User Datagram Protocol

Wie kann nun OpenVPN helfen, diese Klippen zu umschiffen? Ganz einfach: Ein OpenVPN in der Standardkonfiguration verzichtet völlig auf TCP und benutzt stattdessen UDP, ein Protokoll, das explizit auf »Packet Retransmit« verzichtet. Anders als bei TCP gibt es daher keine Garantie, dass Pakete auch angekommen sind, weshalb der gesamte Retransmission-Algorithmus von OpenVPN implementiert werden muss.

Da in der OpenVPN-Konfiguration die Timeouts bequem und einfach konfigurierbar sind, können diese auf das WLAN optimiert werden. So ist mit wenig Aufwand nicht nur das Netzwerk gesichert, sondern dies zugleich auch bezüglich der Übertragungsgeschwindigkeit optimiert.

Abbildung 13.1 *OpenVPN im WLAN*

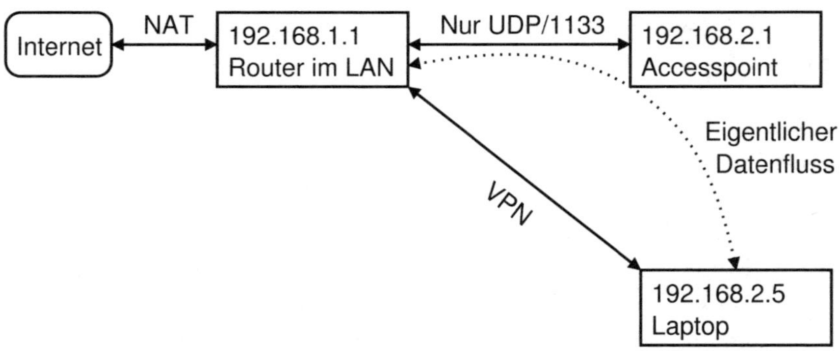

Die Konfiguration sieht bei einer OpenVPN-Lösung im WLAN in etwa wie in Abbildung 13.1 gezeigt aus. Dabei muss ein Router die OpenVPN-Funktionalität bereitstellen. Dies kann ein gewöhnlicher Computer sein, an den einfach ein Wireless Access Point angeschlossen ist, oder – und diese Lösung ist wesentlich komfortabler – ein integrierter Access Point, auf dem bereits OpenVPN lauffähig ist.

13.1.1 OpenVPN auf Embedded-Systemen mit OpenWRT

Da eine Konfiguration wie in Abbildung 13.1 gezeigt, einen enormen Sicherheitsgewinn für das heimische Netzwerk darstellt, bietet sich ein Gerät an, das bereits das OpenVPN-Protokoll direkt verarbeiten kann. Leider gibt es momentan noch keine kommerziellen Geräte, die diese Funktionalität »ab Werk« mitbringen. Jedoch existiert eine preisgünstige und interessante Lösung für solche Fälle: *OpenWRT*.

OpenWRT ist ein Open-Source-Betriebssystem für Wireless Access Points, das auf Linux basiert. Da die Firma Linksys ihre eigentliche Router-Firmware auf einer unter der GNU GPL lizenzierten Software aufgebaut hat, war der Quellcode für den Router frei verfügbar. Schon bald machten sich findige Köpfe daran, die Software abzuändern und für den Heimbenutzer facettenreich konfigurierbar zu machen. Anfangs war OpenWRT nur für die Router Linksys WRT54G und WRT54GS gedacht, aber mittlerweile werden auch zahlreiche Modelle von Asus, Buffalo und Motorola unterstüzt.

GPL: General Public License

Zunächst muss ein OpenWRT-Firmware-Image auf den Router installiert werden, welches – so viel sei zur Warnung gesagt – die Garantie des Routers zum Erlöschen bringt. Wichtig ist es, sich vorab sicher zu sein, dass die vorhandenen Linux-Kenntnisse ausreichen, um den Router wieder reparieren zu können, falls etwas »schief« gehen sollte.

Nach dem Einspielen der neuen Firmware auf den Router ist dieser unter der IP-Adresse 192.168.1.1 per `telnet` ansprechbar. Wurde nach dem erfolgreichen Login das Passwort geändert, kann man sich zukünftig per *Secure Shell* (*SSH*) in die Box einloggen.

Die Installation von OpenVPN geschieht anschließend mittels des Paketmanagers *ipkg*. Zunächst wird die Liste der verfügbaren Pakete mit `ipkg update` auf den neusten Stand gebracht:

```
root@OpenWrt:~# ipkg update
Downloading http://downloads.openwrt.org/whiterussian/packages/
    Packages
Updated list of available packages in /usr/lib/ipkg/lists/
    whiterussian
Downloading http://downloads.openwrt.org/whiterussian/packages/
    non-free/Packages
Updated list of available packages in /usr/lib/ipkg/lists/non-free
Successfully terminated.
```

Um nun anzeigen zu lassen, was für Pakete überhaupt installierbar sind, wird wiederum *ipkg* verwendet:

```
root@OpenWrt:~# ipkg list
[...]
```

Da sich ein Paket für OpenVPN mit in der Liste der Standardpakete befindet, kann dieses per *ipkg install openvpn* installiert werden:

```
root@OpenWrt:~# ipkg install openvpn
Installing openvpn (2.0.5-1) to root...
Downloading http://downloads.openwrt.org/whiterussian/packages/
    openvpn_2.0.5-1_mipsel.ipk
Installing libopenssl (0.9.7i-1) to root...
Downloading http://downloads.openwrt.org/whiterussian/packages/
    libopenssl_0.9.7i-1_mipsel.ipk
Installing kmod-tun (2.4.30-brcm-2) to root...
Downloading http://downloads.openwrt.org/whiterussian/packages/
    kmod-tun_2.4.30-brcm-2_mipsel.ipk
Installing liblzo (1.08-1) to root...
Downloading http://downloads.openwrt.org/whiterussian/packages/
    liblzo_1.08-1_mipsel.ipk
Configuring kmod-tun
Configuring liblzo
Configuring libopenssl
Configuring openvpn
Successfully terminated.
root@OpenWrt:~#
```

Auf diese Weise hat man auch als eher Ungeübter in Sachen Wireless Router innerhalb von einer halben Stunde eine kostengünstige, voll OpenVPN-fähige Hardware im Einsatz, die ausgesprochen flexibel genutzt werden kann: Dem Anwender stehen hier *sämtliche* Möglichkeiten offen, die eine aktuelle Linux-Distribution mitbringt.

13.2 Punkt-zu-Punkt-Kommunikation über klassische Barrieren

Es gibt Szenarien, in denen es wünschenswert ist, zwei Netzwerke transparent zu verbinden, damit beispielsweise Netzwerkspiele oder Netzwerktelefonie problemlos möglich sind. Im Folgenden wird ein Beispiel mit Linux geschildert, in welchem zwei unterschiedliche Subnetze transparent vereinigt werden.

Die Topologie dieses Beispiels (siehe Abbildung 13.2) ist unkompliziert: UDP-Pakete werden direkt über die jeweiligen Gateways geroutet. 172.17.27.96 kann also direkt eine OpenVPN-Verbindung zu 172.17.5.129 aufbauen.

Wenn dieser Host im 172.17.5.0/24er-Subnetz als 172.17.5.155 erreichbar sein soll, sollte der Rechner 172.17.5.129 – wie bereits

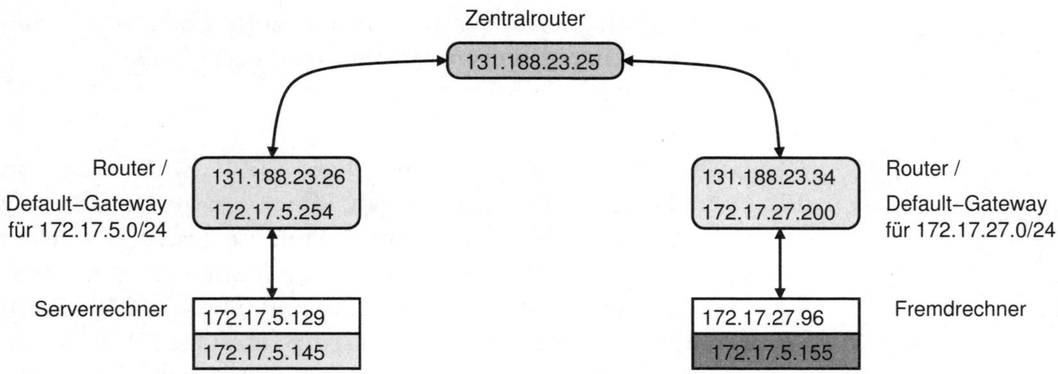

Abbildung 13.2 *Topologie der Netzwerke*

angedeutet – den OpenVPN-Server stellen. Nichts einfacher als das – so scheint es: einfach einen OpenVPN-Tunnel im Bridging-Modus zwischen 172.17.27.96 und 172.17.5.129 erstellen und dem so neu erzeugten *tap*-Interface die IP-Adresse 172.17.5.155 geben.

Allerdings ist solch eine direkte Verbindung nicht möglich und wird dem Anwender einiges an Kopfzerbrechen bereiten: Denn es wird zunächst eine positive Meldung vom OpenVPN-Server und Client geben, und auch die Authentifizierung wird problemlos vonstatten gehen. Nachdem jedoch die Verbindung initiiert wurde und das Clientinterface die neue IP-Adresse zugewiesen bekommt, bricht der Tunnel plötzlich zusammen und gibt nicht einmal eine Fehlermeldung von sich.

Ursache dieses Verhaltens ist das Routing zwischen den Netzwerken. Zunächst ist auf dem Host 172.17.27.96 das Netzwerk 172.17.5.0/24 ein Fremdnetzwerk, es wird über das Standard-Gateway 172.17.27.200 geroutet. Der OpenVPN-Handshake funktioniert problemlos, da die OpenVPN-Primärpakete durch die zwei Standard-Gateways und den Zentralrouter fließen.

Sobald aber dem Interface die IP-Adresse 172.17.5.155 gegeben wird, ändert sich die Routing-Tabelle: 172.17.5.0/24 wird nun als lokales Netzwerk betrachtet. Die Primärpakete werden dann entsprechend der (neuen) Routing-Tabelle nicht mehr über das Standard-Gateway 172.17.27.200 weitergeleitet, sondern direkt über das virtuelle Interface verschickt. Dies ist allerdings zum Scheitern verurteilt, da das virtuelle Interface 172.17.5.155 eben **nur** unter der Bedingung existiert, dass die Primärpakete über das real existierende Standard-Gateway gesandt werden. Mit anderen Worten: *»Die Katze beißt sich hier also in den Schwanz.«*

Eine Möglichkeit, diesem Dilemma beizukommen, ist ein manueller Eintrag in der Routing-Tabelle von 172.17.27.96:

```
# route add -host 172.17.5.129 gw 172.17.27.200
```

Demnach werden alle Pakete von 172.17.27.96, die an 172.17.5.129 gesandt werden sollen, über das lokale Gateway 172.17.27.200 geschickt. Der Tunnel kann so prinzipiell schon aufgebaut werden, allerdings mit einem Manko: Der Rechner 172.17.5.129 selbst ist zwar per Routing über 172.17.27.200 erreichbar, nicht jedoch über das Bridging-Interface 172.17.5.155. Dennoch kann diese Lösung für einige Anwendungsfälle praktikabel sein. Notwendig ist dabei nur das Einrichten einer Bridge auf dem Serverrechner:

```
# openvpn --mktun --dev tap0
# ifconfig eth0 down
# brctl addbr br0
# brctl addif br0 eth0
# brctl addif br0 tap0
# ifconfig eth0 0.0.0.0 promisc up
# ifconfig tap0 0.0.0.0 promisc up
# ifconfig br0 172.17.5.129 netmask 255.255.255.0 broadcast
   172.17.5.255
```

Mit `brctl` werden die Eigenschaften der Bridge definiert!

Hierbei geschieht Folgendes: Zunächst wird das Tunnelinterface `tap0` in den persistenten Modus geschaltet. Es ist also immer verfügbar, auch ohne dass bereits ein Tunnel existiert. Danach wird das Netzwerkinterface zunächst heruntergefahren. Durch die Aufrufe von `brctl` wird ein Bridging-Device `br0` erstellt, welches die Interfaces `eth0` und `tap0` zusammenfasst. Diesem wird dann die IP-Adresse, Subnetzmaske und Broadcast-Adresse zugewiesen, die ursprünglich `eth0` hatte.

Nach diesem Vorgang darf nicht vergessen werden, die Default-Route zu setzen:

```
# route add default gw 172.17.5.254
```

Danach kann der Tunnel gestartet werden. In der Serverkonfiguration ist der interessante Parameter folgender:

```
server-bridge 172.17.5.129 255.255.255.0 172.17.5.155 172.17.5.155
```

Dieses Kommando teilt OpenVPN mit, dass 172.17.5.129 das Gateway mit einer Subnetzmaske von 255.255.255.0 ist und dass sich verbindende Clients in der IP-Adressregion von 172.17.5.155 bis 172.17.5.155 (also effektiv nur eine Adresse) ihre Adressen beziehen sollen. Die Routing-Tabelle des Servers sieht nun folgendermaßen aus:

```
Kernel IP Routentabelle
Ziel            Router          Genmask         Flags Use Iface
172.17.5.0      0.0.0.0         255.255.255.0   U     0   br0
127.0.0.0       0.0.0.0         255.0.0.0       U     0   lo
0.0.0.0         172.17.5.254    0.0.0.0         UG    0   br0
```

Und für den Client:

```
Kernel IP Routentabelle
Ziel            Router          Genmask         Flags Use Iface
172.17.5.129    172.17.27.200   255.255.255.255 UGH   0   eth0
172.17.27.0     0.0.0.0         255.255.255.0   U     0   eth0
172.17.5.0      0.0.0.0         255.255.255.0   U     0   tap0
127.0.0.0       0.0.0.0         255.0.0.0       U     0   lo
0.0.0.0         172.17.27.200   0.0.0.0         UG    0   eth0
```

Um vom Netzwerk aus alle Rechner, einschließlich 172.17.5.129, per Bridging ansprechen zu können, gibt es nur die Möglichkeit, eine zweite IP-Adresse zu vergeben (die auch *Alias-Adresse* genannt wird). Hier würde die 172.17.5.129 zusätzlich im selben Subnetz die IP-Adresse 172.17.5.145 bekommen.

An dieser Stelle reicht es **nicht** aus, lediglich ein IP-Aliasing durchzuführen! Weder ein Alias `br0:0` noch ein Alias `eth0:0` funktionieren in diesem Szenario.

Mit Hilfe von IP-Aliasing können unter Linux weitere Adressen an einem Interface definiert werden.

Abhilfe schafft ein hardwaremäßiges, zweites Netzwerkinterface (gerade 100 MBit-Netzwerkkarten sind heute sehr preiswert). Diesem zweiten Interface weist man nun die IP-Adresse 172.17.5.145 zu und ändert die Konfiguration wie folgt ab:

- Auf dem Client muss die statische Route auf 172.17.5.145 zeigen.
- Das Bridging-Interface `br0` des Servers muss nun `eth1` und `tap0` zusammenfassen.
- Auf dem Server muss die Direktive `server-bridge` der Konfigurationsdatei abgeändert werden.

Sind diese Änderungen durchgeführt, ist der Client 172.17.27.96 unter seiner neuen zweiten IP-Adresse 172.17.5.155 direkt in das Subnetz 172.17.5.0/24 eingebunden. Damit sind natürlich auch direkte Verbindungen zu anderen Hosts im 172.17.5.0/24er-Subnetz kein Problem mehr: Einem grenzenlosen Spiel- und Telefonvergnügen steht nun nichts mehr im Wege!

13.3 Die LAN-Party mit OpenVPN – Zocker-VPN

Viele Videospiele bieten einen so genannten Multiplayer-Modus an, in denen Spieler in einem Netzwerk oder über das Internet miteinander oder gegeneinander antreten können. Bei Spielen im LAN werden die verfügbaren Spieleserver meist per Broadcast im Netzwerk bekannt gemacht, was im Internet mit vielen Millionen Teilnehmern schlicht unmöglich ist. Darum ist es häufig notwendig, sich gegen Entgelt bei Spielbetreibern im Internet zu registrieren, um gegen andere menschliche Spieler antreten zu können.

Wer diese kostenpflichtige Möglichkeit von vornherein außer Acht lassen möchte, dem kann durch ein gebridgtes VPN geholfen werden. Dadurch wird ein virtuelles, über das Internet verteiltes, broadcastfähiges Netz geknüpft. Da heute auch DSL-Zugänge mit ausreichendem Durchsatz und geringen Kosten verfügbar sind, ist dies eine praktikable Alternative.

Eine wichtige Rolle bei dieser Aufgabe kommt dem so genannten *Upstream* zu. Hierunter wird bei DSL-Anschlüssen die Verbindung vom Endkunden zum Anbieter bezeichnet, wobei üblicherweise die zur Verfügung stehende Bandbreite betrachtet wird. Mit 128 Kbps kann ein Spiel für zwei Mitspieler durchaus vernünftige Resultate erzielen. Da in diesem Buch bereits zahlreiche Beispiele mit Linux erläutert wurden, soll sich dieses Beispiel nun auf eine Windows-Zielumgebung beziehen.

Zur Verschlüsselung wird ein *Preshared-Secret*-Schlüssel verwendet. Da vielfach bereits DSL-Router mit verfügbarem DHCP-Server auch im privaten Bereich eingesetzt werden, wird die IP-Vergabe für die OpenVPN-Clients diesem Router überlassen.

Zuerst wird auf dem Server ein `PSK`, ein gemeinsamer Schlüssel, erzeugt. Dies macht man am besten auf der Kommandozeile:

```
c:\> cd Programme\OpenVPN\config
c:\Programme\OpenVPN\config\> ..\bin\openvpn.exe --genkey
    --secret key
```

Die Konfiguration für den Server, der im Bridging-Modus arbeiten soll, verwendet diesen generierten Schlüssel. Als Protokoll wird TCP und als Port 443 gewählt:

```
dev tap
port 443
proto tcp-server
tun-mtu 1500
comp-lzo
secret key
```

Anschließend muss unter Windows eine Bridge beziehungsweise Netzwerkbrücke eingerichtet werden. Hierzu öffnet man über die *Systemsteuerung* die Ansicht der *Netzwerkverbindungen* und selektiert die *Ethernet-Netzwerkkarte* und die *tap*-Schnittstelle. Über das Kontextmenü der rechten Maustaste wird Windows angewiesen, beide Netzwerkschnittstellen zu überbrücken. Am Ende dieses Vorganges steht eine weitere Netzwerkverbindung mit dem Namen *Netzwerkbrücke* zur Verfügung. Dieser Netzwerkbrücke wird in ihren Eigenschaften eine feste IP-Adresse zu gewiesen, mit der eine Port-Weiterleitung am DSL-Router realisierbar ist.

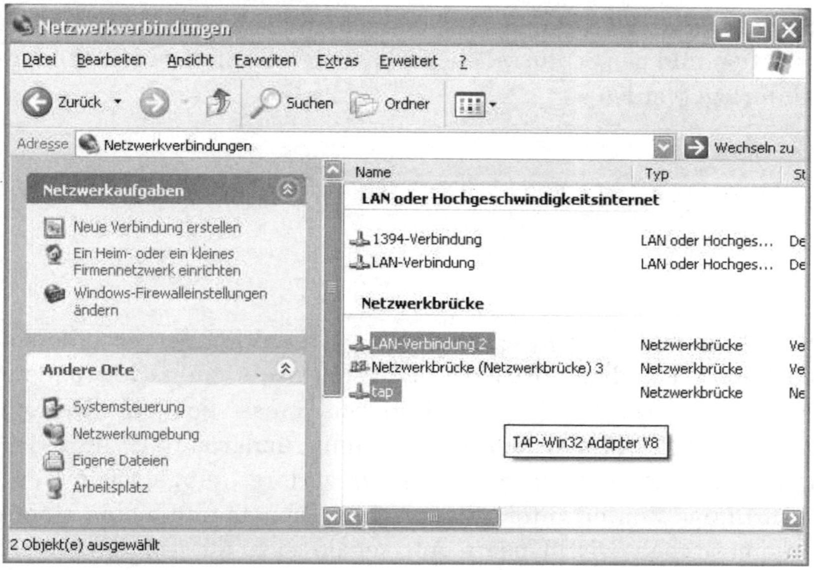

Abbildung 13.3
Die Netzwerkbrücke verbindet die tap- mit der Ethernet-Schnittstelle.

Da die Administrationsoberflächen der Router untereinander stark variieren, kann ein anderes Vorgehen für das Einrichten einer Port-Weiterleitung notwendig sein.

Die meisten Router bieten neben einem DHCP-Server auch ein Webinterface zur Administration an. In diesem Webinterface wird zuerst die vergebene IP-Adresse der Netzwerkbrücke als eine reservierte IP-Adresse eingestellt (die nicht mehr für DHCP zur Verfügung steht). Anschließend wird die Port-Weiterleitung, gelegentlich auch *Serververöffentlichung* genannt, eingerichtet. Vom Internet ankommende Anfragen auf Port 443 mit dem Protokoll TCP sollen auf die interne IP-Adresse der Netzwerkbrücke weitergeleitet werden. So verbinden sich OpenVPN-Clients von außen scheinbar mit dem DSL-Router, werden aber in Wirklichkeit an den OpenVPN-Server im Netz weitergeleitet und dort verwaltet.

Nach der Einrichtung der Netzwerkbrücke wird die Konfiguration und der vorbereitete Schlüssel in das OpenVPN-Konfigurationsverzeichnis abgelegt. Anschließend kann der OpenVPN-

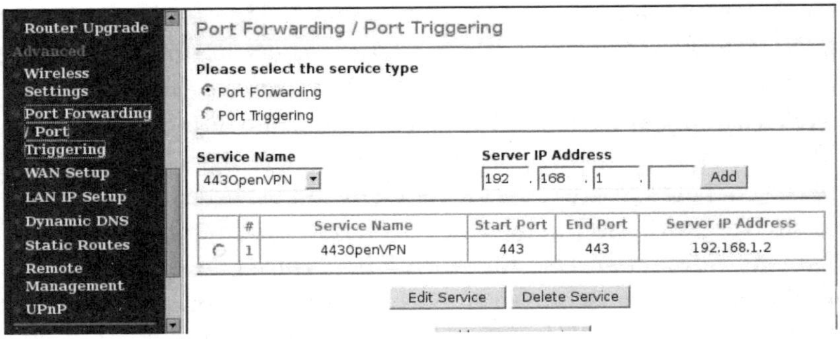

Abbildung 13.4 *Port-Weiterleitungen können per Webinterface auf DSL-Routern eingerichtet werden.*

Service gestartet werden. Auf den Clients sollte nun die Konfiguration und der Schlüssel ebenfalls in den Konfigurationsordner hinterlegt werden.

```
remote lan.dynip.org
dev tap
proto tcp-client
port 443
secret key
comp-lzo
tun-mtu 1500
```

Es empfiehlt sich, für den OpenVPN-Server einen kostenlosen dynamischen DNS-Service zu verwenden (`http://www.dyndns.org`). Dadurch muss bei der Option `remote` nicht immer die (sich ständig ändernde) IP-Adresse, hinter der sich der OpenVPN-Server verbirgt, eingetragen werden. Einige Router unterstützen solche Dienste und bieten einen automatischen DNS-Update an, sobald sich die vom Provider zugewiesene IP-Adresse geändert hat.

13.3.1 Linux-Clients

Um einem Linux-Client die Teilnahme an solch einem Netzwerk zu ermöglichen, kann die Konfiguration und das Preshared Secret in ein Verzeichnis auf einem Linux-System kopiert werden. In einer Netzwerkumgebung, in der TCP über Port 443 erlaubt ist, kann man mit dem folgenden OpenVPN-Aufruf mit dem Netzwerk eine Verbindung aufnehmen. Man sollte dabei auf den korrekten Pfad zu der Secret-Datei achten. Vor allem dann, wenn unter Windows-Systemen ein anderes Verzeichnis verwendet wurde und ein Pfad mit einem Doppel-Backslash eingetragen ist.

```
root@cetus# openvpn --config bridgeclient.ovpn
```

14 Troubleshooting von OpenVPN

Nicht immer läuft alles so wie geplant – das gilt in der Netzwerktechnik genau wie im richtigen Leben. Wenn nun eine bestimmte Konfiguration partout nicht so funktionieren will wie gedacht, sieht man oft wegen der stundenlangen Fehlersuche den Wald vor lauter Bäumen nicht mehr. Der richtige Tipp zum rechten Zeitpunkt kann in so einem Fall Gold wert sein – und genau derartige Tipps sollen die folgenden Abschnitte geben.

14.1 Keine Verbindung

14.1.1 `Initialization Sequence Completed` – trotzdem arbeitet der Tunnel nicht

Erinnern wir uns an den ersten Aufbau eines Tunnels in Kapitel 8.1 mit der ersten Tunnelkonfiguration aus Abbildung 5.5.

An der Konfiguration des Servers wurde nichts verändert und er startet auch wie gehabt im genannten Beispiel:

```
server_a:/etc/openvpn# openvpn --config tunnel_server_1194_setup01.
    conf
Sat Jan  7 21:18:51 2006 OpenVPN 2.0 i386-pc-linux [SSL] [LZO] [EPO
    LL] built on Nov  3 2005
Sat Jan  7 21:18:51 2006 Diffie-Hellman initialized with 1024 bit k
    ey
Sat Jan  7 21:18:51 2006 TLS-Auth MTU parms [ L:1541 D:138 EF:38 EB
    :0 ET:0 EL:0 ]
Sat Jan  7 21:18:51 2006 TUN/TAP device tun0 opened
Sat Jan  7 21:18:51 2006 ifconfig tun0 172.16.30.1 pointopoint 172.
    16.30.2 mtu 1500
Sat Jan  7 21:18:52 2006 route add -net 172.16.30.0 netmask 255.255
    .255.0 gw 172.16.30.2
Sat Jan  7 21:18:52 2006 Data Channel MTU parms [ L:1541 D:1450 EF:
    41 EB:4 ET:0 EL:0 ]
Sat Jan  7 21:18:52 2006 UDPv4 link local (bound): [undef]:1194
Sat Jan  7 21:18:52 2006 UDPv4 link remote: [undef]
Sat Jan  7 21:18:52 2006 MULTI: multi_init called, r=256 v=256
Sat Jan  7 21:18:52 2006 IFCONFIG POOL: base=172.16.30.4 size=62
Sat Jan  7 21:18:52 2006 Initialization Sequence Completed
```

Nun startet der Client host_gelb, aus dessen Konfigurationsdatei eine einzige Zeile entfernt wurde. Dann sieht die Ausgabe auf der Konsole wie folgt aus:

```
host_gelb:/etc/openvpn# openvpn --config vpn_company_tunnel_1194_se
    tup01.conf
Sat Jan  7 21:18:56 2006 OpenVPN 2.0 i386-pc-linux [SSL] [LZO] [EPO
    LL] built on Apr 18 2005
Sat Jan  7 21:18:56 2006 IMPORTANT: OpenVPN's default port number i
    s now 1194, based on an official port number assignment by IANA
    .  OpenVPN 2.0-beta16 and earlier used 5000 as the default port.
Sat Jan  7 21:18:56 2006 Control Channel MTU parms [ L:1541 D:138 E
    F:38 EB:0 ET:0 EL:0 ]
Sat Jan  7 21:18:56 2006 TUN/TAP device tun0 opened
Sat Jan  7 21:18:56 2006 NOTE: unable to redirect default gateway -
    - VPN gateway parameter (--route-gateway or --ifconfig) is miss
    ing
Sat Jan  7 21:18:56 2006 Data Channel MTU parms [ L:1541 D:1450 EF:
    41 EB:4 ET:0 EL:0 ]
Sat Jan  7 21:18:56 2006 Local Options hash (VER=V4): '3514370b'
Sat Jan  7 21:18:56 2006 Expected Remote Options hash (VER=V4): '23
    9669a8'
Sat Jan  7 21:18:56 2006 UDPv4 link local: [undef]
Sat Jan  7 21:18:56 2006 UDPv4 link remote: 10.10.10.254:1194
Sat Jan  7 21:18:57 2006 VERIFY OK: depth=1, /CN=VPN_Company_Master
    _CA/C=DE/L=Erlangen/ST=Bavaria/O=Security_@_VPN_Company/OU=VPN_
    Operations/emailAddress=klaus@vpn-company.test
Sat Jan  7 21:18:57 2006 VERIFY X509NAME OK: /CN=company_server_a/C
    =DE/L=Erlangen/ST=Bavaria/O=Security_@_VPN_Company/OU=VPN_Opera
    tions/emailAddress=klaus@vpn-company.test
Sat Jan  7 21:18:57 2006 VERIFY OK: depth=0, /CN=company_server_a/C
    =DE/L=Erlangen/ST=Bavaria/O=Security_@_VPN_Company/OU=VPN_Opera
    tions/emailAddress=klaus@vpn-company.test
Sat Jan  7 21:18:57 2006 Data Channel Encrypt: Cipher 'BF-CBC' init
    ialized with 128 bit key
Sat Jan  7 21:18:57 2006 Data Channel Encrypt: Using 160 bit messag
    e hash 'SHA1' for HMAC authentication
Sat Jan  7 21:18:57 2006 Data Channel Decrypt: Cipher 'BF-CBC' init
    ialized with 128 bit key
Sat Jan  7 21:18:57 2006 Data Channel Decrypt: Using 160 bit messag
    e hash 'SHA1' for HMAC authentication
Sat Jan  7 21:18:57 2006 Control Channel: TLSv1, cipher TLSv1/SSLv3
    DHE-RSA-AES256-SHA, 2048 bit RSA
Sat Jan  7 21:18:57 2006 [company_server_a] Peer Connection Initiat
    ed with 10.10.10.254:1194
Sat Jan  7 21:18:58 2006 Initialization Sequence Completed
```

Die Meldung Initialization Sequence Completed verleitet zur Annahme, dass alles funktionieren sollte. Dem ist allerdings nicht so, denn in der Routing-Tabelle von host_gelb erscheint der Tunnel nicht:

```
host_gelb:/etc/openvpn# netstat -rn

Kernel IP routing table
Destination  Gateway     Genmask        Flags   MSS Window  irtt Iface
1.1.1.0      0.0.0.0     255.255.255.0  U         0 0          0 eth1
0.0.0.0      1.1.1.254   0.0.0.0        UG        0 0          0 eth1
host_gelb:/etc/openvpn#
```

Die weitere Analyse der Server-Logfiles ergibt folgende Meldungen:

```
Sat Jan  7 21:18:56 2006 MULTI: multi_create_instance called
Sat Jan  7 21:18:56 2006 1.1.1.1:2049 Re-using SSL/TLS context
Sat Jan  7 21:18:56 2006 1.1.1.1:2049 Control Channel MTU parms [ L
    :1541 D:138 EF:38 EB:0 ET:0 EL:0 ]
Sat Jan  7 21:18:56 2006 1.1.1.1:2049 Data Channel MTU parms [ L:15
    41 D:1450 EF:41 EB:4 ET:0 EL:0 ]
Sat Jan  7 21:18:56 2006 1.1.1.1:2049 Local Options hash (VER=V4):
    '239669a8'
Sat Jan  7 21:18:56 2006 1.1.1.1:2049 Expected Remote Options hash
    (VER=V4): '3514370b'
Sat Jan  7 21:18:56 2006 1.1.1.1:2049 TLS: Initial packet from 1.1.
    1.1:2049, sid=ad83a9f3 d7f35e63
Sat Jan  7 21:18:57 2006 1.1.1.1:2049 VERIFY OK: depth=1, /CN=VPN_C
    ompany_Master_CA/C=DE/L=Erlangen/ST=Bavaria/O=Security_@_VPN_Co
    mpany/OU=VPN_Operations/emailAddress=klaus@vpn-company.test
Sat Jan  7 21:18:57 2006 1.1.1.1:2049 VERIFY OK: depth=0, /CN=VPN_C
    lient_host_gelb/C=DE/L=Erlangen/ST=Bavaria/O=Security_@_VPN_Com
    pany/OU=VPN_Operations/emailAddress=klaus@vpn-company.test
Sat Jan  7 21:18:57 2006 1.1.1.1:2049 Data Channel Encrypt: Cipher
    'BF-CBC' initialized with 128 bit key
Sat Jan  7 21:18:57 2006 1.1.1.1:2049 Data Channel Encrypt: Using 1
    60 bit message hash 'SHA1' for HMAC authentication
Sat Jan  7 21:18:57 2006 1.1.1.1:2049 Data Channel Decrypt: Cipher
    'BF-CBC' initialized with 128 bit key
Sat Jan  7 21:18:57 2006 1.1.1.1:2049 Data Channel Decrypt: Using 1
    60 bit message hash 'SHA1' for HMAC authentication
Sat Jan  7 21:18:57 2006 1.1.1.1:2049 Control Channel: TLSv1, ciphe
    r TLSv1/SSLv3 DHE-RSA-AES256-SHA, 2048 bit RSA
Sat Jan  7 21:18:57 2006 1.1.1.1:2049 [VPN_Client_host_gelb] Peer C
    onnection Initiated with 1.1.1.1:2049
Sat Jan  7 21:18:57 2006 VPN_Client_host_gelb/1.1.1.1:2049 MULTI: L
    earn: 172.16.30.6 -> VPN_Client_host_gelb/1.1.1.1:2049
Sat Jan  7 21:18:57 2006 VPN_Client_host_gelb/1.1.1.1:2049 MULTI: p
    rimary virtual IP for VPN_Client_host_gelb/1.1.1.1:2049: 172.16
    .30.6
```

Die Rollenverteilung zwischen Server und Client sollte definiert sein!

Wer nun im Vergleich die ursprünglichen Logfiles aus dem erfolgreichen Verbindungsaufbau in Kapitel 8.1 genauer betrachtet (hat), der wird feststellen, dass hier eigentlich weitere Zeilen kommen sollten und der Server noch eine zusätzliche Route an den Client übergibt.

Was ist passiert? Auf dem Client wurde die Direktive

```
;------------------------------
; Tunnel-Optionen
;------------------------------
client
```

entfernt. Dadurch waren die Rollen – also wer wem Routing-Daten verbindlich übermittelt – nicht geklärt.

14.1.2 Login bricht mit *VERIFY ERROR* nach der Kennworteingabe ab

Wenn man sich als TLS-Client mit einem OpenVPN-Server verbindet und ein durch ein symmetrisches Kryptosystem zusätzlich gesichertes Zertifikat besitzt, wird man beim Start des Tunnels nach dem Passwort für das Zertifikat gefragt. Wenn folgende Ausgabe nach der Eingabe der Passphrase erfolgt, könnte möglicherweise einfach nur das Passwort für das Zertifikat falsch sein:

```
Sat Mar  4 18:01:08 2006 Attempting to establish TCP connection
    with 83.171.176.
90:443
Sat Mar  4 18:01:08 2006 TCP connection established with
    83.171.176.90:443
Sat Mar  4 18:01:08 2006 TCPv4_CLIENT link local: [undef]
Sat Mar  4 18:01:08 2006 TCPv4_CLIENT link remote:
    83.171.176.90:443
Sat Mar  4 18:01:12 2006 VERIFY ERROR: depth=1, error=self signed
    certificate in
 certificate chain: /CN=klaus/C=de/L=erlangen/ST=bavaria/
     O=openvpn_@_ktr/OU=open
vpn_labs/emailAddress=klaus@chewy.is-a-geek.net
Sat Mar  4 18:01:12 2006 TLS_ERROR: BIO read tls_read_plaintext
    error: error:140
90086:SSL routines:SSL3_GET_SERVER_CERTIFICATE:certificate verify
    failed
Sat Mar  4 18:01:12 2006 TLS Error: TLS object -> incoming
    plaintext read error
Sat Mar  4 18:01:12 2006 TLS Error: TLS handshake failed
Sat Mar  4 18:01:12 2006 Fatal TLS error (check_tls_errors_co),
    restarting
Sat Mar  4 18:01:12 2006 SIGUSR1[soft,tls-error] received, process
    restarting
```

Zertifikatsfehler werden deutlich angezeigt!

Die Fehlermeldung kommt nicht direkt von OpenVPN, sondern von OpenSSL, welches vergeblich versucht, das Zertifikat zu entschlüsseln. Deshalb weist OpenVPN nur auf einen Fehler beim TLS-Handshake hin – schließlich kann es ja nicht wissen, *woran* genau die Überprüfung des Zertifikats fehlgeschlagen ist.

14.1.3 Unerwarteter Connection Reset unter Windows

Die häufigste Ursache eines Connection Resets unter Windows ist, dass keine freie *tap*-Schnittstelle zur Verfügung steht.

Das Problem lässt sich durch das Ausführen des `addtab.bat`-Batchskripts beseitigen. Ein Link auf dieses Skript ist im Startmenü unter *Programme - OpenVPN - Add a new TAP-Win32 virtual ethernet adapter* zu finden.

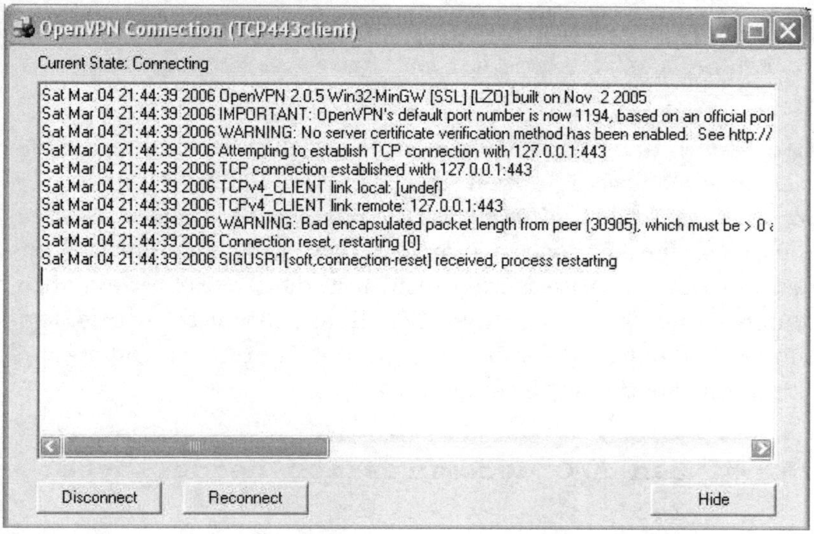

Abbildung 14.1
Die Meldungen von OpenVPN GUI, falls keine tap-Schnittstelle zur Verfügung steht.

14.1.4 `Unroutable control packet received`

Statt eine Verbindung aufzubauen, kann es passieren, dass auf dem Client nur dutzende Fehlermeldungen folgender Art auftreten:

```
Wed Mar  8 18:48:24 2006 TLS Error: Unroutable control packet
    received from 172.17.5.36:1194 (si=3 op=P_ACK_V1)
Wed Mar  8 18:48:25 2006 TLS Error: Unroutable control packet
    received from 172.17.5.36:1194 (si=3 op=P_CONTROL_V1)
Wed Mar  8 18:48:25 2006 TLS Error: Unroutable control packet
    received from 172.17.5.36:1194 (si=3 op=P_CONTROL_V1)
Wed Mar  8 18:48:25 2006 TLS Error: Unroutable control packet
    received from 172.17.5.36:1194 (si=3 op=P_CONTROL_V1)
```

Hierbei gibt es gleich mehrere Fehlerquellen, die in Betracht kommen. Zunächst sollte geprüft werden, ob die Uhrzeiten von Client und Server synchron laufen oder ob nicht möglicherweise eine Partei eine falsch eingestellte Systemzeit verwendet. Wenn an dieser Stelle alles stimmt, lohnt es sich, im Protokoll etwas weiter oben zu lesen, um eine Fehlermeldung zu finden, die weit weniger irreführend ist:

```
Wed Mar  8 18:54:14 2006 TLS: Initial packet from 172.17.5.36:1194,
    sid=69a89137 4ef54a2e
Wed Mar  8 18:54:14 2006 VERIFY OK: depth=1, /C=DE/ST=Erlangen/
    O=Privat/CN=Johannes_Bauer/emailAddress=me@privacy.net
Wed Mar  8 18:54:14 2006 VERIFY ERROR: depth=0, error=certificate
    has expired: /C=DE/ST=Erlangen/O=Private_Organisation/
CN=Johannes_Bauer/emailAddress=me@privacy.net
Wed Mar  8 18:54:14 2006 TLS_ERROR: BIO read tls_read_plaintext
    error: error:14090086:SSL routines:SSL3_GET_SERVER_CERTIFICATE
:certificate verify failed
```

```
Wed Mar  8 18:54:14 2006 TLS Error: TLS object -> incoming plaintext
    read error
Wed Mar  8 18:54:14 2006 TLS Error: TLS handshake failed
Wed Mar  8 18:54:14 2006 TCP/UDP: Closing socket
```

Hier kann man deutlich sehen, dass die Verbindung schon viel eher fehlschlägt, weil das Zertifikat abgelaufen ist (*error=certificate has expired*): Dass die Steuerpakete später nicht geroutet werden können, ist hier lediglich ein Folgefehler, der aus der mangelnden Autorisation resultiert; da dem Server ein abgelaufenes und damit ungültiges Zertifikat präsentiert wurde, legitimiert er den Client natürlich nicht dazu, durch den Datenkanal Steuerinformationen zu senden.

14.1.5 `Bad LZO decompression header byte: 243`

Beim Tunnelaufbau geht zunächst der Handshake einwandfrei vonstatten, die Zertifikate werden als korrekt erkannt. Danach jedoch – nachdem die Initialisierungssequenz vollendet ist – erscheinen seltsame Fehlermeldungen:

```
Mon Mar 20 02:23:30 2006 Initialization Sequence Completed
Mon Mar 20 02:23:40 2006 Bad LZO decompression header byte: 243
Mon Mar 20 02:23:51 2006 Authenticate/Decrypt packet error: bad
    packet ID (may be a replay): [ #4197062779 ] -- see the man
    page entry for --no-replay and --replay-window for more info
    or silence this warning with --mute-replay-warnings
```

Diesen Fehler kann man schon kommen sehen, wenn man die Warnmeldungen weiter oben aufmerksam studiert:

```
Mon Mar 20 02:23:29 2006 WARNING: 'no-replay' is present in remote
    config but missing in local config, remote='no-replay'
```

Eine häufige Ursache: auf Server und Client werden unterschiedliche Optionen verwendet!

Der Fehler liegt also ganz einfach daran, dass der Server kein Replay-Window einsetzt und deshalb die Option `no-replay` aktiviert hat. Der Client hat dieses Flag jedoch nicht in seiner Konfiguration, daher kommt es zur Kollision. Abhilfe schafft man einfach, indem man in die Clientkonfiguration auch das `no-replay`-Flag aufnimmt oder es aus der Serverkonfiguration gänzlich entfernt. Weiterführende Informationen zu `no-replay` können auch unter Kapitel 11.4 gefunden werden.

14.2 Schlechter Durchsatz

Eine falsch eingestellte MTU (*Maximum Transfer Unit*) kann im laufenden Betrieb zu einem schlechten Durchsatz auf dem VPN-Tunnel führen. Wenn die MTU des Tunnelinterface größer als die des (für die Übertragung verwendeten) physikalischen Interface ist, werden Pakete systematisch fragmentiert, wie bereits in Kapitel 3.3 erläutert. Um zu überprüfen, ob dies möglicherweise der Grund für schlechte Übertragungsraten im Tunnel ist, kann die aktuell eingestellte MTU des betreffenden (physikalischen) Interface mit dem Kommando `ifconfig` an beiden Tunnelenden ermittelt und verglichen werden. Üblicherweise ist es nicht möglich oder ungünstig, die Konfiguration des physikalischen Interface zu verändern, daher kann OpenVPN durch die Option `tun-mtu` beziehungsweise `link-mtu` dazu angewiesen werden, softwareseitig kleinere Pakete zu erzeugen. Beide Optionen werden in Kapitel 8.8.1 näher erläutert. Ein typisches Beispiel für ein solches Problem ist die Benutzung von OpenVPN über eine DSL-Leitung: Standardmäßig ist die `tun-mtu` von OpenVPN auf den Wert eingestellt, der bei Ethernet das Optimum darstellt: 1500 Bytes. Ein DSL-Modem muss jedoch zusätzliche Steuerinformationen übertragen, was die tatsächlich nutzbare Paketgröße auf 1492 verringert.

MTU: Maximum Transfer Unit

Ein weiterer Engpass kann sich ergeben, falls mehrere Sicherungsschichten aufeinander aufbauen: Dies ist beispielsweise in einem Szenario der Fall, in dem TCP zusammen mit einem WLAN verwendet wird. Hier schafft ein Umstieg auf das Transportprotokoll UDP Abhilfe. Der genaue Zusammenhang wird auf den Seiten 198 bis 200 erläutert.

Auch die zusätzlich bei einem Tunnel notwendige Verifikation sowie Kryptografie fordert ihren Preis in Form von Rechenleistung. Bei einer Verbindung mit einem weniger leistungsstarken Rechner kann dies möglicherweise eine Einschränkung darstellen. Für einen entsprechenden Test kann beispielsweise das »Schweizer Taschenmesser« `netcat` zusammen mit `aespipe` verwendet werden. Dazu legt man sich zunächst auf dem lokalen Rechner eine genügend große Datei zufälligen Inhalts an. Unter Linux kann mit folgendem Kommando eine entsprechenden Datei `zufall` mit der Größe 100 MB erzeugt werden:

```
joe [~]: dd if=/dev/urandom of=zufall bs=1M count=100
```

Danach startet man auf dem entfernten System `netcat`:

```
acer [~]: nc -lp 1604 > /dev/null
```

Auf dem lokalen System wird die Zufallsdatei zunächst unverschlüsselt übertragen:

Das Kommando `time` *misst unter Unix die Zeit, die das Programm vom Start bis zur Terminierung benötigt hat und unterteilt hierbei auch die Anteile des Prozesses im Kernel- und im User-Space.*

```
joe [~]: time nc -q 0 acer 1604 < zufall

real    0m8.965s
user    0m0.008s
sys     0m0.420s
joe joe [~]:
```

Es liegt hier also eine durchschnittliche Datenübertragungsrate von ungefähr 11,2 MByte/s vor, da das System für die Datenmenge von 100 MB eine Zeit von 8.9 s benötigt hat. Nun die Gegenprobe mit eingeschalteter Verschlüsselung. Zunächst auf dem entfernten System:

```
acer [~]: echo passwortfuerdieverschluesselung > pw.txt
acer [~]: exec 3<pw.txt
acer [~]: nc -lp 1604 | aespipe -d -p 3 > /dev/null
```

Und danach lokal:

```
joe [~]: echo passwortfuerdieverschluesselung > pw.txt
joe [~]: exec 3<pw.txt
joe [~]: time cat zufall | aespipe -p 3 | nc -q 0 acer 1604

real    0m8.913s
user    0m1.048s
sys     0m0.684s
joe joe [~]:
```

In diesem Szenario zeigt sich, dass die Verschlüsselung zwischen den Hosts `joe` und `acer` sich nicht auf die Geschwindigkeit auswirkt: Verschlüsselt werden immer noch 11,2 MByte/s übertragen. Die geringfügige Steigerung der Geschwindigkeit liegt an Caching-Phänomenen und ist in jedem Fall innerhalb der Messgenauigkeit. Aber man kann auch erkennen, dass auf dem sendenden Host mehr CPU-Zeit verbraucht wurde: fast eine Sekunde statt 8 Millisekunden. Während moderne CPUs damit kaum ins Schwitzen kommen, sieht das auf älteren CPUs schon deutlich anders aus – im Beispiel wurden leistungsstarke Prozessoren der Typen AMD Athlon64 3700+ sowie Intel Pentium M 1.4 GHz verwendet.

Noch ein weiterer Tipp: Will man nun herausfinden, welcher von beiden Hosts der bremsende ist, so kann man diesen Test einfach bei einem der beiden Rechner ohne das Piping mit `aespipe` durchführen, so dass entweder nur ver- oder nur entschlüsselt wird.

14.3 Keine Verbindung durch *Network Address Translation*

Häufig befinden sich OpenVPN-Clients in einem separaten Netz und sind nicht direkt mit dem Internet verbunden, zum Beispiel wenn sich ein komplettes lokales Netz eine einzige DSL-Leitung für den Zugang ins Internet teilt. Typischerweise werden in einem solchen lokalen Netzwerk so genannte private IP-Adressen verwendet, die dem RFC 1918 [42] entsprechen und Teilmengen der folgenden drei Bereiche sind:

```
10.0.0.0       -   10.255.255.255
172.16.0.0     -   172.31.255.255
192.168.0.0    -   192.168.255.255
```

Diese privaten IP-Adressen sind nur gültig innerhalb ihrer eigenen abgeschlossenen Umgebung. Ferner bedeutet die Eigenschaft *privat* auch, dass es im Internet nicht möglich ist, Datenpakete an Zieladressen aus den drei genannten Bereichen zu verschicken. Die Router im Internet werden entsprechende Zieladressen schlichtweg nicht akzeptieren.

Um aber dennoch für Systeme innerhalb solcher Umgebungen eine Kommunikation mit dem Internet zu ermöglichen, muss derjenige Router, welcher die Verbindung ins Internet hat, etwas Hilfestellung leisten. Er modifiziert bei diesen IP-Paketen den Header und täuscht dadurch den Kommunikationspartnern vor, die Pakete würden von seiner eigenen, im Internet gültigen Adresse stammen. Dieser Vorgang wird üblicherweise *Network Address Translation* oder *NAT* genannt. Im Beispiel von Abbildung 14.2 übernimmt der Router `gateway` die entsprechende Umsetzung der Adressen, wenn die Clients aus seinem privaten Netz 192.168.10.0/24 mit Adressen im Internet kommunizieren möchten.

Es gibt mehrere Varianten von NAT, die sich üblicherweise in eine der beiden folgenden Kategorien einordnen lassen: *statisches NAT* und *Port Address Translation* (*PAT*).

Statisches NAT

Statisches NAT (auch *Basic NAT* genannt): Jeder internen IP-Adresse wird aus einem Pool von öffentlichen IP-Adressen genau eine zugewiesen. Dies entspricht einer 1:1-Abbildung und hat den Charme, dass aufgrund dieser eindeutigen Abbildung Computer mit privaten Adressen auch aus dem Internet angesprochen wer-

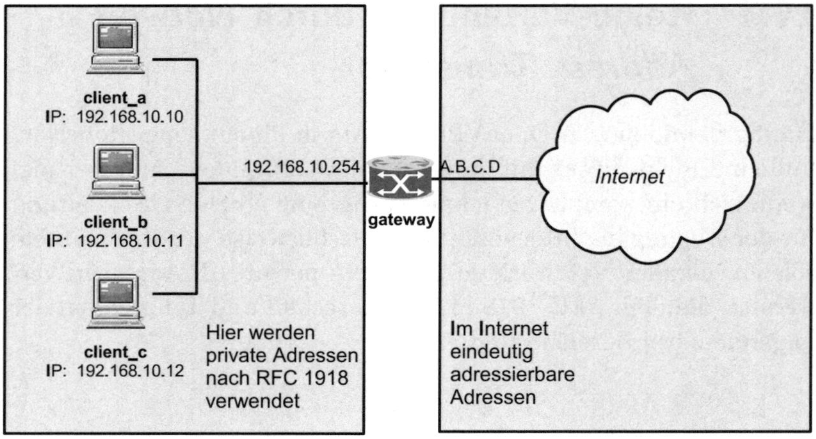

Abbildung 14.2 *Wenn die Clients mit Adressen im Internet kommunizieren wollen, muss der Router* `gateway` *die privaten Adressen auf seine (im Internet) gültige Adresse umsetzen. Dieses Verfahren wird Network Address Translation genannt.*

den können. Antwortpakete können so durch den Router direkt an die internen Adressen weitergeleitet werden.

Port Address Translation

Port Address Translation (oder kurz *PAT*) Im Gegensatz zum statischen NAT ist PAT in der Lage, eine m:1-Abbildung zu handhaben. Hierbei werden m innere (private) Adressen hinter einer einzigen Adresse verborgen. Bei PAT beachtet der Router während der notwendigen Adressumsetzung nicht nur die Absender- und Zieladressen, sondern entsprechend auch die verwendeten UDP- oder TCP-Ports der Verbindung. Das Beispiel aus Abbildung 14.3 verdeutlicht die prinzipielle Funktionsweise von PAT.

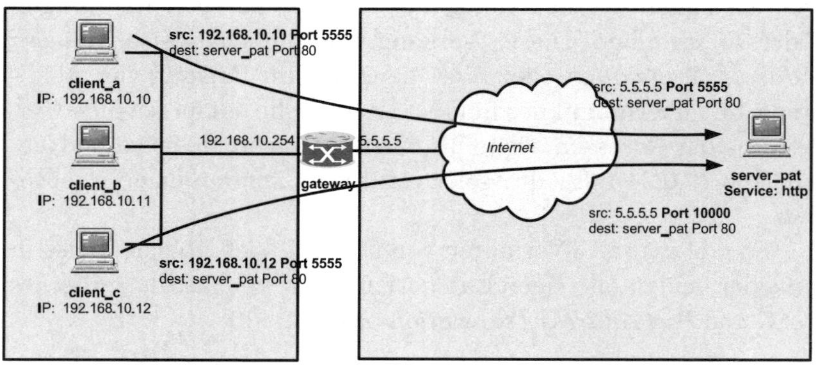

Abbildung 14.3 *Port Address Translation (PAT) kann viele Clients hinter einer einzigen Adresse verbergen.*

Angenommen, die Clients `client_a` und `client_b` möchten mit dem Server `server_pat` eine HTTP-Kommunikation über TCP-Port 80 aufbauen. Zusätzlich sei angenommen, dass die beiden Clients jeweils den Port 5555 als Absenderport verwenden. An dieser Stelle würde eine einfache Adressumsetzung (ohne Beachtung der Ports) zu einem Problem führen, denn der Router `gateway` würde in diesem Fall beide Verbindungen auf die Absenderadresse 5.5.5.5 mit den Absenderport 5555 abbilden. Dadurch können die beiden Verbindungen nicht mehr unterschieden werden. PAT erkennt jedoch, dass beide Clients den gleichen Absenderport verwenden und ändert dementsprechend in der Abbildung den Absenderport von `client_c` auf 10000. Hierdurch ist diese Abbildung eindeutig und die Verbindungen können auch nach der Umsetzung unterschieden werden. PAT wird in der Literatur auch als *Masquerading* oder *Network Address Port Translation* bezeichnet.

Durch *PAT* kann sich also der Quellport ausgehender IP-Pakete verändern. Dies kann ein Problem sein, wenn folgende Bedingungen zutreffen:

- Ein OpenVPN-Client ist hinter einem Router installiert, der PAT aktiviert hat.
- Der OpenVPN-Server hat seine Firewallregeln so eingerichtet, dass Clients mit einem *ganz bestimmten* Quellport die Verbindung aufbauen. Der Standardport wäre in diesem Fall 1194.

Aufgrund des PAT am Router kann es nun vorkommen, dass die Absenderports des Clients verändert werden und daher die Firewall den Verbindungsaufbau nicht mehr gestattet. Daher sollte die Firewall so konfiguriert werden, dass Verbindungen von Clients mit beliebigem Absenderport aufgebaut werden können.

Eine Firewall vor (oder auf) dem OpenVPN-Server sollte wegen PAT variable Absenderports von Clients zulassen!

NAT/PAT ist ein recht komplexes Thema für Router und Firewalls. Wer sich darüber mehr informieren möchte, dem sei das *Linux IP Masquerade HOWTO* [41] und der Abschnitt über Network Address Translation in [33] empfohlen.

14.4 Kein Zugriff auf andere Clients

Der Tunnel wurde erfolgreich aufgebaut, aber die Kommunikation zu anderen Systemen klappt nicht. Dieser Abschnitt beschreibt einige typische Stolpersteine, die einem in diesem Zusammenhang begegnen können.

14.4.1 Kein Zugriff auf andere OpenVPN-Clients am Server

Wenn es nicht möglich ist, zu anderen OpenVPN-Clients in einem Netzwerk eine Verbindung herzustellen, fehlt in der Konfiguration des OpenVPN-Servers möglicherweise folgende Option:

```
client-to-client
```

Mit dieser Option routet OpenVPN Pakete nicht über die virtuellen Schnittstellen zum Betriebssystem, sondern reicht diese selbst an verbundene Clients weiter.

14.4.2 Kein Zugriff auf Rechner im Subnetz des OpenVPN-Gateways

Um von einem OpenVPN-Client auf andere Computer im Subnetz des OpenVPN-Servers (oder andere Ressourcen in dessen lokalem Netz) zugreifen zu können, muss der OpenVPN-Server verschiedene Voraussetzungen erfüllen:

- *Firewall*: Es darf keine Firewall aktiviert sein, die die Daten verwirft. Weder in die Richtung VPN-Client, VPN-Gateway, Subnetz noch aus der Richtung Subnetz, VPN-Gateway, VPN-Client. Wenn man auf einen freigegebenen Windows-Ordner eines anderen Rechners zugreifen möchte, müssen unter Umständen auch die Firewalleinstellungen angepasst werden.
- *Routing-Tabelle*: Werden OpenVPN-Clients in einem eigenen Subnetz vom OpenVPN-Server verwaltet und über das *tun*-Interface eingebunden, muss auf den Clients die Routing-Tabelle entsprechende Einträge enthalten. Schauen wir uns das an einem Beispiel an, in dem das Zielnetz 192.168.3.0/24 über *tun0* erreicht wird:

```
Kernel IP routing table
Destination     Gateway      Genmask          Flags Metric Ref  Use Iface
192.168.3.0     *            255.255.255.0    UH    0      0    0   tun0
localnet        *            255.255.255.0    U     0      0    0   eth0
default         localhost    0.0.0.0          UG    0      0    0   eth0
```

- *IP-Forwarding*: Damit die IP-Pakete, die von einem Client mit korrekt eingestellter Routing-Tabelle auch über den Router (den OpenVPN-Server) gehen, muss auf dem OpenVPN-Gateway noch IP-Forwarding aktiviert sein. Auf Linux-

Systemen wird IP-Forwarding durch folgenden Befehl eingeschaltet:

```
# echo 1 > /proc/sys/net/ipv4/ip_forward
```

Auf Windows-Systemen stellt man IP-Forwarding in der Registry ein. Über das Windows-Startmenü wählt man den Menüpunkt *Ausführen...* aus, gibt `regedit` ein und startet den Registrierungseditor mit *OK*. Unter dem Registryschlüssel

```
\HKEY_LOCAL_MACHINE\SYSTEM\CurrentControlSet\Services\
    TcpIp\Parameters
```

findet man die verschiedensten Einstellungen, welche für alle installierten Netzwerkschnittstellen angewendet werden.

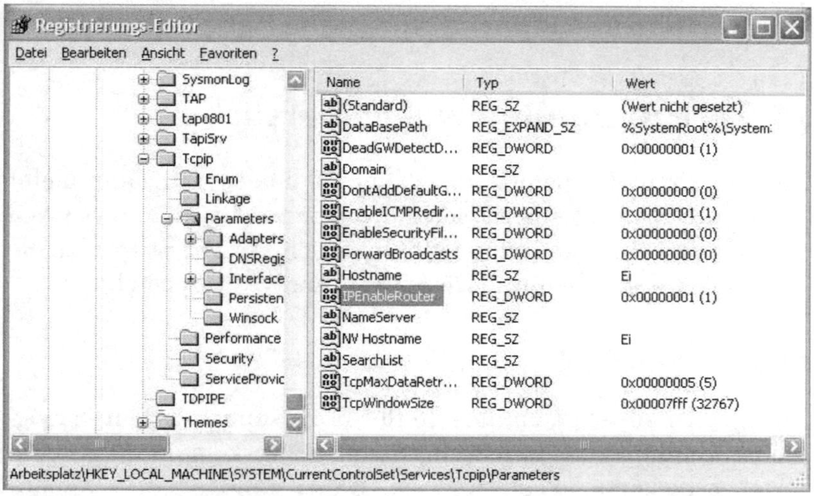

Abbildung 14.4
Registrierungseditor zum Einstellen von IP-Forwarding unter Windows

Auf der linken Seite des Registrierungseditors werden die einzelnen Parameter für TCP/IP angezeigt. `IPEnableRouter` muss durch einen Doppelklick editiert und auf den Wert 0x00000001 geändert werden.

14.4.3 Unter Windows werden keine Computer in der Netzwerkumgebung angezeigt

In der Windows-Netzwerkumgebung werden alle gefundenen Domänen und die darin enthaltenen Computer angezeigt. Bei der Verwendung von *tun*-Interfaces und IP-Routing kann es vorkommen, dass die Netzwerkumgebung leer ist, obwohl man sich erfolgreich bei dem OpenVPN-Server angemeldet hat. Das Problem liegt an den Schwachstellen des NetBIOS oder auch NetBEUI-Protokolls. Dieses Protokoll dient zur Namensauflösung und verwendet Broadcasts, die von Routern nicht in andere Netzwerke übertragen werden. Um dennoch den Inhalt eines Windows-Netzwerks browsen zu können, kann ein WINS-Server verwendet werden. WINS kommt jedoch nur für den Zugriff auf ein älteres Netzwerk in Frage. Seit Windows 2000 und der Einführung von Active Directory empfiehlt Microsoft die Verwendung von DNS-Servern. DNS ist eine grundlegende Technologie für Active Directory.

Eine Alternative hierzu ist die Konfiguration eines Zugriffs auf das Windows-Netzwerk via Bridging. In diesem Fall erhält der OpenVPN-Client auch Broadcast-Pakete und kann mit Hilfe von NetBIOS Namen auflösen.

14.5 Programme zur Fehlersuche

Wenn es Probleme beim Aufbau eines Tunnels gibt, dann bleibt häufig nichts anderes übrig, als die Verbindungen zu untersuchen und den Verkehr mitzuschneiden. In diesem Abschnitt werden die typischen Werkzeuge für diese Art von Analyse vorgestellt.

14.5.1 `tcpdump`

`tcpdump` ist ein so genanntes Sniffer-Programm, mit dem es möglich ist, Datenpakete, welche aus dem Netzwerk an der Netzwerkkarte vorbeikommen, auszugeben. Dabei kann über Parameter festgelegt werden, wie die Datenpakete angezeigt, welche Netzwerkschnittstelle abgehört und welche Protokolle herausgefiltert werden sollen. `tcpdump` unterstützt einen ganzen Satz von Protokollen, nach denen gefiltert werden kann. Möchte man beispielsweise nur wissen, ob ein `ping` erfolgreich durch den Netzwerkadapter gelaufen ist, braucht man nur die *ICMP Echo Requests* und *Replies* herauszufiltern. Der Aufruf von `tcpdump` sieht folgendermaßen aus:

ICMP: Internet Control Message Protocol

```
root@cetus:/home/albi # tcpdump -i eth0 'icmp[0] == 8 or icmp[0] ==
    0'
tcpdump: verbose output suppressed, use -v or -vv for full protocol
    decode
listening on eth0, link-type EN10MB (Ethernet), capture size 96 byt
    es
21:33:18.680922 IP cetus > ei: icmp 64: echo request seq 1
21:33:18.684419 IP ei > cetus: icmp 64: echo reply seq 1
21:33:19.681645 IP cetus > ei: icmp 64: echo request seq 2
21:33:19.685060 IP ei > cetus: icmp 64: echo reply seq 2
```

Dabei gibt `icmp[0] == 8` an, dass das erste Byte (Offset 0) der ICMP-Nachricht mit dem Wert 8 (beziehungsweise 0) verglichen werden soll. Das erste Byte ist das Typfeld. Der Typ 8 ist ein Echo Request, Typ 0 ein Echo Reply.

Protokolle, die mit dem Indexoperator gefiltert werden können, sind: `ether`, `fddi`, `tr`, `wlan`, `ppp`, `slip`, `link`, `ip`, `arp`, `rarp`, `tcp`, `udp`, `icmp` und `ip6`.

Um nur Nachrichten eines bestimmten Hosts zu filtern, kann der Parameter `host` verwendet werden. Sämtliche anderen Netzwerkpakete, die von dem lokalen Rechner an andere Computer geschickt oder von anderen empfangen werden, werden dadurch nicht angezeigt:

```
root@cetus:/home/albi # tcpdump host ei
tcpdump: verbose output suppressed, use -v or -vv for full protocol
    decode
listening on eth0, link-type EN10MB (Ethernet), capture size 96 byt
    es
21:42:48.065787 arp who-has cetus tell ei
21:42:48.066688 arp reply cetus is-at 00:04:23:4e:d8:64
21:42:48.069269 IP ei > cetus: icmp 40: echo request seq 5120
21:42:48.069313 IP cetus > ei: icmp 40: echo reply seq 5120
21:42:49.029706 IP ei > cetus: icmp 40: echo request seq 5376
21:42:49.029742 IP cetus > ei: icmp 40: echo reply seq 5376
21:42:53.068447 arp who-has ei tell cetus
21:42:53.071652 arp reply ei is-at 00:02:b4:29:d2:97
```

`tcpdump` ist ein umfangreiches Programm. Um weitere Informationen über die Bedienung und Filterung zu bekommen, lohnt sich ein Blick in die Manual-Page, die auf jedem Unix-verwandten System durch Eingabe von `man tcpdump` angezeigt werden kann.

14.5.2 Ethereal

Ethereal bietet eine sehr komfortable Umgebung für die Datenverkehrsanalyse!

Ethereal gehört wie `tcpdump` auch zu der Programmgruppe der Sniffer. Es bietet wie `tcpdump` die Möglichkeit, Hosts, Protokolle und Diensttypen zu filtern. Zusätzlich stellt es die gesnifften Pakete in einer grafischen Oberfläche dar und analysiert den Aufbau der verschiedenen Frames. Somit lässt sich in einem mitgeschnittenen Datenpaket jeder verschachtelte Protokollrahmen identifizieren. Dies kann vor allem dann hilfreich sein, wenn es darum geht, sich in einem fremden Netzwerk einen Überblick zu verschaffen, welche Netzadresse und welche Subnetzmaske verwendet werden. Bevor Ethereal mit dem Filtern von Paketen beginnt, stellt man über ein Dialogfeld die Filter und die abzuhörenden Netzwerkschnittstellen ein.

Wenn man sich die gesammelten ICMP-Pakete in Ethereal anschaut, ist es möglich, in verschiedenen Eingabebereichen durch

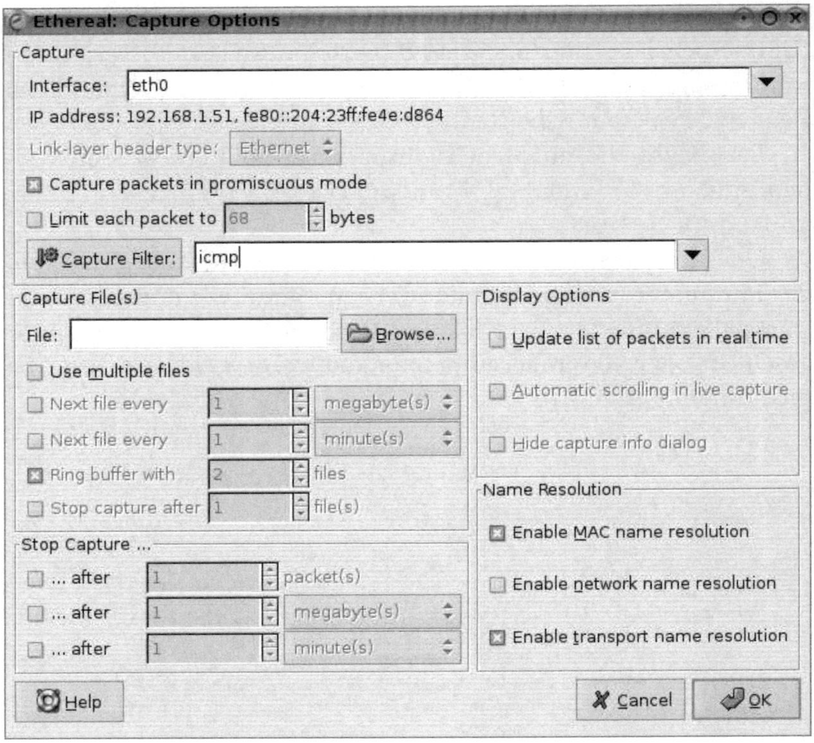

Abbildung 14.5 *Der Konfigurationsdialog stellt Optionen zur Auswahl von Filtern und Netzwerkschnittstellen zur Verfügung.*

die aufgezeichneten Daten zu navigieren. Selektiert man einen erkannten Frame, werden die dazugehörigen Daten blau markiert. Im oberen Teil der Anwendungen werden die gesammelten Datenpakete mit ihrem Protokoll, der Empfangszeit, dem Sender und dem Empfänger aufgelistet. Bei einer großen Menge empfangener Daten lassen sich die Pakete durch Anklicken der Spaltenüberschriften aufsteigend und abfallend sortieren. Durch die Filtereingabezeile über der Paketliste ist es auch möglich, nur Pakete eines bestimmten Typs anzuzeigen. Die Filter sind denen von `tcpdump` ähnlich, bieten jedoch deutlich mehr Möglichkeiten. Auch in Ethereal kann man als Filter beispielsweise

```
icmp[0] == 8
```

eintragen. In der Paketliste werden daraufhin nur noch die *ICMP-Request*-Pakete angezeigt. Die restlichen gesammelten Pakete werden durch diese Filterung aber nicht verworfen. Durch einen Klick auf »Clear« wird der Filter wieder geleert und alle ursprünglich mitgeschnittenen Pakete werden wieder angezeigt.

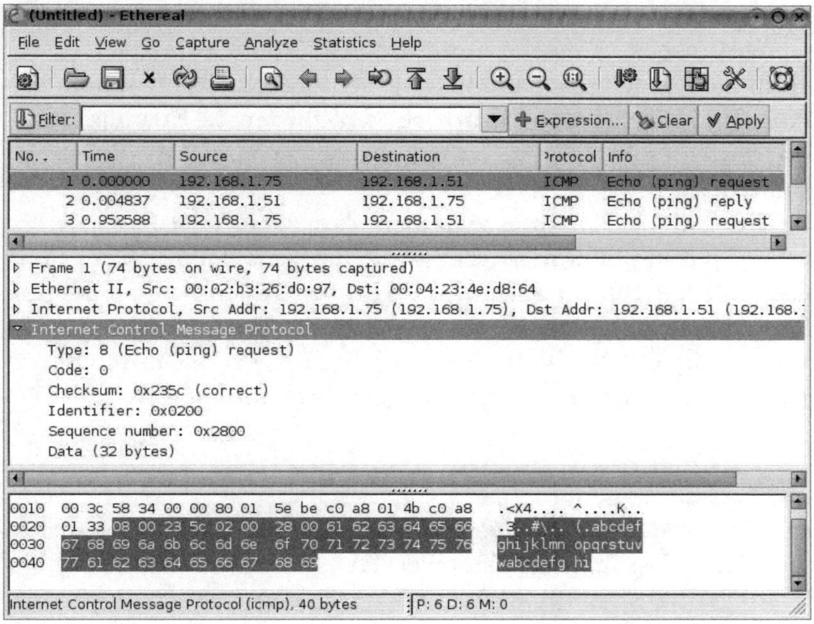

Abbildung 14.6
Ethereal markiert den ICMP-Frame in den aufgezeichneten Netzwerkdaten.

Unter dem Menüpunkt *Statistics* bietet Ethereal darüber hinaus die Möglichkeit, den gesamten mitgelesenen Verkehr nach Protokollarten aufzuschlüsseln, um sich einen Überblick über die Traffic-Situation verschaffen. Ein weiteres wichtiges Hilfsmittel von Ethereal ist es, sich automatisch den kompletten Verlauf einer TCP-Verbindung darstellen zu lassen.

Übrigens: Ethereal hat im Juni 2006 einen Nachfolger mit dem Namen Wireshark [29] gefunden, um Problemen mit Namens- und Patentrechten aus dem Weg zu gehen.

14.5.3 `ping`

Es kommt durchaus beim Vernetzen von Rechnern vor, dass alle Rechner eine IP-Adresse besitzen und die Netzwerkdienste scheinbar korrekt konfiguriert sind. Dennoch kommt keine Kommunikation zwischen den PCs zu Stande. Der beliebteste Test, der mit den unterschiedlichsten Betriebssystemen durchgeführt werden kann, ist ein `ping`. Dazu wird `ping` mit der IP-Adresse des Zielrechners als Parameter auf der Kommandozeile aufgerufen. Ein ICMP-Paket wird an den Zielrechner versandt, worauf dieser (wenn er es denn empfängt) wiederum mit einem ICMP-Paket antwortet. Der anfragende Rechner kann nun die Laufzeit zwischen Sende- und Empfangszeitpunkt messen, falls er überhaupt Antwort vom

Zielrechner erhält. Da dieser Test auf relativ niedriger Protokollschicht ansetzt, können so auf einfache Weise prinzipielle Fehler in der Vernetzung gefunden werden. Neben dieser »normalen« Ping-Funktion werden zusätzlich verschiedenste Kommandozeilenparameter angeboten, um die abzusetzenden ICMP-Pakete zu konfigurieren.

Um eine Verbindung zwischen zwei OpenVPN-Partnern zu testen, möchte man möglicherweise die ICMP-Pakete direkt nur über das *tun*-Interface schicken. Mit der Option »-r« werden die Ping-Pakete unabhängig von der Routing-Tabelle versendet. In Verbindung mit der Option »-I« wird die Netzwerkschnittstelle angegeben, über die das Ping-Paket geschickt werden soll:

```
albi@cetus:~$ ping 10.0.0.1 -r -I tun0
PING 10.0.0.1 (10.0.0.1) from 10.0.0.1 tun0: 56(84) bytes of data
```

Durch diesen Aufbau können gezielt Verbindungen zwischen verschiedenen Rechnern getestet werden.

14.5.4 `traceroute`

`traceroute` ermittelt den den Pfad zwischen zwei Systemen. Eine interessante Variante davon ist `mtr` (http://www.bitwizard.nl/mtr/)

Mit `traceroute` können die so genannten einzelnen Hops (also die Routing-Zwischenstationen) eines IP-Pakets analysiert werden. Zusätzlich zu den Hostnamen oder IP-Adressen werden die Laufzeiten der Pakete mit angegeben. Dies ermöglicht zum Beispiel die Erkennung von Netzsegmenten, die zu einer langsamen Verbindung führen.

`traceroute` nutzt einen Mechanismus im Internetprotokoll, der eigentlich verhindern soll, dass Pakete unendlich lang im Netz transportiert werden, wenn es keinen Weg zum Ziel gibt. Hierfür modifizieren die Router, die das Paket im Laufe seiner »Fahrt« durchs Netzwerk traversiert, ein spezielles Feld im IP-Header: die *Time to Live* oder TTL. Die TTL ist ein acht Bit großer Zähler und jeder »überquerte« Router dekrementiert den Wert um eins. Wenn der Wert nach dieser Operation 0 ist, wird das Paket verworfen und (üblicherweise) dem Absender dieser Fehler signalisiert.

`traceroute` sendet eine Sequenz von Paketen mit einer jeweils um eins ansteigenden TTL. Sobald der erste Router ein Paket mit einer TTL von eins erhält, verwirft er das Paket und schickt ein *Time-Exceeded*-Fehlerpaket an den Absender zurück. Daher weiß der Absender des Pakets, welche Adresse der erste Router hat. Als nächstes Paket wird eines mit einer TTL von 2 gesendet und der zweite Router auf dem Weg zum Ziel antwortet mit einem *Time Exceeded*. So wird schrittweise der ganze Weg bis zu dem Zielhost abgearbeitet und die Liste der passierten Hops erstellt.

Die Anwendung von `traceroute` zu dem Server `kernel.org` beispielsweise sieht folgendermaßen aus:

```
server_a:/tmp# traceroute zeus-pub1.kernel.org
traceroute to zeus-pub1.kernel.org (204.152.191.5),
      64 hops max, 40 byte packets
  1  chewy (192.168.10.254)
      1 ms 2 ms 1 ms
  2  DSL01.212.114.214.10.NEFkom.net (212.114.214.10)
      12 ms  10 ms  11 ms
  3  212.114.136.58 (212.114.136.58)
      12 ms  10 ms  10 ms
  4  ffm-b2-link.telia.net (213.248.79.57)
      21 ms  20 ms  19 ms
  5  ffm-bb1-link.telia.net (80.91.249.195)
      20 ms  19 ms  21 ms
  6  prs-bb1-pos7-0-0.telia.net (213.248.64.110)
      30 ms  30 ms  30 ms
  7  prs-b2-pos15-0.telia.net (213.248.65.222)
      30 ms  30 ms  30 ms
  8  abovenet-113065-prs-b2.telia.net (213.248.70.226)
      27 ms  27 ms  26 ms
  9  po20.mpr1.cdg2.fr.above.net (64.125.23.45)
      139 ms  79 ms  218 ms
 10  so-5-0-0.cr1.lhr3.uk.above.net (64.125.23.13)
      40 ms  40 ms  42 ms
 11  so-7-0-0.cr1.dca2.us.above.net (64.125.31.186)
      108 ms  107 ms  109 ms
 12  so-7-1-0.cr2.ord2.us.above.net (64.125.27.17)
      130 ms  129 ms  130 ms
 13  isc-above-oc3.pao.isc.org (216.200.0.10)
      184 ms  185 ms  184 ms
 14  r8-pao1.r3.sfo2.isc.org (192.5.4.233)
      185 ms  184 ms  184 ms
 15  zeus-pub1.kernel.org (204.152.191.5)
      186 ms  189 ms  187 ms
```

`traceroute` kann auf unterschiedlichen Systemen unterschiedliche Namen haben. So gibt es unter Linux zum Beispiel auch `tracepath` oder `traceroute6`, welches auch IPv6 unterstützt. Unter Windows gibt es den Befehl `tracert`.

14.5.5 Paketfilter `iptables`

Ab der Linux-Kernelversion 2.4 ist im Kern die *netfilter*-Firewall integriert. `iptables` ist das zugehörige Kommandozeilenprogramm, mit dem die Firewall konfiguriert wird.

Die Architektur dieser Firewall basiert auf Regeln, die aus Mustern und Aktionen bestehen und so die Behandlung von Paketen beeinflussen. Diese Regeln werden in Ketten organisiert, den so genannten *Chains*. Es gibt beispielsweise eine Chain `FORWARD`, deren Regeln alle Pakete unterworfen werden, die weitergeleitet (*forward*) werden sollen: Dies sind Pakete, die zwar an einem Interface eines Rechners ankommen, jedoch nicht an den Rechner selbst adressiert sind.

Mit der *netfilter*-Firewall lässt sich einfach ein Regelwerk aufstellen, das eingehende Pakete eines bestimmten Protokolls in einer Log-Datei protokolliert und danach verwirft. In einem Beispiel sollen alle eingehenden Pakete des Typs ICMP geloggt und danach kommentarlos verworfen werden. Zu Beginn wird geprüft, ob das System noch auf ICMP-Pakete antwortet:

```
root@cetus:/home/albi # ping localhost
PING localhost.localdomain (127.0.0.1) 56(84) bytes of data.
64 bytes from localhost.localdomain (127.0.0.1): icmp_seq=1 ttl=64
    time=0.069 ms

--- localhost.localdomain ping statistics ---
1 packets transmitted, 1 received, 0% packet loss, time 0ms
rtt min/avg/max/mdev = 0.069/0.069/0.069/0.000 ms
```

Mit `iptables` werden nun die Firewallregeln zu der Regelkette für `INPUT` (eingehende Pakete an den lokalen Host) hinzugefügt:

```
root@cetus:/home/albi # iptables -A INPUT -p icmp -j LOG
root@cetus:/home/albi # iptables -A INPUT -p icmp -j DROP
```

Die eingegebenen Regeln können mit der Option `-list` angezeigt werden:

```
root@cetus:/home/albi # iptables --list
Chain INPUT (policy ACCEPT)
target   prot opt source     destination
LOG      icmp --  anywhere   anywhere       LOG level warning
DROP     icmp --  anywhere   anywhere

Chain FORWARD (policy ACCEPT)
target   prot opt source     destination

Chain OUTPUT (policy ACCEPT)
target   prot opt source     destination
```

Der anschließende Test sollte nun fehlschlagen:

```
root@cetus:/home/albi # ping localhost
PING localhost.localdomain (127.0.0.1) 56(84) bytes of data.

--- localhost.localdomain ping statistics ---
2 packets transmitted, 0 received, 100% packet loss, time 27998ms
CONTROL-C
```

Entsprechend der Regeln sollten die Pakete auch protokolliert werden:

```
root@cetus:/home/albi # tail /var/log/messages -n 2
Mar 15 15:40:50 localhost kernel: IN=lo OUT=
    MAC=00:00:00:00:00:00:00:00:00:00:00:00:08:00 SRC=192.168.1.51
```

```
      DST=192.168.1.51 LEN=88 TOS=0x00 PREC=0xC0 TTL=64 ID=22159
      PROTO=ICMP TYPE=3 CODE=1 [SRC=192.168.1.51 DST=192.168.1.75
      LEN=60 TOS=0x00 PREC=0x00 TTL=64 ID=27548 DF PROTO=TCP SPT=3292
      DPT=24800 WINDOW=5840 RES=0x00 SYN URGP=0 ]
Mar 15 15:40:50 localhost kernel: IN=lo OUT=
      MAC=00:00:00:00:00:00:00:00:00:00:00:00:08:00 SRC=192.168.1.51
      DST=192.168.1.51 LEN=88 TOS=0x00 PREC=0xC0 TTL=64 ID=22160
      PROTO=ICMP TYPE=3 CODE=1 [SRC=192.168.1.51 DST=192.168.1.75
      LEN=60 TOS=0x00 PREC=0x00 TTL=64 ID=27550 DF PROTO=TCP SPT=3292
      DPT=24800 WINDOW=5840 RES=0x00 SYN URGP=0 ]
```

Verworfene Pakete werden zuvor noch durch das erste Ziel `LOG` zuerst im Syslog ausgegeben. Das `LOG`-Target ist hierbei eine Ausnahme, da trotz Anspringen von `LOG` die Kette weiter abgearbeitet wird; normalerweise wird die erstbeste Regel (*first match*) ausgeführt und damit ist die Behandlung des Pakets zu Ende.

Mit Hilfe des LOG-Targets kann leicht festgestellt werden, ob ein konkreter Verbindsaufbau gestattet ist oder nicht!

Die Syntax für einen `iptables`-Aufruf lautet:

```
# iptables [Befehle] [Regelparameter] [Ziel]
```

Befehle zum Bearbeiten der Regel sind unter anderem:

- `-A` bzw. `-append` fügt eine Regel zu einer Chain hinzu. Chains der »normalen« *mangle*-Tabelle sind INPUT, OUTPUT und FORWARD.
- `-P` bzw. `-policy` definiert das Standardverhalten für eine Chain. So kann man zum Beispiel in der Policy angeben, dass am Ende der Abarbeitung der Regeln alle eingehenden Pakete, auf die keine Regel passt, akzeptiert werden sollen: `iptables -P INPUT ACCEPT`
- `-I` bzw. `-insert` fügt eine Regel an einer bestimmten Position in der Chain ein.
- `-D` bzw. `-delete` kann einzelne Regeln unter Angabe ihrer Position aus der Chain löschen.
- `-F` bzw. `-flush` löscht alle Regeln einer Chain. Vor einem Aufruf von »flush« sollte die Policy der Kette gesetzt werden, da in einer leeren Kette *alle* Pakete das Standardziel anspringen werden.

Parameter für Regeln in den Chains:

- `-p` bzw. `-protocol` gibt ein Protokoll an, auf das die Regel zutrifft. Mögliche Optionen sind beispielsweise `tcp`, `udp` oder `icmp`.
- `-s` bzw. `-source` kann eine Quell-IP-Adresse definieren. Somit ist es möglich, nur von bestimmten Hosts Verbindungen anzunehmen:
  `iptables -P INPUT -p tcp -s 10.0.0.2 ACCEPT`

lässt beispielsweise alle TCP-Pakete von 10.0.0.2 zu.

- `-d` bzw. `-destination` qualifiziert Datenpakete mit der angegebenen Zieladresse für diese Regel. Häufig wird dies in Verbindung mit der `FORWARD`-Kette verwendet, um Pakete nur zu bestimmten Hosts weiterzurouten.
- `-i` bzw. `-in-interface` legt mit der Angabe des Interface die Regel für eine bestimmte Netzwerkschnittstelle fest. So kann man eingehende Verbindungen über das `tun0`-Interface mit `iptables -A INPUT -i tun0 -j DROP` verwerfen.
- `-o` bzw. `-out-interface` definiert Regeln für ausgehende Schnittstellen.
- `-j` bzw. `-jump` definiert ein Ziel für gefilterte Datenpakete.

Für eine komplette Referenz zu `iptables` und den möglichen Parametern eignet sich ein Blick in die Manual-Page von `iptables`.

15 OpenVPN-Development

Dieses Kapitel ist vor allem für Personen interessant, die selbst ein Plugin für OpenVPN entwickeln möchten. Für die reine Benutzung von OpenVPN ist dieses Kapitel weniger von Interesse. Sinnvoll ist die Programmierung von Plugins dann, wenn nicht vorhandene Funktionalitäten ergänzt werden sollen. Für die Programmierung von Plugins sollten Grundkenntnisse der Programmiersprache C beziehungsweise C++ vorhanden sein und mit ein wenig Übung hat man sich schnell in die API eingelesen.

15.1 Das Plugin-System von OpenVPN

OpenVPN bietet ein Interface für Plugins an, das sehr leicht zu verstehen und implementieren ist. Plugins, die keine systemspezifischen Routinen benutzen, sind ohne Veränderung des Sourcecodes auch auf verschiedenen Plattformen (zum Beispiel Linux und Windows) verwendbar. Die OpenVPN-API verlangt, dass mindestens die drei folgenden Plugin-Funktionen implementiert werden:

```
openvpn_plugin_handle_t
    openvpn_plugin_open_v1(
        unsigned int *type_mask,
        const char **argv,
        const char **envp
    );

int
    openvpn_plugin_func_v1(
        openvpn_plugin_handle_t handle,
        const int type,
        const char **argv,
        const char **envp
    );

void
    openvpn_plugin_close_v1(
        openvpn_plugin_handle_t handle
    );
```

Weiterhin führt die API einen zusätzlichen, optionalen Callback an:

```
void
openvpn_plugin_abort_v1(
        openvpn_plugin_handle_t handle
);
```

Wikipedia.de:»Eine Rückruffunktion (englisch callback function) bezeichnet in der Informatik eine Funktion, die einer anderen Funktion als Parameter übergeben wird, und von dieser unter gewissen Bedingungen aufgerufen wird.«

Ab OpenVPN Version 2.1 ist die API auf Version 2 hochgerüstet worden. Deshalb sind zusätzliche Funktions-Callbacks implementiert worden:

```
openvpn_plugin_handle_t
    openvpn_plugin_open_v2(
        unsigned int *type_mask,
        const char **argv,
        const char **envp,
        struct openvpn_plugin_string_list **return_list
    );

int
    openvpn_plugin_func_v2(
        openvpn_plugin_handle_t handle,
        const int type,
        const char **argv,
        const char **envp,
        void *per_client_context,
        struct openvpn_plugin_string_list **return_list
    );

void*
    openvpn_plugin_client_constructor_v1(
        openvpn_plugin_handle_t handle
    );

void
    openvpn_plugin_client_destructor_v1(
        openvpn_plugin_handle_t handle,
        void *per_client_context
    );

int
    openvpn_plugin_select_initialization_point_v1(
    );

int openvpn_plugin_min_version_required_v1(
    );
```

openvpn_plugin_open_v1

Die Funktion `openvpn_plugin_open_v1` wird aufgerufen, wenn das Plugin zum ersten Mal initialisiert wird (also normalerweise beim Start von OpenVPN). Die Funktion muss OpenVPN mitteilen, welche der maximal elf Callback-Funktionen vom Plugin implementiert werden. Dies geschieht über den ersten Parameter: Die `openvpn_plugin_open_v1`-Funktion muss in dem `int*` zurückgeben, welche Funktionen behandelt werden. Jede Funktion bekommt als Parameter 0 (also `argv[0]`) den Namen des Shared-Objekts übergeben, in welchem das Plugin gespeichert ist. Wenn also im Folgenden von Parameter 1 gesprochen wird, so ist tatsächlich `argv[1]` gemeint und nicht etwa `argv[0]`. Zur Verfügung stehen (die Namen der Makros fangen jedes Mal mit `OPENVPN_PLUGIN_` an):

Diese Makros sind eigentlich nur Umschreibungen für Integerzahlen

OPENVPN_PLUGIN_UP

- Aufruf: Nach erfolgreichem Öffnen des *tun/tap*-Interface
- Parameter 1: Interface-Name (zum Beispiel tun4)
- Parameter 2: MTU des Interface
- Parameter 3: MTU des Links
- Parameter 4: Lokale IP-Adresse
- Parameter 5: Entfernte IP-Adresse (bei einem *tun*-Gerät) oder Netzwerkmaske (bei einem *tap*-Gerät)
- Parameter 6: »init« oder »restart«, je nach Ereignis, das »up« ausgelöst hat

OPENVPN_PLUGIN_DOWN

- Aufruf: Nach Schließen des *tun/tap*-Interface
- Parameter: Wie bei »UP«

OPENVPN_PLUGIN_ROUTE_UP

- Aufruf: Nachdem die Routen gesetzt wurden.
- Parameter: Keine

OPENVPN_PLUGIN_IPCHANGE

- Aufruf: Jedes Mal, wenn sich die IP eines verbundenen Partners ändert (einschließlich des ersten Mals, wenn sich ein Client verbindet).
- Parameter 1: Neue IP-Adresse
- Parameter 2: Zielport der Verbindung

OPENVPN_PLUGIN_TLS_VERIFY

- Aufruf: Test, ob eine zertifikatbasierte Verbindung angenommen wird. Der Test wird nach Prüfung aller Zertifikatsattribute (also beispielsweise der Signatur und des Verfallsdatums) ausgeführt, jedoch noch vor Prüfung der CRL (Certificate Revocation List).
- Parameter 1: Zertifikatstiefe
- Parameter 2: X.509 Subject

OPENVPN_PLUGIN_AUTH_USER_PASS_VERIFY

- Aufruf: Authentifizierung der Benutzer durch einen Benutzernamen und ein Passwort (möglicherweise zusätzlich zu einer zertifikatbasierten Authentifikation).
- Parameter: Keine, der Benutzername und das Passwort werden als Environment-Variablen «username« und »password« übergeben.

OPENVPN_PLUGIN_CLIENT_CONNECT

- Aufruf: Nachdem ein Client sich erfolgreich mit dem OpenVPN-Server verbunden hat.
- Parameter bei OpenVPN 2.0: Keine, die IP-Adresse und der »CommonName« des soeben verbundenen Clients werden jedoch in der Environment-Variablen `common_name` übergeben. Alternativ kann auch das vollständige X.509 Subject unter der Variablen `tls_id_0` abgerufen werden.
- Parameter bei OpenVPN 2.1: Eine temporäre Datei, aus der clientspezifische Optionen gelesen werden.

OPENVPN_PLUGIN_CLIENT_DISCONNECT

- Aufruf: Nachdem ein Client sich von dem OpenVPN-Server getrennt hat (setzt voraus, dass `CLIENT_CONNECT` erfolgreich ausgeführt wurde).

- Parameter: Keine

OPENVPN_PLUGIN_LEARN_ADDRESS

- Aufruf: Validieren der virtuellen Clientadressen oder Routen
- Parameter 1: Operation: »add«, »update« oder »delete«, je nachdem ob die Adresse zu OpenVPNs interner Routing-Tabelle hinzugefügt, verändert oder gelöscht wird.
- Parameter 2: Adresse: Bei *tun*-Interfaces ist dies eine einfache IP-Adresse, bei Validierung von Routen eine IP-Adresse mit Subnetzmasken-Zusatz (also beispielsweise 192.168.2.0/24) oder eine MAC-Adresse bei *tap*-Interfaces (zum Beispiel die Adresse 12:34:56:C0:FF:EE).
- Parameter 3: CommonName: Bei »add«- oder »update«-Operationen wird in diesem Feld der im Zertifikat verankerte »CommonName« des betreffenden Clients zurückgegeben. Dieser Parameter fehlt bei einer »delete«-Operation gänzlich.

OPENVPN_PLUGIN_CLIENT_CONNECT_V2 (ab OpenVPN 2.1)

- Aufruf: Nachdem ein Client sich erfolgreich mit dem OpenVPN-Server verbunden hat.
- Parameter: Keine (clientspezifische Optionen werden über die neue API übergeben)

OPENVPN_PLUGIN_TLS_FINAL (ab OpenVPN 2.1)

Die bitweise ODER-Funktion wird in C durch das einfache Pipe-Symbol »|« dargestellt und ist etwas ganz anderes als die logische ODER-Funktion (»||«)!

- Aufruf: Nachdem alle TLS-Überprüfungen erfolgreich verlaufen sind.
- Parameter: Keine

Imersten Parameter wird das Ergebnis einer bitweisen ODER-Funktion übergeben, die auf dem Makro `OPENVPN_PLUGIN_MASK` und dem entsprechenden Funktionsnamen operiert. Sollen beispielsweise die Funktionen `OPENVPN_PLUGIN_AUTH_USER_PASS_VERIFY` und

OPENVPN_PLUGIN_TLS_VERIFY überschrieben werden, so lautet der entsprechende Befehl:

```
openvpn_plugin_handle_t openvpn_plugin_open_v1(
                        unsigned int *functions,
                        const char **argv,
                        const char **env) {
    (*functions) =
OPENVPN_PLUGIN_MASK(OPENVPN_PLUGIN_AUTH_USER_PASS_VERIFY) |
                      OPENVPN_PLUGIN_MASK(OPENVPN_PLUGIN_TLS_VERIFY);
}
```

Stringlisten in C sind vom Typ char***, also Zeiger auf Zeiger auf Zeichen.*

Weiterhin wird der Funktion im zweiten und dritten Parameter jeweils eine durch NULL terminierte Stringliste übergeben. Die Liste argv enthält hier die Parameter, die dem Plugin auf der Kommandozeile oder in der Konfigurationsdatei übergeben wurden. Der erste Parameter (mit Index 0) enthält immer den Namen der Shared-Object-Datei (also den Namen der Binary des Plugins selbst). In der Liste env sind die zum Start von OpenVPN gesetzten Umgebungsvariablen jeweils in der Form name=wert gespeichert.

Als Rückgabewert erwartet die Init-Funktion eine Variable vom Typ openvpn_plugin_handle_t, was allerdings nichts weiter ist als ein void*. Die Init-Funktion kann instanzspezifische Parameter auf dem Heap allokieren (zum Beispiel mittels malloc) und den Zeiger auf diese Datenstruktur dann zurückgeben. Sinn und Zweck ist, dass die anderen Callback-Funktionen dieses Handle jeweils wieder übergeben bekommen, so dass allen Funktionen Zugriff auf die gemeinsamen Daten gewährleistet wird. Liefert die Funktion den Wert NULL zurück, so gilt die Initialisierung des Plugin als gescheitert und OpenVPN wird terminieren.

openvpn_plugin_func_v1

openvpn_plugin_func_v1 wird jedes Mal aufgerufen, wenn eine der in der Initialisierung selektierten Funktionen abgefangen wird. Sie erhält vier Parameter: zunächst einmal das Handle, welches in der Funktion openvpn_plugin_open_v1 initialisiert wurde – der momentane Plugin-Kontext. Der zweite Parameter ist ein Integerwert, der der Callback-Funktion angibt, *welche* Funktion nun eigentlich abgefangen wurde. Eine Abprüfung ist also beispielsweise durch eine switch/case-Anweisung ohne weiteres realisierbar:

```
int openvpn_plugin_func_v1(openvpn_plugin_handle_t handle,
                           const int func,
                           const char **argv,
                           const char **env) {
    switch (func) {
        case OPENVPN_PLUGIN_AUTH_USER_PASS_VERIFY:
            return check_pass();
        case OPENVPN_PLUGIN_TLS_VERIFY:
            return OPENVPN_PLUGIN_FUNC_SUCCESS;
    }
    return OPENVPN_PLUGIN_FUNC_ERROR;
}
```

Auch diese Funktion bekommt zwei nullterminierte Stringlisten als Parameter übergeben: Hier steht `argv` jedoch für die Argumente, die den jeweiligen Skripten als Parameter übergeben werden. Diese sind von Callback zu Callback unterschiedlich. Der erste String der Liste (Index 0) ist jedoch wiederum der Name des Shared Objects selbst. Der Inhalt von `env` ist, wie bereits in der `open`-Funktion auch schon erklärt, der Inhalt der Umgebungsvariablen in der Form `name=wert`.

Als Rückgabewert erwartet `openvpn_plugin_func_v1` entweder `OPENVPN_PLUGIN_FUNC_SUCCESS` oder `OPENVPN_PLUGIN_FUNC_ERROR`. Je nachdem, welche Funktion abgefangen wird, hat der Returnwert verschiedene Auswirkungen auf OpenVPN. Liefert beispielsweise ein Plugin beim Abfangen von `OPENVPN_PLUGIN_CLIENT_CONNECT` einen Fehler zurück, so wird die Verbindung zum Client abgewiesen.

openvpn_plugin_close_v1

Die Funktion `openvpn_plugin_close_v1` ist die einfachste der bisher besprochenen drei Funktionen: Sie erhält lediglich den Kontextzeiger `openvpn_plugin_handle_t` (also den `void*`) als Parameter und wird aufgerufen, wenn das Plugin deaktiviert wird. Dies ist normalerweise der Fall, wenn OpenVPN beendet wird (oder ein Signal SIGHUP bekommt – dann wird das Plugin jedoch sofort wieder mittels der `open`-Funktion initialisiert). Die `close`-Funktion wird nicht aufgerufen, wenn OpenVPN ein SIGUSR1 bekommt.

openvpn_plugin_abort_v1

Genau wie die Funktion `openvpn_plugin_close_v1` wird `openvpn_plugin_abort_v1` von OpenVPN aufgerufen, um das Plugin zu deinitialisieren. Der `abort`-Aufruf wird allerdings (im

Gegensatz zu dem close-Callback) nur dann aufgerufen, wenn OpenVPN unerwartet beendet wird.

openvpn_plugin_open_v2 (OpenVPN 2.1)

Die Funktion openvpn_plugin_open_v2 unterscheidet sich von ihrem Pendant openvpn_plugin_open_v1 in einem Punkt: Sie bietet zusätzlich die Rückgabe einer Stringliste openvpn_plugin_string_list an. Diese ist wie folgt definiert:

```
struct openvpn_plugin_string_list {
    struct openvpn_plugin_string_list *next;
    char *name;
    char *value;
};
```

Bei der Stringliste handelt es sich um eine einfach verkettete Liste. Der Zeiger next zeigt jeweils auf den nächsten String der Liste (oder auf NULL, falls keiner mehr vorhanden ist). Die Members name und value sind jeweils Strings, die auf jeden Fall mit malloc allokiert werden müssen, da OpenVPN davon ausgeht, dass sie mit free wieder zerstört werden können. Auch wenn auf einigen Compilern möglicherweise eine Mischung von new mit free funktionieren sollte, sind die Resultate undefiniert, deshalb ist von solch einer Programmierung dringend abzuraten. Die Bedeutung von name und value ist offensichtlich: Der erste ist der Schlüsselname, der zweite der damit assoziierte Wert.

Diese Funktionalität wurde dazu eingebaut, dass Plugins beispielsweise auch in der open-Funktion das Parsen der Konfigurationsdatei verändern können. Dies war bei OpenVPN 2.0 und früheren Versionen noch nicht möglich. In der momentan aktuellen Version 2.1_beta14 ist dies vorgesehen, allerdings noch nicht implementiert.

openvpn_plugin_func_v2 (OpenVPN 2.1)

Der Callback func bietet gegenüber OpenVPN 2.0 und früheren Versionen eine mächtige Ergänzung an: Es wird ein Parameter vom Typ void* übergeben, der einen clientabhängigen Kontext mitliefern kann. Wird diese Funktionalität gewünscht, so wird in der Callback-Funktion openvpn_plugin_constructor_v1 dieser Kontext allokiert und dann dem func-Callback jedes Mal zurückgeliefert.

Genau wie die open-Funktion wurde auch func um die Rückgabe einer openvpn_plugin_string_list erweitert. In der momentanen Implementierung wird dies jedoch noch nicht verwendet.

openvpn_plugin_constructor_v1 (OpenVPN 2.1)

Diese Funktion erstellt einen clientabhängigen Kontext, der dann jedem Aufruf von openvpn_plugin_func_v2 übergeben wird. Sobald ein Client eine Verbindung zum OpenVPN-Server aufbaut, wird constructor aufgerufen, welche den Kontext initialisiert und per Returnwert zurückliefert.

openvpn_plugin_destructor_v1 (OpenVPN 2.1)

Der destructor erhält als Parameter einen void*, welcher den zu zerstörenden clientabhängigen Kontext repräsentiert, der im constructor-Callback erzeugt wurde.

Hier sollte dann Speicher, der im Konstruktor angefordert wurde, wieder freigegeben werden.

openvpn_plugin_select_initialization_point_v1 (OpenVPN 2.1)

Mittels dieses Callbacks wird es ab OpenVPN Version 2.1 möglich sein zu bestimmen, an welchem Punkt der open-Kontext einsetzt. Sie besteht gewöhnlich aus einem einzigen Returnstatement, welches folgende Werte annehmen kann:

OPENVPN_PLUGIN_INIT_PRE_CONFIG_PARSE open wird noch vor dem Parsen der Konfigurationsdatei ausgeführt.

OPENVPN_PLUGIN_INIT_PRE_DAEMON open wird nach dem Parsen der Konfigurationsdatei, jedoch vor dem Erzeugen eines Daemons via fork() aufgerufen. Dies ist die Standardeinstellung.

OPENVPN_PLUGIN_INIT_POST_DAEMON open wird erst aufgerufen, nachdem OpenVPN als Hintergrundprozess (Daemon) erzeugt wurde.

OPENVPN_PLUGIN_INIT_POST_UID_CHANGE open wird erst aufgerufen, nachdem OpenVPN im Hintergrund läuft und alle Privilegien abgegeben hat (falls in der Konfiguration erwünscht).

openvpn_plugin_min_version_required_v1 (OpenVPN 2.1)

Diese Funktion gibt zurück, welche Plugin-Version OpenVPN mindestens anbieten muss, damit das Plugin lauffähig ist. Momentan sind zulässige Werte nur 1 (für Versionen unter 2.1) und 2 (für Versionen ab 2.1).

15.2 Beispiel-Plugin pgauth

Für eine mächtigere, bereits vorprogrammierte Alternative zur regulären Authentifikation kann man sich auch die PAM-Plugins von OpenVPN ansehen.

In diesem Abschnitt wird kurz ein Beispiel-Plugin erläutert, das eine Benutzerkontrolle (Authentifikation) über eine PostgreSQL-Datenbank realisiert. In der Datenbank soll darüber hinaus protokolliert werden, wer sich wann mit dem OpenVPN-Server verbindet, wann die Verbindung wieder beendet, und wie viel Daten übertragen wurden. Zusätzlich sollen Clients, die sich verbinden wollen, abgewiesen werden, falls sie ein bestimmtes Übertragungsvolumen in den letzten 7 Tagen überschritten haben. Für den Zugriff auf die PostgreSQL-Datenbank soll die offizielle C++-API `pqxx` benutzt werden.

Zunächst wird ein Plugin-übergreifender Kontext definiert, den wir in eine Struktur (struct) legen werden:

```
struct plugin_context {
    checker *chk;
};
```

Sie sieht relativ unspektakulär aus, da wir für dieses Beispiel nur einen Member benötigen. Wir könnten also auch direkt mit einem Zeiger auf der Klasse `checker` arbeiten. Warum wir dies vermeiden, hat zwei gute Gründe:

- Das Programm wird dadurch im Fall einer Ergänzung viel einfacher wartbar. Sollten wir einen Integerzähler einfügen wollen, so würden wir diesen lediglich der Struktur hinzufügen und müssten uns nicht um weitere Speicherallokierung kümmern.

- Außerdem stellt eine Struktur, die nur einen Member beinhaltet, keinen Performanceverlust dar, da sie vollständig vom Compiler wegoptimiert wird.

Diese Struktur wird mittels der `open`-Funktion initialisiert:

```
1  OPENVPN_EXPORT openvpn_plugin_handle_t
       openvpn_plugin_open_v1(unsigned int *type_mask
       , const char *argv[], const char *envp[]) {
2      struct plugin_context *context;
3
4      context = (struct plugin_context *)malloc(
           sizeof (struct plugin_context));
5      context->chk = new checker(argv[1]);
6
7      *type_mask =
8        OPENVPN_PLUGIN_MASK(
             OPENVPN_PLUGIN_AUTH_USER_PASS_VERIFY) |
9        OPENVPN_PLUGIN_MASK(
             OPENVPN_PLUGIN_CLIENT_DISCONNECT);
10
11     return (openvpn_plugin_handle_t)context;
12 }
```

Mittels `malloc` wird Speicher für die Struktur reserviert (Zeile 4). Danach wird in Zeile 5 der Konstruktor der später erläuterten `checker`-Klasse aufgerufen. Als Parameter wird der erste Plugin-Parameter übergeben. Dieser muss einen gültigen PostgreSQL-Verbindungsstring enthalten, mit dessen Daten dann die Datenbankverbindung aufgebaut wird. Sollten keine Parameter übergeben werden, ist argv[1] das letzte Element der Stringliste `argv` und somit `NULL`.

Schlägt `malloc` *fehl, wird ein* `NULL`*-Zeiger zurückgeliefert. Eine entsprechende Fehlerabfrage wurde der Übersichtlichkeit wegen ausgespart.*

Um OpenVPN mitzuteilen, welche Funktionen überhaupt mittels unseres `func`-Callbacks abgefangen werden sollen, wird ein entsprechender Wert in den ganzzahligen Rückgabewert `type_mask` geschrieben. Hier spezifizieren wir, dass bei einem Verbindungsaufbau der User-Passwort-Authentifikations-Hook verwendet werden soll und beim Trennen der Verbindung der einfache »Disconnect«-Hook.

Als Funktionsrückgabewert geben wir einen `void*` – unseren Kontext – zurück. Dieser wird dann jedem Aufruf der `func`- sowie `close`-Funktionen wieder übergeben.

Wichtig beim Parsen der Plugin-Paramter ist Folgendes: OpenVPN nimmt jeweils den oder die Kommandozeilen-Parameter, die nach dem `-plugin`-Schalter übergeben wird, als Plugin-Parameterliste. Das Parsing-Verhalten ändert sich jedoch, je nachdem, wie viele Parameter übergeben werden. Sollte nur ein Parameter übergeben werden, so werden Leerzeichen jeweils als Separator zwischen Plugin-Parametern ausgewertet. Wird dies nicht gewünscht, müssen diese mittels des Metazeichens Backslash maskiert werden – man spricht in diesem Zusammenhang auch von einem *Metazeichen*. Werden mehrere Kommandozeilen-Parameter übergeben, dann werden die möglicherweise Leerzeichen beinhaltenden Einzelparameter *nicht* weiter aufgebrochen. Ein einfaches Beispiel wird dies illustrieren:

```
# openvpn --config server.conf --plugin pgauth.so 'dbname=openvpn
    user=joe password=geheim'
```

führt zu folgendem (unerwünschten) Ergebnis:

```
argv[0] = "pgauth.so"
argv[1] = "dbname=openvpn"
argv[2] = "user=joe"
argv[3] = "password=geheim"
argv[4] = NULL
```

Die durch Backslash ergänzte Variante

```
openvpn --config server.conf --plugin pgauth.so 'dbname=openvpn
    user=joe\ password=geheim'
```

führt zu dem korrekten Resultat:

```
argv[0] = "pgauth.so"
argv[1] = "dbname=openvpn user=joe password=geheim"
argv[2] = NULL
```

Eine weitere Möglichkeit ist selbstverständich die intuitive Variante:

```
openvpn --config server.conf --plugin pgauth.so dbname=openvpn
    user=joe password=geheim
```

die auch zum selben, korrekten Verhalten führt. Mischformen hingegen:

```
openvpn --config server.conf --plugin pgauth.so 'dbname=openvpn
    user=joe' 'password=geheim'
```

ergeben wiederum ein falsches Parsing:

```
argv[0] = "pgauth.so"
argv[1] = "dbname=openvpn user=joe"
argv[2] = "password=geheim"
argv[3] = NULL
```

Wenn nun ein Verbindungsaufbau oder ein Disconnect stattfindet, wird immer der `func`-Hook aufgerufen:

```
OPENVPN_EXPORT int openvpn_plugin_func_v1(
    openvpn_plugin_handle_t handle, const int type
    , const char *argv[], const char *envp[]) {
    switch (type) {
        case OPENVPN_PLUGIN_AUTH_USER_PASS_VERIFY
              : return auth_user_pass_verify(
            handle, argv, envp);
        case OPENVPN_PLUGIN_CLIENT_DISCONNECT
               : return client_disconnect(handle,
             envp);
    }

    fprintf(stderr, "Unimplemented plugin callback
        %d requested.\n", type);
    return OPENVPN_PLUGIN_FUNC_ERROR;
}
```

Dieser delegiert mittels `switch`-Statements nur, welche der zwei Funktionen aufgerufen werden soll. Dies ist ein typisches Beispiel für Funktions-Dispatching. Wichtig ist hierbei, dass ein Aufruf von `auth_user_pass_verify` den Wert `OPENVPN_PLUGIN_FUNC_SUCCESS` zurückgibt, wenn die Authentifikationsdaten in Ordnung sind. Soll die Verbindung abgewiesen werden, so muss `OPENVPN_PLUGIN_FUNC_ERROR` zurückgegeben werden.

Über diese beiden (unspektakulären) Funktionen sei so viel gesagt: Die Funktion `auth_user_pass_verify` extrahiert aus `envp`, dem Zeiger auf die Umgebungsvariablen, die Werte `username` und `password`. Diese werden dann weiter an die Klasse `checker` delegiert, welche die eigentliche Datenbankabfrage macht. `disconnect` extrahiert wiederum aus `envp` die Umgebungsvariablen `username`, `common_name` (welches den Common-Name des Zertifikats beinhaltet, so Zertifikate überhaupt verwendet werden), `bytes_sent` und `bytes_received`. Diese werden dann auch an die Klasse `checker` weitergereicht, die sie in die Datenbank einträgt.

Dieses Delegationsprinzip nennt man auch »Kapselung«.

Die `close`-Funktion »räumt lediglich ein wenig auf«, indem sie zuerst die kontextabhängige Klasse und danach die bei `open` erzeugte Struktur zerstört:

```
OPENVPN_EXPORT void openvpn_plugin_close_v1 (openvpn_plugin_handle_t handle) {
    struct plugin_context *context = (struct plugin_context *)handle;
    delete context->chk;
    free(context);
}
```

Die eigentliche `checker`-Klasse hat folgende Schnittstelle:

```
class checker {
    public:
        checker(const char *db_init_str);
        bool check(const char *user, const char *pass);
        void disconnect(const char *user, const char *common_name, const char *bytes_sent, const char *bytes_received);
        ~checker();

    private:
        pqxx::connection *connection;
        pqxx::work *init_xaction();

};
```

Sie erwartet als Konstruktorparameter den Connection-String für die PostgreSQL-Verbindung. Von ihr werden zwei Methoden bereitgestellt: Eine Methode `check`, die eine Username-Passwort-Kombination auf Autorisation überprüft (inklusive des Quota-Managements), sowie die Funktion `disconnect`, welche in die Datenbank die Informationen über gesandte Daten schreibt.

Zuletzt noch ein Ausschnitt aus der Implementierung der Klasse `checker`, welche dafür verantwortlich ist, dass die Quota sowie die Benutzerdaten überprüft werden:

```
    pqxx::work *xaction;
    xaction = init_xaction();
    if (xaction == NULL) return false;

    char query[1024];
    snprintf(query, 1023, "SELECT * FROM (SELECT username FROM access WHERE username='%s'
```

```
        AND password='%s' AND active='1' AND
        expires>=current_date) AS auth, \
        (SELECT sum(bytes_sent) as sent, sum(
            bytes_received) as received FROM
            xferlog WHERE username='%s' AND
            timestamp >= (current_timestamp -
            interval '7 days')) AS transfer \
        WHERE sent<=1024*1024*1024 AND received
            <=1024*1024*1024;", user, pass, user);

    int size = -1;
    try {
        pqxx::result res = xaction->exec(query);
        size = res.size();
    } catch (const std::exception &e) {
        fprintf(stderr, "PostgreSQL Plugin:
            Credentials verification failed
            because of DB error: %s", e.what());
        return false;
    }
```

Die eigentliche Arbeit erledigt hier vollständig die Datenbank. Sie führt zwei getrennte Abfragen (Subqueries) durch. Die erste prüft, ob Benutzername und Passwort stimmen, der Benutzer aktiv geschaltet und das Account-Verfallsdatum noch nicht überschritten ist. Die zweite Abfrage summiert die gesandten und empfangenen Datenmengen der letzten 7 Tage auf und prüft, ob diese jeweils 1 Gigabyte nicht überschreiten. Nur wenn beide Abfragen erfolgreich ausgeführt werden, liefert die SQL-Query überhaupt eine Zeile zurück.

Obwohl Subqueries in der SQL-Spezifikation enthalten sind, werden sie nicht von allen Implementierungen (zum Beispiel ältere Versionen von mySQL*) unterstützt.*

15.3 Kompilierung des Plugins und Stolpersteine

In userem Beispielprojekt gibt es zwei Quellcodedateien: die `checker.cpp`, welche die Klasse `checker` enthält, und die `pgauth.cpp`, welche die eigentlich von OpenVPN erwarteten Funktionen implementiert. Diese beiden Dateien werden zunächst nur kompiliert, aber nicht gelinkt:

```
g++ -O2 -Wall -fPIC -I/tmp/openvpn-2.1_beta8 -c checker.cpp
g++ -O2 -Wall -fPIC -I/tmp/openvpn-2.1_beta8 -c pgauth.cpp
```

Der Includepfad zeigt hier auf das Verzeichnis, das den OpenVPN-Quellcode enthält. Dies ist wichtig, da die Datei openvpn-plugin.h ja von unserem Projekt mit eingebunden wird. In ihr sind sämtliche Makros und Funktionsprototypen definiert.

PIC: Position Independent Code

Wichtig ist auch die Benutzung von -fPIC: Sie signalisiert dem Compiler, einen relozierbaren Code zu erzeugen. Dies ist für die Verwendung als »Shared Object« (also als Bibliothek) wichtig, da die Bibliothek zur Laufzeit von OpenVPN an irgendeiner beliebigen Speicherposition eingebunden wird und daher keine absoluten Adressierungen verwenden darf. Sollte man -fPIC vergessen haben, verweigert der Linker später den Dienst und quittiert diesen mit einer Fehlermeldung:

```
/usr/lib/gcc/x86_64-pc-linux-gnu/3.4.4/../../../../
    x86_64-pc-linux-gnu/bin/ld:
    checker.o: relocation R_X86_64_32 against 'a local symbol'
      can not be used when making a shared object; recompile
      with -fPIC
checker.o: could not read symbols: Bad value
collect2: ld returned 1 exit status
```

Nachdem die zwei Quellcodedateien erfolgreich zu Objektdateien kompiliert wurden, müssen diese noch zu einem statischen Objekt gelinkt werden:

```
g++ -fPIC -shared -shared-libgcc -Wl,-soname,pgauth.so -o pgauth.so
    -lpqxx pgauth.o checker.o
```

Es entsteht daraus die Datei pgauth.so, welche direkt auf der Kommandozeile von OpenVPN von der -plugin-Option referenziert werden kann.

Bei der Benutzung von C++ muss unbedingt darauf geachtet werden, alle exportierten Funktionen als extern »C« zu deklarieren. Vor Einfügen der Includedatei muss bereits die externe C-Umgebung geltend gemacht werden, da sonst die in der Headerdatei deklarierten Funktionsprototypen C++-Bindungen erhalten und die eigentlichen Funktionsdefinitionen dann mit C-Semantik gebunden werden. Dies führt zu Fehlern wie:

```
pgauth.cpp: In function 'void* openvpn_plugin_open_v1(
    unsigned int*, const char**, const char**)':
../../openvpn-plugin.h:340: error: previous declaration of
   'void* openvpn_plugin_open_v1(unsigned int*, const char**,
    const char**)' with C++ linkage
pgauth.cpp:29: error: conflicts with new declaration with C linkage
```

Das vollständige Weglassen einer `extern` »C«-Umgebung führt zu noch »subtileren« Fehlern, die erst zur Laufzeit von OpenVPN sichtbar werden:

```
Sun Jan 15 02:51:24 2006 PLUGIN: could not find required symbol
      'openvpn_plugin_close_v1'
   in plugin shared object ../pgauth/pgauth.so: ../pgauth/pgauth.so:
   undefined symbol: openvpn_plugin_close_v1
Sun Jan 15 02:51:24 2006 Exiting
```

Wenn man die Shared-Object-Datei genauer untersucht, wird sofort sichtbar, weshalb OpenVPN keine Symbolbindungen finden kann:

```
# objdump -t pgauth.so | grep openvpn_plugin_
0000000000001b50 g     F .text  0000000000000083
    _Z22openvpn_plugin_open_v1PjPPKcS2_
0000000000001d90 g     F .text  0000000000000056
    _Z23openvpn_plugin_close_v1Pv
0000000000001d40 g     F .text  0000000000000050
    _Z22openvpn_plugin_func_v1PviPPKcS2_
```

Die Funktionsnamen in der Symboltabelle werden also durch das C++-spezifische Linking derart durch ein Prä- und Suffix verändert, dass der C-Loader diese nicht mehr findet. In der korrekt gelinkten Datei sehen die Symbolnamen unverändert aus:

```
# objdump -t pgauth.so | grep openvpn_plugin_
0000000000001b10 g     F .text  0000000000000083
    openvpn_plugin_open_v1
0000000000001d50 g     F .text  0000000000000056
    openvpn_plugin_close_v1
0000000000001d00 g     F .text  0000000000000050
    openvpn_plugin_func_v1
```

Es bietet sich daher bei Verwendung von C++ an, in der Datei, die die eigentlichen OpenVPN-Callbacks implementiert (bei uns `pgauth.cpp`), nach den allgemeinen Headerdefinitionen folgende Zeilen zu stellen:

```
extern "C" {
#include "openvpn-plugin.h"
```

Die geschweifte Klammer wird erst nach allen Funktionsdefinitionen wieder geschlossen, damit man weder mit dem Compiler noch mit dem Linker irgendwelche Probleme bekommt.

Das vollständige Programm kann hier wegen Platzmangels nicht komplett abgedruckt werden, es steht jedoch auf der Webseite des Buches, `http://www.openvpn-buch.de`, zum Download bereit.

16 Ausblick auf OpenVPN 2.1

Mit der Veröffentlichung dieses Buches sollte auch Version 2.1 von OpenVPN erscheinen. OpenVPN Version 2.1 bringt viele Detailverbesserungen, einige Fehlerkorrekturen und natürlich auch Security-Fixes mit sich, wobei unter anderem die in den folgenden Abschnitten genannten Features zu erwarten sind.

16.1 Port Sharing - Forwarding von Verbindungen zu anderen lokalen Diensten

Häufig wird für einen OpenVPN-Server der Port 443 (`https`) verwendet, um auch Clients hinter Firewalls den Zugriff auf OpenVPN mittels TCP zu erlauben. Wenn allerdings neben OpenVPN zusätzlich ein Webserver auf dem Port 443 laufen sollte, gab es bisher ein Problem, denn ein Port kann nur von einem einzigen Prozess verwendet werden. Sollte also ein weiterer Prozess diesen Port benutzen wollen, wird ihm das vom Betriebssystem verwehrt, da der Port schon belegt ist. Mit OpenVPN 2.1 wird eine Option bereitgestellt, die es erlaubt, einen Port mit unterschiedlichen Diensten zu teilen:

Mit `port-share` *verhält sich OpenVPN wie ein Proxy-Server.*

```
port-share host port
```

Mit dieser Option untersucht OpenVPN die Verbindungsanfragen, die bei ihm ankommen. Entsprechen diese Anfragen nicht dem OpenVPN-Protokoll, leitet OpenVPN diese weiter an den Server `host` und den Port `port`. Dieses Port Sharing funktioniert zum aktuellen Zeitpunkt nur unter Linux. An einer Portierung für *BSD wird bereits gearbeitet. Ein Beispiel für eine Konfiguration, in der ein Webserver auf Port 444 und OpenVPN auf Port 443 läuft, könnte so aussehen:

```
# openvpn --dev tun0 --proto tcp-server --ifconfig 10.0.0.2
    10.0.0.1 --lport 443 --port-share localhost 444
```

16.2 Mehrzeilige Parameterlisten

Es kann vorkommen, dass man bei einer langen Liste von Parametern den Überblick verliert. Dies kann nicht nur leicht zur Verwirrung, sondern auch zu Fehlern führen. In OpenVPN 2.1 gibt es die Möglichkeit, für Push- und für Plugin-Parameter mehrzeilige Parameterlisten zu verwenden:

```
<plugin>
    plugin.so
    Parameter 1
    Parameter 2
</plugin>
```

16.3 Automatische Erkennung von Proxy-Einstellungen

Soll OpenVPN in einer Firmenumgebung als Client eingesetzt werden, stößt man häufig nicht nur an Grenzen wie Firewalls, sondern vielfach ist auch der Einsatz von HTTP- oder Socks-Proxyservern verbreitet.

In Version 2.0 von OpenVPN muss man Proxy-Einstellungen fest angeben. Für HTTP-Proxyserver wird `-http-proxy server port`, für Socks-Proxyserver `-socks-proxy server port` verwendet.

In OpenVPN Version 2.1 gibt es nun die Option `-auto-proxy`. Damit wird die Umgebung nach einem HTTP- oder Socks-Proxy durchsucht. Existieren beide Möglichkeiten, wird der HTTP-Proxy verwendet. Steht keiner der beiden Dienste zur Verfügung, wird automatisch eine direkte Verbindung genutzt. Diese Option muss vom Betriebssystem unterstützt werden und ist derzeit nur unter Windows verfügbar.

16.4 OpenVPN als Windows-Service ohne Administratorrechte

Mit der Windows-Version von OpenVPN 2.1 tritt auch ein überarbeiteter TAP32-WIN32-Treiber für Windows auf die Bühne. Bisher war es Benutzern ohne Administratorrechte nicht möglich, den OpenVPN-Service zu starten oder zu stoppen, da der Zugriff auf die TAP32-Schnittstelle für normale Benutzer verboten war.

In der kommenden Version kann der Administrator die Netzwerkschnittstelle über eine Option im Eigenschaftendialog auch Benutzern ohne Administratorrechte zur Verfügung stellen.

16.5 Inline-Zertifikate

Inline-Zertifikate können den Aufwand bei der Pflege und Verteilung von Konfigurationen erleichtern!

Es ist möglich, in Konfigurationsdateien die CA, Zertifikate, Schlüssel und Diffie-Hellman-Parameter abzulegen, ohne auf externe Dateien verweisen zu müssen. Dies ist für Administratoren von OpenVPN-Servern vorteilhaft, da nicht mehr mit Betriebssystemabhängigkeiten bei Pfadangaben (Backslash statt Slash unter Windows) und einem Satz von mindestens drei Dateien für Clientinstallationen hantiert werden muss. Die Daten werden einfach in der Konfigurationsdatei mit eingefügt:

```
<ca>
-----BEGIN CERTIFICATE-----
Mdgslk)ks0igAwIBAgIBADANBgkqhkiG9w0BAQQFADCBrDELMAkGA1UEBhMCZGUx
EDAOBgNVBAgTB0JhdmFyCYXZhcmlhMREwDwYDVQQHEwhFcmxhbmdlbjEhMaWExET
bnRlcm5ldCBXaWRnaXRzIFB0eSBMdGQxITAfBgNVBAMTGEtsYXVzIFRoaWVsa2lu
bmctUmllY2hlcnQxMjAwBgkqhkiG9w0BCQEWI2tsYXVzLnRoaWVsa2luZylyaWVj
aGVydEBuZWZrb20ubmV0ggEAMAwGA1UdEwQFMAMBAf8wDQYJKoZIhvcNAQEEBQAD
gYEAE2K7uklk5P9y1n1MK42XZGf9Kx0bdwwrGOsEyoY2znSCT8J+AkdQvLyNlfuo
jPWb+/6Z3CRRlAMBAuR4e4F8qhJngnGz6fZpzw7ullFismVGY+TB8wbBufmEog58
93y/+tEfKSUzx9JWrnN/iqybEwIT+LhkpGGkXvmoPxC/9+U=
-----END CERTIFICATE-----
</ca>
```

Das Gleiche ist mit `dh`, `key` und `cert` möglich.

16.6 `topology`

Bereits in Kapitel 8.3 wurde angesprochen, dass es mit OpenVPN 2.1 Möglichkeiten gibt, einem OpenVPN-Server explizit Informationen über die zu verwendende Netzwerktopologie zu geben. Die Konfigurationsoption lautet:

```
topology mode
```

Für den Modus `mode` stehen die folgenden Alternativen zur Auswahl:

- `net30` entspricht dem bisherigen Standardverhalten und verwendet im *Server Mode* für jeden Client, der einen Tunnel aufbaut, ein /30-Subnetz. Dadurch werden für jede Clientverbindung vier Adressen benötigt. Sobald sich an dem Server

Windows-Clients verbinden, muss dieser Modus verwendet werden.

- `p2p` entspricht einer echten Punkt-zu-Punkt-Verbindung zwischen Server und Client. Dabei wird für jede Clientverbindung nur eine weitere Adresse benötigt, da für alle Tunnel die Serveradresse (des Tunnels) die gleiche ist.
- `subnet` ist ähnlich wie die bei *tap*-Schnittstellen verwendete Variante, denn es wird eine Adresse mitsamt Subnetzmaske definiert. Pro Client wird ebenfalls nur eine Adresse benötigt. Im Gegensatz zu `p2p` arbeitet dieser Mechanismus auch bei Windows (sofern der TAP-Win32-Treiber eine Versionsnummer hat, die größer als 8.2 ist).

Ein paar abschließende Worte der Autoren

»Nun ist aber endlich Schluss – jetzt wird ausprobiert!«

Wer beim Leses dieses Buches bis zu dieser Seite gekommen ist, hat (hoffentlich) einen umfassenden Eindruck von den Möglichkeiten von OpenVPN erhalten. Bei weiterer Beschäftigung mit OpenVPN werden Sie sicher feststellen, dass noch andere Optionen verfügbar sind, die wir im Buch nicht erläutert haben. Das war von uns beabsichtigt, denn unser primäres Ziel war es, Ihnen die notwendigen Mittel an die Hand zu geben, um mit Hilfe von OpenVPN sichere Kommunikationsverbindungen zu schaffen. Weitreichendere Optionen sind sicher interessant – aber deren Erklärung würde weit über unser eigentliches Ziel hinausgehen (und den Umfang dieses Buches noch vergrößern).

Vielleicht können Sie nun auch unsere Begeisterung für diese erstaunliche Software verstehen und wir würden uns freuen, wenn Sie OpenVPN einfach einmal ausprobieren.

A OpenVPN-Ressourcen im Internet

OpenVPN hat einen sehr engen Bezug zum Internet: Es ist nicht nur für die Verwendung im Internet geschaffen, sondern wird entsprechend auch sehr aktiv im Internet betreut. An dieser Stelle soll eine kleine Auswahl von Ressourcen im Internet vorgestellt werden, die sich mit OpenVPN befassen. Da eine komplette Liste sehr umfangreich ist, wird hier eine rein subjektive Auswahl getroffen.

A.1 Websites

http://openvpn.net ist selbstredend DIE Anlaufstelle für alle, die sich für OpenVPN interessieren. Dort findet man die komplette Dokumentation, Ausblicke auf neue Versionen und viele, viele hilfreiche Tipps. Wer mit OpenVPN arbeiten will, für den gibt es kaum Erfolg, ohne diese Website besucht zu haben.

http://openvpn.se hostet die von Mathias Sundman programmierte OpenVPN GUI für Windows und ist auch eine bekannte Anlaufstelle für Fragen zu OpenVPN unter Windows.

http://www.openvpn-buch.de ist die offizielle Webseite dieses Buches. Hierauf finden Sie sämtliche im Buch verwendeten Skripte für verschiedenste Szenarien sowie eine Kontaktmöglichkeit mit den Autoren.

A.2 Mailinglisten

Was ein richtiges Internetprojekt ist, das nutzt natürlich auch Mailinglisten, von denen es primär drei Stück gibt:

- *openvpn-announce* wird für die Ankündigung von neuen Versionen und/oder Bugfixes verwendet.
- *openvpn-users* ist eine Liste zur Behandlung von Fragen, welche die Benutzung von OpenVPN betreffen.
- *openvpn-devel* dient zur Kommunikation innerhalb der Entwicklergemeinschaft von OpenVPN.

Alle drei Listen lassen sich über `http://openvpn.net` abonnieren.

A.3 Foren und IRC

Alternativ zu den Mailinglisten sind Webforen ebenfalls eine interessante Stelle, um Kontakt mit anderen Benutzern aufzunehemen oder in den Archiven zu stöbern. Unter `http://openvpn.se/bb/index.php` betreibt Mathias Sundman ein Forum, in dem es nicht nur um OpenVPN GUI, sondern auch um OpenVPN im Allgemeinen geht. Unter `http://www.openvpn-forum.de` gibt es ein deutschsprachiges Webforum, das sich schwerpunktmäßig mit OpenVPN auf allen Plattformen auseinander setzt, aber zusätzlich auch andere Technologien betreut.

Wer ein akutes Problem hat, der sollte durchaus auch einen Blick in den IRC (Internet Relay Chat) werfen. Auf *irc.freenode.org* existiert der Channel *#openvpn*, in dem häufig jemand zu finden ist, der helfen kann, Probleme zu lösen oder Fragen zu beantworten. Hier sind auch immer wieder Entwickler oder auch der eine oder andere Autor dieses Buches anzutreffen.

B Skripte fürs Bridging

In diesem Abschnitt befinden sich die bereits in Kapitel 12.2 erwähnten Skripte für die Aktivierung des Bridgings zwischen den realen Ethernet-Schnittstellen und den von OpenVPN verwendeten *tap*-Schnittstellen. Die hier für diesen Zweck abgedruckten Skripte sind original von `http://openvpn.net`.

B.1 *bridge-start* von `brigde_a`

Das folgende Skript startet das Bridging für den OpenVPN-Server `brigde_a` aus Kapitel 12.2.

```
#!/bin/bash
#
#---------------------------------
# original script from
# openvpn.net
#---------------------------------
#
#################################
# Set up Ethernet bridge on Linux
# Requires: bridge-utils
#################################

# Define Bridge Interface
br="br0"

# Define list of TAP interfaces to be
# bridged,
tap="tap0"

# Define physical ethernet interface
# to be bridged with TAP interface(s)
# above.
eth="eth0"
eth_ip="172.16.10.250"
eth_netmask="255.255.255.0"
eth_broadcast="172.16.10.255"

for t in $tap; do
    openvpn --mktun --dev $t
done

brctl addbr $br
brctl addif $br $eth
```

```
for t in $tap; do
    brctl addif $br $t
done

for t in $tap; do
    ifconfig $t 0.0.0.0 promisc up
done

ifconfig $eth 0.0.0.0 promisc up

ifconfig $br $eth_ip netmask $eth_netmask broadcast $eth_broadcast
```

B.2 *bridge-start* von `brigde_b`

Das folgende Script startet das Bridging für den OpenVPN-Server `brigde_b` aus Kapitel 12.2

```
#!/bin/bash
#
#---------------------------------
# original script from
# openvpn.net
#---------------------------------
#
#################################
# Set up Ethernet bridge on Linux
# Requires: bridge-utils
#################################

# Define Bridge Interface
br="br0"

# Define list of TAP interfaces to be
# bridged,
tap="tap0"

# Define physical ethernet interface
# to be bridged with TAP interface(s)
# above.
eth="eth0"
eth_ip="172.16.10.249"
eth_netmask="255.255.255.0"
eth_broadcast="172.16.10.255"

for t in $tap; do
    openvpn --mktun --dev $t
done

brctl addbr $br
brctl addif $br $eth

for t in $tap; do
    brctl addif $br $t
done

for t in $tap; do
    ifconfig $t 0.0.0.0 promisc up
done
```

```
ifconfig $eth 0.0.0.0 promisc up

ifconfig $br $eth_ip netmask $eth_netmask broadcast $eth_broadcast
```

B.3 *bridge-stop* für bridge_a und brigde_b

Das folgende Skript kann auf beiden OpenVPN-Servern aus Kapitel 12.2 zum Beenden des Bridgings zwischen der realen und virtuellen Schnittstelle verwendet werden.

```
#!/bin/bash
#
#---------------------------------
# original script from
# openvpn.net
#---------------------------------
#
####################################
# Tear Down Ethernet bridge on Linux
####################################

# Define Bridge Interface
br="br0"

# Define list of TAP interfaces to be bridged together
tap="tap0"

ifconfig $br down
brctl delbr $br

for t in $tap; do
    openvpn --rmtun --dev $t
done
```

Abbildungsverzeichnis

Literaturverzeichnis

[1] *ARPANET*. http://de.wikipedia.org/wiki/ARPANET.

[2] *Bridge*. http://linux-net.osdl.org/index.php/Bridge.

[3] *Common Address Redundancy Protocol*. http://de.wikipedia.org/wiki/Common_Address_Redundancy_Protocol.

[4] *Denial of Service*. http://de.wikipedia.org/wiki/Denial-of-Service.

[5] *Differentiated Services (DiffServ)*. http://de.wikipedia.org/wiki/DiffServ.

[6] *Ethereal*. http://www.ethereal.com.

[7] *Ettercap*. http://ettercap.sourceforge.net/.

[8] *FreeRADIUS*. http://www.freeradius.org.

[9] *FreeS/WAN*. http://www.freeswan.org.

[10] *grsecurity*. http://www.grsecurity.net.

[11] *keepalived - Health Checking for LVS & High-Availability*. http://www.keepalived.org.

[12] *LAND Attack*. http://en.wikipedia.org/wiki/LAND_attack.

[13] *Lempel-Ziv-Oberhumer*. http://de.wikipedia.org/wiki/Lempel-Ziv-Oberhumer.

[14] *Linux HA-Project*. http://www.linux-ha.org/Heartbeat.

[15] *Longest Prefix Match*. http://en.wikipedia.org/wiki/Longest_prefix_match.

[16] *Lucent VPN Firewall Brick platforms*. http://www.lucent.com/security.

[17] *netfilter - firewalling, NAT and packet mangling for Linux*. http://www.netfilter.org.

[18] *Novell AppArmor*. http://forge.novell.com/modules/xfmod/project/?apparmor.

[19] *Openswan*. http://www.openswan.org.

[20] *Quagga Routing Suite*. http://www.quagga.net/.

[21] *RSA-Kryptosystem.* http://de.wikipedia.org/wiki/RSA-Kryptosystem.

[22] *Samba.* http://www.samba.org.

[23] *Security Enhanced Linux.* http://www.nsa.gov/selinux/index.html.

[24] *Spanning Tree Protocol.* http://en.wikipedia.org/wiki/Spanning_Tree_Protocol.

[25] *strongSwan.* http://www.strongswan.org.

[26] *Systrace – Interactive Policy Generation for System Calls.* http://www.citi.umich.edu/u/provos/systrace/.

[27] *TinyCA.* http://tinyca.sm-zone.net/.

[28] *What is Diffie-Hellman?* http://www.rsasecurity.com/rsalabs/node.asp?id=2248.

[29] *Wireshark.* http://www.wireshark.org.

[30] *XCA.* http://www.hohnstaedt.de/xca.html.

[31] *OpenVPN: An Introduction and Interview with Founder, James Yonan*, November 2003. http://www.linuxsecurity.com/content/view/117363/49/.

[32] S. Chokhani, W. Ford, R. Sabett, C. Merrill, und S. Wu. *Internet X.509 Public Key Infrastructure Certificate Policy and Certification Practices Framework*, November 2003. http://www.ietf.org/rfc/rfc3647.txt.

[33] Jeff Doyle und Jennifer DeHaven Carroll. *Routing TCP/IP Vol. II.* Cisco Press, 2001.

[34] K. Egvang und P. Francis. *Address Allocation for Private Internets*, Mai 1994. http://www.ietf.org/rfc/rfc1631.txt.

[35] S. Hanks, T. Li, D. Farinacci, und P. Traina. *Generic Routing Encapsulation (GRE)*, Oktober 1994. http://www.ietf.org/rfc/rfc1701.txt.

[36] Jonathan Hassell. *RADIUS.* O'Reilly, Oktober 2002.

[37] A. Heffernan. *Protection of BGP Sessions via the TCP MD5 Signature Option*, August 1998. http://www.ietf.org/rfc/rfc2385.txt.

[38] R. Hinden. *Virtual Router Redundancy Protocol (VRRP)*, April 2004. http://www.ietf.org/rfc/rfc3768.txt.

[39] Charlie Hosner. *SSL VPNs and OpenVPN: A lot of lies and a shred of truth*, Februar 2005. http://software.newsforge.com/article.pl?sid\=05/09/22/164231&tid\=78.

[40] H. Krawczyk, M. Bellare, und R. Canetti. *HMAC: Keyed-Hashing for Message Authentication*, Februar 1997. http://www.ietf.org/rfc/rfc2104.txt.

[41] David A. Ranch. *Linux IP Masquerade HOWTO*, November 2005.
http://tldp.org/HOWTO/IP-Masquerade-HOWTO/.

[42] Y. Rekhter, B. Moskowitz, D. Karrenberg, G. J. de Groot, und E. Lear. *Address Allocation for Private Internets*, Februar 1996. http://www.ietf.org/rfc/rfc1918.txt.

[43] C. Rigney, A. Rubens, W. Simpson, und S. Willens. *Remote Authentication Dial In User Service (RADIUS)*, Januar 1997. http://www.ietf.org/rfc/rfc2058.txt.

[44] C. Rigney, A. Rubens, W. Simpson, und S. Willens. *Remote Authentication Dial In User Service (RADIUS)*, Juni 2000. http://www.ietf.org/rfc/rfc2865.txt.

[45] Bruce Schneier. *SHA-1 has been broken*, Februar 2005. http://www.schneier.com/blog/archives/2005/02/sha1_broken.html.

[46] Bart De Schuymer. *ebtables Documentation*, September 2005. http://ebtables.sourceforge.net/documentation.html.

[47] Jens Schweikhardt. *Access Listen Primer*, Februar 2005. http://www.noc.dfn.de/dokumente/tutorials/access-listen-primer.htm.

[48] Ralf Spenneberg. *Zugbrücke: Unsichtbarer Schutz mit Linux: Firewall auf Bridge-Ebene*. *Linux Magazin*, Dezember 2004.
http://www.linux-magazin.de/Artikel/ausgabe/2004/12/bridgewall/bridgewa%ll.html.

[49] Ralf Spenneberg. *Übersichtliche Verkehrsregelung – Bandbreitenkontrolle und -Simulation mit TCng*. *Linux Magazin*, Februar 2005. http://www.linux-magazin.de/Artikel/ausgabe/2005/02/tcng/tcng.html.

[50] Ralf Spenneberg. *Allgemeine Schutzimpfung – App Armor hält die Auswirkungen erfolgreicher Angreifer in engen Grenzen*. *Linux Magazin*, Juni 2006.

[51] Ralf Spenneberg. *Verstärkte Sicherheit – SE Linux bringt Mandatory Access Control in den Kernel*. *Linux Magazin*, Juni 2006.

[52] Mathias Sundman. *OpenVPN GUI for Windows*.
http://openvpn.se.

[53] Cisco Systems. *Understanding Spanning-Tree Protocol*.
http://www.cisco.com/univercd/cc/td/doc/product/rtrmgmt/sw_ntman/cwsima%in/cwsi2/cwsiug2/vlan2/stpapp.htm.

[54] Cisco Systems. *Transit Access Control Lists: Filtering at Your Edge*, Februar 2005. http://www.cisco.com/en/US/tech/tk648/tk361/technologies_white_paper091%86a00801afc76.shtml.

[55] X. Wang, D. Feng, X. Lai, und H. Yu. *Collisions for Hash Functions MD4, MD5, HAVAL-128 and RIPEMD*, August 2004. http://eprint.iacr.org/2004/199.pdf.

[56] Christoph Wegener und Wilhelm Dolle. *Reset-Risiko – Gefahren im TCP-Protokoll: Angreifer kappen fremde Verbindungen. Linux Magazin*, August 2005.

[57] James Yonan. *Re: Schneier saying that SHA1 has been broken*, Februar 2005. http://openvpn.net/archive/openvpn-users/2005-02/msg00377.html.

[58] Peter Michael Ziegler. *Katzenjammer – Biometrie - eine Branche in Erklärungsnot. ct - Magazin für Computertechnik*, (Dezember), 2002. http://www.heise.de/ct/02/12/038/default.shtml.

Index